案说
职务犯罪

杜 辉 段贞锋 丁三晓 著

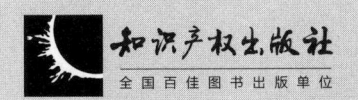

知识产权出版社
全国百佳图书出版单位

图书在版编目（CIP）数据

案说职务犯罪/杜辉，段贞锋，丁三晓著. —北京：知识产权出版社，2016.7

ISBN 978-7-5130-4310-6

Ⅰ.①案… Ⅱ.①杜…②段…③丁… Ⅲ.①职务犯罪—案例—中国 Ⅳ.①D924.305

中国版本图书馆 CIP 数据核字（2016）第 155455 号

内容提要

本书贯穿以案说法的思路，精选 99 个具有代表性的案例，以通俗易懂的语言、简略生动的案情介绍，对职务犯罪的概念、特点、类型及危害进行了分析，是一本公职人员和普通老百姓看得懂的普法性法律读物。

责任编辑：崔　玲	责任校对：董志英
特邀编辑：赵金萍	责任出版：刘译文

案说职务犯罪

杜　辉　段贞锋　丁三晓　著

出版发行：知识产权出版社有限责任公司	网　　址：http://www.ipph.cn
社　　址：北京市海淀区西外太平庄 55 号	邮　　编：100081
责编电话：010-82000860 转 8121	责编邮箱：cuiling@cnipr.com
发行电话：010-82000860 转 8101/8102	发行传真：010-82000893/82005070/82000270
印　　刷：北京嘉恒彩色印刷有限公司	经　　销：各大网上书店、新华书店及相关专业书店
开　　本：880mm×1230mm 1/32	印　　张：12.5
版　　次：2016 年 7 月第 1 版	印　　次：2016 年 7 月第 1 次印刷
字　　数：300 千字	定　　价：38.00 元

ISBN 978-7-5130-4310-6

出版权专有　　侵权必究

如有印装质量问题，本社负责调换。

前 言

让社会大众具备识别职务犯罪的能力

人民群众参与反腐的热情是不可低估的，但关键问题是第一要依法参与，第二要具备识别职务犯罪的能力。只有人民群众有能力识别职务犯罪，才能有效地监督公职人员，举报其不法行为。当前，公职人员对职务犯罪相关法律规定的学习热情，也是空前高涨。只有懂法，才能不违法。

但是，职务犯罪是一种复杂的社会现象，不是一般人一眼就能够认识和识破的。犯罪是国家通过《刑法》认定的危害社会的行为。对社会有危害的行为很多，但是国家为什么把此种行为认定为犯罪，而没有把另一种行为认定为犯罪呢？这中间有着深刻的社会历史文化和政治乃至意识形态原因。所以，犯罪现象作为一种社会现象，要比自然现象更加复杂。而职务犯罪在众多的犯罪中更具有复杂性、隐蔽性和欺骗性。它不像一般街头发生的抢劫、盗窃等犯罪行为，显而易见、是非分明。职务犯罪的行为人都是公职人员，他们一般要通过别人不易察觉的手段实施犯罪，而且一般会为自己的犯罪行为寻找"合法"的借口和伪装。

识别职务犯罪这种复杂的社会现象，必须学习《刑法》，了解《刑法》中关于职务犯罪的规定。职务犯罪是指国家工作人员利用职务便利或者利用职务影响力实施的，按照《刑法》应当受到刑事处罚的贪污、贿赂、渎职和侵权行为。在我国《刑法》中，职务犯罪分为贪腐型、侵权型和渎职型三种类型，共58个罪名。贪腐型职务犯罪共有14个罪名，以贪污贿赂罪为代表；侵权型职务犯罪共有7个罪名，以刑讯逼供罪和报复陷害罪为代表，这两种类型犯罪都是故意犯罪；渎职型职务犯罪共有37个罪名，以滥用职权罪和玩忽职守罪为代表，故意犯罪和过失犯罪各占一半。职务犯罪由人民检察院立案侦查。

对于职务犯罪法律知识的普及应当是全面的。随着我国反腐败的深入开展，公职人员和社会大众对贪腐型的职务犯罪有了一定的直观了解，但是对于侵权型和渎职型的职务犯罪还是知之不多。大部分公职人员的头脑中还存在"只要没有经济问题，就不会承担刑事责任"的错误认识；社会公众对于非贪腐型职务犯罪也是同情多于谴责；司法机关对失职渎职犯罪适用轻刑、缓刑、免刑的比率较高。其实，非贪腐型职务犯罪与贪腐型职务犯罪的危害性是完全相同的。社会公众对于职务犯罪还没有一个比较全面和客观的了解。

对职务犯罪知识的普及应当跟得上时代的发展。随着我国经济社会的发展，职务犯罪也呈现出多样性、隐蔽性、复杂性的特点，罪与非罪的区分以及犯罪证据的收集愈发困难。比如，新型的贿赂犯罪层出不穷，新的公共管理领域的渎职时有发生，而社会公众对新生职务犯罪行为的犯罪性认识不足；大量的相对人出于种种顾虑，不愿在法庭上指证职务犯罪。公众应当对职务犯罪的司法和理论前沿问题有所了解，才可以识别职务犯罪。

对职务犯罪知识的普及应当让普及对象看得懂。职务犯罪涉及各种法律术语、司法认定和各个专业技术领域。公职人员了解自己的专业领域，但对法律知之不多；大多数社会公众更是对两方面都一无所知。目前介绍职务犯罪的读物多是理论性阐述，以

前言　让社会大众具备识别职务犯罪的能力

专著和论文为主，大都是探讨学术和司法前沿的问题。老百姓和公职人员很难找到一本看得懂的通俗读物。

本书试图通过通俗的语言、生动的案例讲述职务犯罪，为老百姓提供一本能够看得懂的职务犯罪知识读物。本书的读者对象主要是非法律专业人员，在行文中使用通俗的语言，并辅以大量生动的案例，以问题为导向、以案例为切入点，通过通俗易懂的法律、逻辑分析，最终给出问题的答案、对策或解决方法。全书贯穿以案说法的思路，拒绝抽象说理，拒绝法言法语。

本书的前言和引言部分，以通俗的语言介绍职务犯罪的概念、特点、类型及危害，让读者对职务犯罪有一个大致了解。然后根据职务犯罪的三个类型分为三部分，选择 99 个与职务犯罪有关的问题逐个进行解答。这 99 个问题全面涵盖了职务犯罪的所有内容并且有所侧重。99 个问题就是 99 个小题目、99 个小部分。每一部分都以问题作为标题，每一个小问题都要以一个小案例作为切入点，通过对案例的分析，使社会公众了解问题的症结、法律的规定、司法的精神。最后照应题目对提出的问题进行总结和解答，并特别对公职人员提出告诫。

本书内容分工如下：杜辉负责撰写引言、第一章、第二章第一个至第三十三个问题；段贞锋负责撰写第二章第三十四个至第五十五个问题、第三章、第四章第一个至第六个问题；丁三晓负责撰写第四章第七个至第三十二个问题，初稿完成后又进行了细致的统稿、修改。

希望本书可以成为公职人员廉洁行为的指引和公众监督公权力的利器。

引 言

当反腐进入"拍蝇模式"

党的十八大以来，反腐败成为社会新闻中的一个关键词。一百多名省部级以上的高级领导干部（"大老虎"）因涉贪腐被查处，其中的大部分人要受到刑事追究。中下级干部被查处和追究者（"小苍蝇"）更是不计其数。党和国家对腐败问题的治理前所未有的严厉。

职务犯罪与腐败存在密切的联系。涉嫌贪腐的官员，不管是"老虎"还是"苍蝇"，被司法追究和认定的罪名无外乎是受贿罪、贪污罪、巨额财产来源不明罪、滥用职权罪、玩忽职守罪等，这些犯罪都是职务犯罪。如果说对腐败问题的治理分为治标和治本两种手段，那么对职务犯罪的追究就是反腐的主要治标之策。

当前，官员的腐败问题非常严重，中国共产党中央纪律检查委员会王岐山书记提出："要以治标为主，以治标为治本赢得时间。"对一个问题的解决，急则治标，缓则治本。"以治标为主"说明问题已经非常急迫、不治不行。而且通过保守治疗已经不会有好的效果，必须进行"壮士断腕、刮骨疗毒"的外科手术。让人民群众还相信党和政府有能力治理自身的腐败问题，这样人民群众才能允许我们把反腐行动进行下去。一旦人民群众因为腐败无论如何不再相信党和政府，"天若有情天亦老"，无论再如何努力都无力回天了。国民党在大陆政权的丧失和苏联的解体都殷鉴不远,足可警惕。

反腐败的治标阶段,有"打虎"和"拍蝇"两项任务,而且"老虎和苍蝇一起打"才能除恶务尽。不能因为"老虎"的级别太高就谈虎色变,望而生畏;也不能因为"苍蝇"太小就不屑一顾,姑息养奸。总之,要以零容忍的态度,逢贪必肃,逢腐必反。"老虎"和"苍蝇"只有级别的不同,在腐败的性质上是完全相同的。"打虎模式"的反腐固然可以振奋人心,彰显党和政府反腐败的决心和毅力。但是"老虎"毕竟处于腐败食物链的顶端,他们与基层的人民群众不存在直接的利益联系。虽说,大多数"大老虎"都是残民以逞,吸取民脂民膏来满足自己,但其对群众利益的损害都是间接的。人民群众最痛恨的是直接侵害其利益的"苍蝇式"腐败。只有苍蝇和老鼠,才可以直接偷吃人民群众的奶酪。

现在反腐仍在治标,但是治标的重点已经悄然进入到"拍蝇模式"。虽然仍有"大老虎"落马,但是其频度在降低,而治理人民群众身边的"苍蝇式"腐败却是紧锣密鼓。反腐败"拍蝇式"和"打虎式"的方式和效果要求并不完全相同。"打虎式"反腐以数量为功。而"拍蝇式"反腐以效果为功。消灭苍蝇孳生的体制环境要比打死苍蝇的数量更为重要。"打虎式"的反腐需要武松的铁拳,而"拍蝇式"的反腐需要人民群众的广泛参与。没有人民群众的参与,让"武松"直接"打苍蝇",效果不会很好。

反贪腐的"拍蝇模式"是由治标性反腐到治本性反腐的承上启下。因为"拍蝇式"反腐既要打,又要堵。对"苍蝇式"腐败进行司法追究只是"拍蝇式"反腐的一个方面,更重要的

引言 当反腐进入"拍蝇模式"

是堵住"苍蝇式"腐败孳生的体制之源。所以,"打苍蝇"时,就需要思考构建让人"不能腐"的制度体系。也就是说,当反腐进入"拍蝇模式",反腐的治本之策中的制度反腐之策也在悄然布局。"物必先腐而后虫生",治标是在"捉虫";而治本则要提高本体的免疫力。现在进行的司法体制改革、行政执法体制改革、权力清单制度、财产公示制度都是在治本。

"拍蝇式"反腐也需要人民群众的广泛参与,人民群众也具有参与"拍蝇式"反腐的积极性,因为"苍蝇式"腐败直接侵犯老百姓的切身利益。"苍蝇"职务虽小,却吃拿卡要,存心刁难,不作为,乱作为,让人民群众的切身利益无法充分实现。消灭了"苍蝇",就会直接降低人民群众的生产生活成本,改善民生。

人民群众有能力参与"拍蝇式"反腐。要"打虎",须得有"武松"。让老百姓参与"打虎"不现实,也太危险。而参与"拍蝇式"反腐不需要力量、胆量和气魄,只需要热心和良心。人民群众完全有能力把身边发生的小腐败用自己的摄像机记录下来,向纪检监察和反贪部门举报。可以实名,也可以匿名,只要内容真实、证据确凿,都会得到处理。我们现在已经进入到了自媒体时代,每个人都可以把身边发生的事情用自己携带的媒体设备记录下来,并且通过多种网络平台广为发布。如果全民行动起来,那么"苍蝇"将无所遁形。

当然,人民群众对反腐败的参与和监督要依法进行。没有法律的保障,人民群众的反腐可能演变成一场"大鸣大放"的群众运动。有心参与反腐的群众要了解我国现行《刑法》对职务犯罪的具体规定,包括犯罪特征和立案标准;还要了解我国现行打击职务犯罪的司法体制和相关程序。这样的参与才能够准确、有效、合法、有序。

党的作风建设永远在路上，没有休止符。反腐败也是任重而道远。反腐败的目标是消除腐败存在的空间，构建清明的政治环境。因为腐败的存在是与我国的政治制度和执政党的宗旨格格不入的。惩治职务犯罪只是反腐败的开局，"打虎"也好，"拍蝇"也罢，都需要依法进行。

目 录

第一章　职务犯罪的危害、自首和举报 …………………… 1
　一、职务犯罪，贻害无穷 …………………………………… 3
　二、职务犯罪自首 …………………………………………… 6
　三、职务犯罪举报 …………………………………………… 9

第二章　贪污贿赂类犯罪 …………………………………… 13
　一、"小村官"也可以大腐败 ……………………………… 15
　二、混合所有制企业中的"蛀虫" ………………………… 19
　三、承包人侵占工资款构成贪污罪 ………………………… 23
　四、科研报销，隐藏腐败 …………………………………… 26
　五、"圆票"报销，构成贪污 ……………………………… 30
　六、公款私贷，坐吃利息 …………………………………… 34
　七、公款雇工，服务自己 …………………………………… 37
　八、侵占托管财产也可以构成贪污罪 ……………………… 40
　九、公务馈赠也"姓公" …………………………………… 43
　十、吃空饷构成贪污罪 ……………………………………… 46
　十一、监守自盗，构成贪污 ………………………………… 50
　十二、国企改制，巴蛇吞象 ………………………………… 54
　十三、挪用公款后销毁账册构成贪污 ……………………… 58

— 1 —

十四、谎报窃案侵吞公款，构成贪污 …………… 62
十五、借出公款后虚假平账，构成贪污 ………… 65
十六、虚假理赔，构成贪污 ……………………… 68
十七、内外勾结，共同贪污 ……………………… 71
十八、性贿赂该当何罪 …………………………… 75
十九、天下没有免费的午餐 ……………………… 79
二十、贿赂是权财交易 …………………………… 83
二十一、权力不能商品化 ………………………… 86
二十二、收礼就是对请托人的承诺 ……………… 89
二十三、主动索贿，罪加一等 …………………… 92
二十四、协调关系，收受财物，构成受贿 ……… 96
二十五、单位基建，腐败泛滥 …………………… 100
二十六、新型受贿之：交易型受贿 ……………… 104
二十七、新型受贿之：干股型受贿 ……………… 107
二十八、挂名领薪构成受贿 ……………………… 111
二十九、新型受贿之：合作投资型 ……………… 115
三十、新型受贿之：委托理财型 ………………… 119
三十一、新型受贿之：有情后补型 ……………… 124
三十二、新型受贿之：赌博型 …………………… 127
三十三、新型受贿之：借用型 …………………… 131
三十四、雅贿不雅 ………………………………… 135
三十五、贿款交公的法律后果 …………………… 139
三十六、贿款捐赠的法律后果 …………………… 143
三十七、收受回扣，构成受贿 …………………… 147
三十八、吹枕边风，构成受贿罪共犯 …………… 150
三十九、离职"发挥余热"，构成受贿 ………… 154

四十、使用递延的权力谋利，也构成犯罪……………… 158
四十一、领导身边人受贿的刑责……………………… 162
四十二、单位也可构成受贿罪………………………… 165
四十三、花钱办事，构成行贿罪……………………… 169
四十四、单位公款行贿，也要构成犯罪……………… 172
四十五、帮人促成"好事"，自己构成犯罪…………… 176
四十六、来源不明，怀璧有罪………………………… 180
四十七、挪用公款搞装修，还了也要被追究………… 184
四十八、私分小金库，该当何罪……………………… 188
四十九、境外存款，必须申报………………………… 193
五十、罚没财物，一律上缴…………………………… 196
五十一、俸禄之外，皆为非法………………………… 200
五十二、单位借款行为可以构成挪用公款罪………… 204
五十三、单位之间的拆借构成挪用公款……………… 207
五十四、被投资担保公司"吸收"的公款……………… 211
五十五、公款被套，岂能一逃了之…………………… 215

第三章 职务侵权类犯罪 ……………………………… 219
一、超期羁押构成非法拘禁…………………………… 221
二、疲劳审讯构成刑讯逼供…………………………… 225
三、询问证人岂能使用暴力…………………………… 229
四、贿选跳票，罪不容恕……………………………… 233
五、服刑人也不能被虐待……………………………… 237
六、报复陷害，害人害己……………………………… 241
七、折磨亲属施压犯罪嫌疑人属刑讯逼供…………… 245
八、刑讯逼供致死，转化为故意杀人………………… 249
九、无证关押构成非法拘禁…………………………… 254

— 3 —

第四章　渎职类犯罪 ································· 257

  一、大嘴巴捅下大娄子 ····························· 259
  二、伪造立功证明，构成徇私枉法 ··············· 263
  三、仲裁员枉法也构成犯罪 ······················· 267
  四、民事裁判不容颠倒黑白 ······················· 271
  五、执行判决不容张冠李戴 ······················· 275
  六、以罚代刑构成渎职 ····························· 279
  七、少征税，是犯罪 ································ 283
  八、诈骗的被害人也构成犯罪 ···················· 288
  九、有毒食品流入市场，谁之过 ················· 292
  十、毒雾蔓延，监管者罪责难逃 ················· 296
  十一、萝卜招聘构成犯罪 ·························· 299
  十二、帮助考生作弊构成犯罪 ···················· 302
  十三、林木采伐，严格审批 ······················· 306
  十四、查缉走私，闭眼有罪 ······················· 310
  十五、招收学生徇私舞弊罪，不公平的犯罪 ··· 314
  十六、土地占用，不可乱批 ······················· 317
  十七、临时工也能构成渎职罪 ···················· 321
  十八、渎职的不一定都是公务员 ················· 325
  十九、校长滥发学位证，构成滥用职权罪 ······ 329
  二十、监管者玩忽职守，开发商无证预售 ······ 331
  二十一、打掉犯罪分子的保护伞 ················· 334
  二十二、为赃车办行驶证，构成滥用职权罪 ··· 339
  二十三、服刑人无病装病，狱医开假证明 ······ 343
  二十四、服刑人狱中的离奇发明专利 ··········· 347
  二十五、伪造庭审笔录，构成枉法裁判 ········ 351

二十六、服刑人离奇出国，原是局长私放 ………………… 355

二十七、土地零转让背后的猫腻 ……………………………… 358

二十八、革命遗址遭强拆是谁之过 …………………………… 362

二十九、动检失职，导致"洋感冒"泛滥 …………………… 365

三十、充当"护假者"，该当何罪 …………………………… 369

三十一、"瘦身钢筋"背后的监管渎职 ……………………… 372

三十二、城管渎职，井盖吃人 ………………………………… 376

后 记 …………………………………………………………… 380

第一章

职务犯罪的危害、自首和举报

一

职务犯罪，贻害无穷

　　近年来，一些影响比较大的冤假错案频现报端，如湖北佘祥林案，云南杜培武案，河南赵作海案、杨波涛案，浙江张高平、张辉叔侄案等。它们对我国的司法体制产生了严重的负面影响，而司法工作者的刑讯逼供几乎成了造成这些冤案的共同原因。

　　马某群原是河北省秦皇岛市自来水公司的总经理兼秦皇岛市城管局的副调研员，2014年11月，马某群因涉嫌贪污、受贿和挪用公款被纪检部门调查。纪检部门在这样的一个"芝麻官"的家里搜出现金约1.2亿元、黄金37公斤和房产手续68套。马某群级别虽低，却掌握着全市人民的吃水大权。俗话说"羊毛出在羊身上"，从其涉案财产的数额可见该市人民群众多花了多少吃水的"冤枉钱"！

　　我国各种人为的灾难事故频频发生。1994年12月8日克拉玛依市的一场大火令323个鲜活的生命随风而逝，其中包括284名活泼可爱的中小学生。从1999年重庆綦江虹桥垮塌事故，到2000年河南焦作天堂音像俱乐部特大火灾事故，到2001年广西南丹特大透水事故，到2003年重庆开县特大井喷事故、湖南衡阳特大火灾坍塌事故，到2004年陕西铜川特大矿难事故，到2005年广东兴宁大兴煤矿特大透水事故，到2006年山西左云新井煤矿特大透水事故，到2007年山西洪洞特大矿难事故、湖南凤凰桥梁坍塌事故，再到2008年胶济铁路列车相撞特大事故，再到2015年天津新港爆炸事故和深圳光明新区的山体滑坡事故，每次特大事故死亡人数动辄几十，甚至上百。每次事故都有公职人员承担刑事责任。

侵权、贪贿、渎职是职务犯罪的具体类型。其中侵权型的职务犯罪包括：①国家机关工作人员利用职权实施的非法拘禁罪；②国家机关工作人员利用职权实施的非法搜查罪；③刑讯逼供罪；④暴力取证罪；⑤虐待被监管人罪；⑥报复陷害罪；⑦国家机关工作人员利用职权实施的破坏选举罪。这些犯罪的共性是国家工作人员利用职权侵犯公民的人身权利和民主权利。

贪腐型的职务犯罪包括：①贪污罪；②受贿罪；③挪用公款罪；④单位受贿罪；⑤行贿罪；⑥对单位行贿罪；⑦介绍贿赂罪；⑧单位行贿罪；⑨巨额财产来源不明罪；⑩隐瞒境外存款罪；⑪私分国有资产罪；⑫私分罚没财物罪；⑬利用影响力受贿罪；⑭对关系人行贿罪。

渎职型的职务犯罪包括：①滥用职权罪；②玩忽职守罪；③故意泄露国家秘密罪；④过失泄露国家秘密罪；⑤国家机关工作人员签订、履行合同失职被骗罪；⑥非法批准征用、占用土地罪；⑦低价出让国有土地使用权罪；⑧招收公务员、学生徇私舞弊罪；⑨失职造成珍贵文物损毁、流失罪；⑩徇私枉法罪；⑪民事、行政枉法裁判罪；⑫执行判决、裁定失职罪；⑬执行判决、裁定滥用职权罪；⑭私放在押人员罪；⑮失职致使在押人员脱逃罪；⑯徇私舞弊减刑、假释、暂予监外执行罪；⑰徇私舞弊不移交刑事案件罪；⑱滥用管理公司、证券职权罪；⑲徇私舞弊不征、少征税款罪；⑳徇私舞弊发售发票、抵扣税款、出口退税罪；㉑非法提供出口退税凭证罪；㉒违法发放林木采伐许可证罪；㉓环境监管失职罪；㉔传染病防治失职罪；㉕放纵走私罪；㉖商检徇私舞弊罪；㉗商检失职罪；㉘动植物检疫徇私舞弊罪；㉙动植物检疫失职罪；㉚放纵制售伪劣商品犯罪行为罪；㉛办理偷越国（边）境人员出入境证件罪；㉜放行偷越国（边）境人员罪；㉝不解救被拐卖、绑架的妇女、儿童罪；㉞阻碍解救被拐卖、绑架的妇女、儿童罪；㉟帮助犯罪分子逃避处罚罪等罪名。

职务犯罪对社会造成的危害不亚于暴力犯罪和其他的财产犯罪。职务犯罪的实施者是国家工作人员，即公职人员。如果说其他犯罪的社会危害是污染水流，那么职务犯罪则是污染水源。公职人员是可以代表国家行使公权力的人。这些人的职责应该是模范地遵守法律，忠实地履行权力，严格地执行法律。如果他们都成为罪犯，国家公信力必然大大受损。

不同类型的职务犯罪的社会危害不同，其中侵权型的职务犯罪不仅损害了国家机关的权威和公信力，而且侵害了相对人的人身权利或者民主权利。贪腐型的职务犯罪中，贪污罪、挪用公款罪等还使公共财产受到损失，而贿赂犯罪损害了职务行为的不可收买性。渎职型的职务犯罪的危害表现为发生了管理范围内的事故或者危机，造成了人民群众生命、健康、财产的损害，或者造成恶劣的社会影响。

虽然不同职务犯罪的具体社会危害各有不同，但是我们不能笼统地说哪种职务犯罪就一定比另外一种更严重。一般来说，贪污贿赂犯罪的整体刑罚重于渎职犯罪。但是具体到个案，并不是只要是渎职犯罪，就一定比贪污贿赂犯罪刑罚轻。

二

职务犯罪自首

自首是指犯罪后自动投案，向公安、司法机关或其他有关机关如实供述自己罪行的行为。自首是我国查办犯罪的重要线索来源，同时也是犯罪分子悔罪的一种表现，犯罪分子的自首行为可以获得从宽处罚，依据我国现行《刑法》规定，自首可以从轻或减轻处罚，犯罪较轻的可以免除处罚。

依据我国《刑法》及《最高人民法院、最高人民检察院关于办理职务犯罪案件认定自首、立功等量刑情节若干问题的意见》，认定自首需同时具备自动投案和如实供述自己的罪行两个要件。

（一）自动投案

自动投案的认定可以从两个方面来进行审查：一是时间；二是方式和动机。

（1）自动投案的时间。自动投案既可以是在犯罪事实被发觉以前，也可以是在犯罪事实被察觉之后。关键在于犯罪分子须自动投案。犯罪分子自动投案说明其认罪悔改，愿意接受惩处。从司法实践来看，目前的规定将自首时间限制得太窄，不利于分化瓦解犯罪，争取犯罪分子走自首的道路。

（2）投案的动机和方式。犯罪分子出于真诚悔罪自动投案的自首，犯罪分子虽有投案的诚意，但由于伤病不能投案的而委托他人代为投案，或以信件、电话投案等，都属于投案自首。至于被公安机关、群众围攻，走投无路，当场投案的，以及经司法机关传讯、采取强制措施归案的，都不是自动投案。

犯罪事实或者犯罪分子未被办案机关掌握，或者虽被掌握，但犯罪分子尚未受到调查谈话、讯问，或者未被宣布采取调查措施或者强制措施时，向办案机关投案的，是自动投案。在此期间如实交代自己主要犯罪事实的，应当认定为自首。

（二）如实供述自己的罪行

犯罪分子必须如实供述自己的罪行，愿意接受国家的审查和追诉，这是自首的本质特征。犯罪分子供述的必须是自己实施并由自己承担刑事责任的犯罪事实。共同犯罪案件中的犯罪分子自首时，不仅要求供述自己的犯罪事实，而且要交代其所知的共同犯罪，如果是主犯必须揭发同案犯的罪行，否则不构成自首。

如果犯罪人交代的是自己耳闻目睹的他人的罪行，是检举揭发，而不是自首。犯罪人如犯数罪的，投案时只交代了一罪，则可视为这一罪有自首情节。如果数罪中的一罪已被发觉，犯罪人在侦查、起诉、审判过程中或被判决以后，又将尚未被司法机关发现的其他罪行供述出来，对其交代的部分罪行可以视为自首。犯罪分子如果只交代次要罪行，隐瞒主要罪行，或者以虚假情况掩盖其真实罪行的，都不能认定为自首。

犯罪人主动听候司法机关的侦查、起诉、审判活动是衡量犯罪人是否悔改的重要表现之一。如果投案后，又逃脱司法机关采取的强制措施；或仅以电信方式交代罪行，久不归案的；或偷偷

把赃物送到司法机关门口，不肯讲明身份；这些明显是不愿接受国家制裁的表现，不能以自首论，只能视为悔罪的一般表现。犯罪分子主动投案，如实供述自己的罪行后，为自己进行辩护，提出上诉，或更正和补充某些事实的，都是被允许的行为，不能视为不接受审查和追诉。

可供犯罪分子自首的对象包括：①公安机关、人民检察院或者人民法院；②其所在单位；③城乡基层组织；④以上单位的有关负责人员。犯罪分子向以上任何机关、单位、组织或有关负责人投案的，都应当视为自首。

犯罪分子即使没有自动投案，但具有下列情形之一的，也应当认定为自首：①犯罪分子如实交代办案机关未掌握的罪行，该罪行与办案机关已掌握的罪行属不同种罪行的；②办案机关所掌握线索针对的犯罪事实不成立，在此范围外犯罪分子交代同种罪行的。

单位犯罪案件中，单位集体决定或者单位负责人决定自动投案，如实交代单位犯罪事实的，或者单位直接负责的主管人员自动投案，如实交代单位犯罪事实的，应当认定为单位自首。单位自首的，直接负责的主管人员和直接责任人员未自动投案，但如实交代自己知道的犯罪事实的，可以视为自首；拒不交代自己知道的犯罪事实或者逃避法律追究的，不应当认定为自首。单位没有自首，直接责任人员自动投案并如实交代自己知道的犯罪事实的，对该直接责任人员应当认定为自首。

对于具有自首情节的犯罪分子，应当根据犯罪的事实、性质、情节和对社会的危害程度，结合自动投案的动机、阶段、客观环境，交代犯罪事实的完整性、稳定性以及悔罪表现等具体情节，依法决定是否从轻、减轻或者免除处罚以及从轻、减轻处罚的幅度。

三

职务犯罪举报

2014年6月24日,河北省石家庄市检察机关全面启动主题为"依靠群众惩治职务犯罪,公开检务强化自身监督"的"举报宣传周"活动。检察机关分别在石家庄市的公园、广场、车站等比较显眼的地方设有23个宣传点,通过图片展览、法律咨询、发放宣传册、答记者问、召开新闻发布会、传统媒体及网络新兴媒体宣传,以及进机关、进企业、进学校、进社区、进农村、进工地等多种形式,深入广泛地开展举报宣传活动。让人民群众清楚了解涉检信访案件的范围、程序以及信访举报的方法和途径;推行"阳光执法",畅通举报渠道。活动期间,检察机关现场通报"赵县宅店镇台兴庄村三名村干部共同贪污案""赞皇县职工子弟小学校长焦某某贪污、挪用公款案""栾城县国土资源局次某等玩忽职守案"三起典型案例。

群众举报已经成为我国当前发现、惩治职务犯罪的重要途径,为检察机关查办贪污贿赂等职务犯罪提供了大量的案源线索,是公民对国家机关和国家机关工作人员行使监督权的一种重要形式,也是公民同各种腐败现象和职务违法犯罪做斗争的有力武器和重要手段。做好群众举报工作，应当注意以下几个方面。

（一）谁能举报

我国《刑事诉讼法》第108条第1款规定：任何单位和个人发现有犯罪事实或者犯罪嫌疑人，有权利也有义务向公安机关、人民检察院或者人民法院报案或者举报。根据这一规定，我国任何公民均有举报职务犯罪的权利和义务，均可以在发现案件线索时向有关机关或部门举报。

（二）向谁举报

目前，我国许多部门都设立了专门受理和处理公民举报案件的工作机构，接受公民举报，例如，检察机关、党的纪律检查机关、政府监察机关和工商行政管理部门、税务部门、审计部门、物价部门、海关部门、外汇管理部门、劳动和社会保障部门、质量技术监督部门等。检察机关是查办职务犯罪的主要机关，就全国检察机关来说，已有3 600多个检察院设立了"举报中心"，形成了覆盖全国的举报网络。人民检察院举报中心的主要职责是：宣传发动群众；受理、管理、审查举报材料和初查部分举报材料；交办重要举报材料，对移送检察院侦查部门处置的举报线索进行催办；开展保护奖励工作；答复署名举报人等。举报人在发现案件线索后可以向当地任何举报工作机构提供案件线索信息。

（三）如何举报

公民举报可以通过以下方式进行：

(1) 电话举报。举报人按照所掌握的案件线索的性质，通过拨打举报电话，向负责受理此类案件的举报机构或者有关部门进行举报。检察机关的职务犯罪统一举报电话为"12309"。

(2) 信函举报。举报人将所掌握的案件线索，以书面信函的方式，投寄给负责受理此类案件的举报机构或者有关部门进行举报。

（3）当面举报。举报人就所掌握的案件线索，到有关举报机构或者有关部门，当面向举报机构的工作人员进行举报。

（4）预约举报。预约举报是当面举报的一种补充形式，是指举报人就所要举报的案件线索事先与举报机关或者有关部门进行联系，约定时间、地点以及接待人员，进行当面举报。

（5）网络举报。举报人通过登录检察机关的官方举报网站提供掌握的案件线索，我国最高人民检察院举报网址为 www.12309.gov.cn。

除以上几种形式外，行使举报权也可以采取电传、电报、录音、录像等方式进行。总之，采取何种举报方式，由举报人根据自己的意愿和具体情况来定。

举报人在行使举报权时，既可以不署真实姓名进行匿名举报，也可以向检察机关留下真实姓名、单位和联系方式，进行署名举报。

（四）举报内容

举报人向有关机关举报时，应当提供以下相关内容：①被举报人基本情况；②被举报人职务犯罪的相关情况；③知情人联系方式；④举报人联系方式。便于接受举报的机关对有关案件信息进行调查、核实。

（五）举报人安全

在司法实践中，举报人容易因为举报遭受打击报复，因此，举报人应当注意举报的方式方法，保守秘密，增强自我安全保护意识。另外，有关机关和人民检察院也应当保护举报人的安全，具体来说：①人民检察院应当保障举报人及其近亲属的安全，依法保护其人身权利、民主权利和其他合法权益；②严禁泄露举报人的姓名、工作单位、家庭住址等情况，严禁将举报材料和举报人的有关情况透露或者转给被举报单位和被举报人；③调查、核实情况时，不得出示举报材料原件或者复印件，不得暴露举报人。对匿名信函除侦查工作需要外，不允许鉴定笔迹；④宣传报道和奖励举报有功人员，除本人同意外，不得公开举报人的姓名、单位；⑤打击报复举报人的，如果属于国家机关工作人员滥用职权、假公济私，对举报人实行报复陷害构成犯罪的，应当依法立案侦查，追究责任人的刑事责任；如果追究打击报复举报人不构成犯罪的，应当移送主管部门处理。

（六）禁止诬告

诬告是指捏造事实，向国家机关或者有关单位作虚假告发，意图使他人受到刑事追究的行为。诬告侵犯公民的人身权利和扰乱司法机关的正常活动，主观上有使他人受到刑事追究的目的，客观方面有故意捏造犯罪事实告发他人的行为，属于犯罪行为一种，应当承担刑事责任，我国《刑法》第243条明确规定了诬告陷害罪，对诬告陷害他人的行为人施以刑罚处罚。认定诬告陷害罪时应当区别诬告与错告，错告是指举报人由于认识上的问题，向举报部门作了不符合实际的举报，错告的行为人在主观上没有虚构事实的故意，错告只是因为认识上的问题造成错误告发或举报，只要不是故意捏造事实、伪造证据，就不能认为是诬告。

第二章

贪污贿赂类犯罪

一

"小村官"也可以大腐败

2012年11月25日,一篇题为《深圳南联社区村干部周某思坐拥20亿资产,元芳,你怎么看?》的帖子,扯出了"20亿村干部"周某思一案。帖子称作为深圳龙岗街道的一名普通村民,周某思任职村主任7年期间,利用职务便利,变卖、霸占村委集体土地,商业勾结,违法建设等,目前拥有私家住宅、别墅、厂房、大厦超过80栋,豪车超过20辆,估计资产超过20亿元。随后,检察机关展开了相关的调查,并于2013年2月8日,以涉嫌受贿罪、行贿罪将其执行逮捕。事后查明,作为深圳南联社区一名村干部,周某思曾受贿5 600万元,深圳市人民检察院以周某思涉嫌受贿罪、非国家工作人员受贿罪、单位行贿罪,向深圳市中级人民法院提起公诉。

经初步调查,周某思受贿主要集中于旧城改造的项目。起诉书中指控周某思涉嫌受贿罪的犯罪事实为:其在担任南联社区居委会主任、南联社区工作站副站长、常务副站长期间,接受南联小学片区旧城改造项目开发商天基房地产开发(深圳)有限公司董事长叶某的请托,利用职务便利,为该项目的开发及拆迁工

作提供帮助,先后收受叶某贿赂共计4 900万元。其中,伙同泰德建公司实际控制人范某收受4 500万元(周某思分得2 000万元,范某分得2 500万元),此外,周某思又单独收受了叶某的好处费400万元,构成我国《刑法》规定的受贿罪。

依据我国《刑法》第385条的规定,受贿罪的主体是特殊主体,即国家工作人员,是真正的身份犯,而根据《刑法》第93条的规定,国家工作人员包括国家机关从事公务的人员,国有公司、企业、事业单位、人民团体中从事公务的人员,国家机关、国有公司、企业、事业单位委派到非国有公司、企业、事业单位、社会团体从事公务的人员,以及其他依照法律从事公务的人员。由此可见,"村干部"不是我国《刑法》贪污罪、受贿罪、挪用公款罪明文规定的犯罪主体。但2000年公布实施的《全国人民代表大会常务委员会关于〈中华人民共和国刑法〉第九十三条第二款的解释》将"村干部"部分纳入了受贿罪的犯罪主体;村民委员会等村基层组织人员协助人民政府从事下列行政管理工作,属于《刑法》第93条第2款规定的"其他依照法律从事公务的人员":(1)救灾、抢险、防汛、优抚、扶贫、移民、救济款物的管理;(2)社会捐助公益事业款物的管理;(3)国有土地的经营和管理;(4)土地征用补偿费用的管理;(5)代征、代缴税款;(6)有关计划生育、户籍、征兵工作;(7)协助人民政府从事的其他行政管理工作。村民委员会等村基层组织人员在从事前款规定的公务时,利用职务上的便利,非法占有公共财物、挪用公款、索取他人财物或者非法收受他人财物,构成犯罪的,适用《刑法》第382条和第383条关于贪污罪、第384条关于挪用公款罪、第385条和第386条关于受贿罪的规定。

目前在我国,村民委员会等基层组织成员所实际承担的任务主要有两个方面：一是单纯的本村委自治事务，如修桥筑路，修建码头，兴修水电，集资办厂、办学，建设村庄，兴建医疗等社会福利设施、农资供应等，对此不能视为依法从事公务，而这些人员在履行这方面职责的过程中，利用职权侵占集体财物、挪用集体资金的，应以职务侵占罪、挪用资金罪论处。二是具有政府行政性质的工作，主要包括：救灾、抢险、防汛、优抚、扶贫、移民、救济款物的管理和发放，希望工程等通过政府或者专门机构发放的公益事业款物的管理和分发，国家或者国有企业事业单位征用土地补偿费的管理和分发以及执行有关人民代表大会的选举，户籍，征兵的组织、管理工作等，这些工作均具有"公务"性质，这些人员在从事上述公务中，利用职务上的便利，侵吞、挪用公共财物或者非法收受他人财物，构成犯罪的，应当依法分别以贪污罪、挪用公款罪或者受贿罪追究刑事责任。据此，有关村基层组织人员只有在协助政府从事上述司法解释中的七项行政管理工作时才属于从事公务，以国家工作人员论。在具体案件中，认定是否属于国家工作人员时，不能机械地适用《全国人民代表大会常务委员会关于〈中华人民共和国刑法〉第九十三条第二款的解释》的上述规定，必须在实质上判断其行为是否体现政府的管理意志。在该案中，南联小学片区旧城改造项目属于村委会协助政府从事的其他行政管理工作，能够体现政府的管理意志，周某思作为南联社区的居委会主任，利用职务上的便利，收受他人财物，为他人谋取利益，构成我国《刑法》第385条规定的受贿罪。

近年来，各地在推进城镇化的过程中，因旧城改造、新农村建设以及征地补偿衍生出多位"千万级村官"。据不完全统计，自2013年以来，全国各地公开村干部违纪违法案件171起。其

中，涉案金额超过千万元的案件有12起，涉案总金额高达22亿元。一直以来，我国土地征收"剪刀差"问题突出，与补偿相关的征地制度改革也被认为是土地制度改革的难题之一，然而目前我国仍没有征地补偿的专门法律，利用制度漏洞贪腐的案件时常发生。

除了"20亿村干部"周某思之外，2013年7月浙江省温州市永嘉县人民法院审理的10名村干部瓜分价值18亿元的316套安置房案，2014年8月海南省高级人民法院审理的村干部侵占1 300万元征地补偿款案件等，都是村级干部巨贪的真实案例。

这么多村干部出事，关键在于他们身份上的特殊性，导致对其监管的盲区。实际上，在日常管理中，对村干部几乎没有有效监督。村民委员会是自治组织，没有所谓上级一说，而村民选出的村民委员会主要负责人，以集体经济名义向银行贷款、开办集体企业等具体行为，村民往往并不知情，集体经济是赚是赔也是村干部说了算。在征地过程中，国家都是通过与村干部谈判来确定征地条件。如果村干部通过做手脚的方式隐瞒某些条件，或故意曲解某些条件，普通村民根本就不可能知道真实的征地条件是什么，这就导致了村干部在征地过程中进行贪腐的隐蔽性强。在一定程度上，村干部成了"土地爷"。而且，我国村干部整体素质参差不齐，法纪观念淡薄，制度缺失，监督形同虚设，村务公开落实不够到位，违纪违法案件查处力度还不够大等都是造成村官贪腐的重要原因。

二

混合所有制企业中的"蛀虫"

某投资咨询公司原系国有独资企业,出资人为广东某实业集团公司(国有全资公司,以下简称"集团"),该投资咨询公司于2006年启动企业转制引入民营资本。改制后公司股权结构为集团持股40%,五家民营企业各持股10%,自然人持股10%。集团向公司董事会推荐甲担任投资咨询公司董事长兼经理,乙担任副经理。原民营企业负责人丙担任财务总监。同时该三人各持公司股份2%。虽然公司章程规定高管薪酬由董事会决定,但在实际操作中甲、乙、丙的薪酬发放依据集团对下级子公司薪酬管理办法来实行。即每年由集团根据公司经营业绩来核定他们三人当年的薪酬额度,并明确集团核定的薪酬额度为三人当年收入的唯一依据。公司董事会对此没有异议并按照集团薪酬核定金额予以执行。2012年3月至9月投资咨询公司从某重大项目中获取高额利润。甲、乙联合丙三人私自决定用公司的盈利资金每年为自己增发考核奖励,用于个人购买人寿分红保险,金额共计25万余元。关于从公司领取核定薪酬之外的考核奖收入的事项,甲、乙、丙从未向集团或公司股东会、董事会进行

报告，直至案发。

我国《刑法》第382条规定：国家工作人员利用职务上的便利，侵吞、窃取、骗取或者以其他手段非法占有公共财物的，是贪污罪。受国家机关、国有公司、企业、事业单位、人民团体委托管理、经营国有财产的人员，利用职务上的便利侵吞、窃取、骗取或者以其他手段非法占有国有财物的，以贪污论。与前两款所列人员勾结，伙同贪污的，以共犯论处。

该案中犯罪主体为甲、乙、丙三人。如何判定混合所有制企业中的国家工作人员？根据《刑法》规定，国有控股、参股的混合所有制企业中的工作人员若被认定为国家工作人员需满足两个条件：一是主体需要受国家机关、国有公司、企业事业单位派到国有控股、参股公司中工作，而甲、乙是由国有公司及集团推荐到国有控股公司及投资公司工作的人，而丙则是原民营企业的负责人。二是主体工作的内容是从事公务。如何来理解从事公务：①从权力的来源看，从事公务是掌握国家权力和意志的体现。②从范围内容来看，从事公务主要是代表国家权力对社会、公共事务进行管理包括对人、财物、事的公共管理。而甲、乙两人接受委托代表国家管理经营投资公司，因此是国家工作人员。而丙是受民营企业委托，不是受国家委派来混合所有制企业工作的人员。甲、乙、丙三人并未向集团或公司股东会、董事会报告，私自将公司的资产非法占有用于购买个人的人寿分红保险的个人营利行为，属于非法占有公共财物，构成了国家工作人员与非国家工作人员共同贪污犯罪，应以贪污罪论处。

自20世纪90年代开始，我国进行国有企业改革，逐步实行混合所有制，即由国有资本或集体资本与民营资本或外国资本共同参股组建而成的新型企业形式,一般以国家控股、参股为主。国有企业由于自身优势掌握着较多经济资源,但机构组织臃肿、庞大,企业员工积极性不高,缺乏灵活机动,从而使企业的竞争力变弱。民营企业决策灵活,市场适应性极强,但由于资金短缺、规模小、投资少,无法更好地发展。为了促进国有企业和民营企业的共同发展,进行了所有制改革,形成了混合所有制企业。混合所有制企业中的"蛀虫"不仅包括国有企业的领导人员,还包括利用职务上的便利为自己谋取利益的企业职工。那为什么这些"蛀虫"会出现在混合所有制企业中呢?

(1) 在混合所有制企业中,一般都是国家控股,国家仍然掌握着公司的话语权和决策权。这些权利直接转移过渡到了代表国家公权力的国家工作人员身上,这种权利的行使往往缺乏监督,给利用职务便利大开方便之门。

(2) 我国对国家工作人员要求严格,不允许其进行经营活动作为收入来源。这本来是担心国家工作人员以权谋私,但却成了他们甘冒风险的又一催化剂,这也是国家工作人员犯罪的一大重要因素。而非国家工作人员虽然不受这种限制,但也会为利益所驱使。

(3) 我国的企业改革起步较晚,混合所有制的发展历程短。我国对混合所有制企业了解不深,还处于摸索阶段。

(4) 大多数人民群众对国企改革并不十分关心。人民群众主要关心那些与他们的生活相关的犯罪,对混合所有制企业的工作人员的犯罪不关注,也不主动去了解。这就使得混合所有制内企业人员的犯罪相对隐性,也给混合所有制企业中的"蛀虫"滋生的机会。

混合所有制企业中的"蛀虫"不仅包括国家工作人员,还包括非国家工作人员。不管"蛀虫"是如何产生、如何发展的，我们最终的目的都是希望消灭已有的"蛀虫"和防止新生的"蛀虫"，以免再出现国家工作人员与非国家工作人员相勾结实施共同犯罪的现象。

三

承包人侵占工资款构成贪污罪

2003年6月至2009年8月，被告人王某是山东省聊城市某国有企业的餐厅承包人。由于该餐厅所有工作人员选择与该国有企业保留先前合同，因此餐厅工作人员的工资仍由该国有企业统一拨付，由王某负责每月15日定期分发给餐厅工作人员。2009年4月至8月，该餐厅工作人员已连续5个月未领到工资。经调查，王某将20万元工资款占为己有，其中8万元以高额利息借贷给他着急用钱的朋友张某。2010年5月案发后被告人王某主动向检察机关上缴赃款人民币10万元，返还财政。法院认为，被告人王某作为国有企业的合法委托管理人，利用职务上的便利，采取不入账的手段，将专项资金占为己有。由于侵吞公共财物数额较大，根据《刑法》第382条第2款的规定，其行为构成贪污罪。事实上该案被告人王某的确有贪污公款20万元的主观故意。但是，侵吞其中12万元的赃款可被认定为贪污罪外，还有8万元借贷给他人使用。被告人王某利用职务上的便利，挪用本单位资金借贷给他人使用数额较大、超过3个月未还，构成挪用资金罪。

为什么王某不是国家工作人员而仍以贪污罪论处？因为根据

《刑法》第 382 条第 2 款规定,受国家机关、国有公司、企业、事业单位、人民团体委托,管理、经营国有财产的人员,可以成为该罪的主体。适用该规定的条件是：①被委托人原本不是管理经营国有财产的人员；②委托单位必须是国家机关、国有公司、企业、事业单位、人民团体；③委托的内容是承包、租赁、聘用等管理、经营国有财产；④委托具有合法性。由此可看出该条款为拟制规定,非国家工作人员也可以构成贪污罪。只要是在国有公司、企业或者在其他国有单位中从事承包、租赁、聘用等事务的主体都可成为贪污罪的主体,这就突破了贪污罪只能是国家机关工作人员的限制,即使是一般公民也有可能成为该罪的主体。首先,必须利用职务上的便利,利用职务上的便利是指利用职务上主管、管理、经营、经手公共财物的权力及方便条件。其次,必须以侵吞、窃取、骗取或者以其他手段非法占有公共财物。最后,必须非法占有公共财物。即该罪的客体必须是公共财物,而非公民私人所有的财物,但不限于国有财物。因为贪污罪的主体包括国家机关、国有单位委派到非国有单位从事公务的人员,这些主体完全可能贪污国有财物以外的公共财物。但是受国家机关、国有公司、企业、事业单位、人民团体委托,管理、经营公共财物的人员成立贪污罪的前提是：上述人员必须是非法占有了国有财物,该财物处于犯罪人的掌控之下,并可随意处分。在上述案例中,被告王某将工资款非法占有,并为获得利益将一部分资金挪用给他人使用,实际上是行使了对国有财物的非法处分权。另外值得注意的是,贪污罪的在主观上为故意并具有非法占有目的,故意内容为明知自己的行为侵犯了职务行为的廉洁性且会发生侵害公共财产的结果,并且希望或者放任这种结果的发生,非法占有目的与侵犯财产罪中非法占有目的的含义相同。根据《刑法》第 383 条规定,犯贪污罪的,应当根据数额大小及其他情节轻重分别处罚。该案中，被告人王某个人贪污数额超过 10 万元。根据规定，个人贪污数额在 10 万元以上的，处 10 年以上有期徒刑或者无期徒刑，可以并处罚金或没收财产；情节特别严重的，处无期徒刑或死刑并处没收财产。这里需要注意的是，假设王某和张三、李四相互串通，对员工所发工资款进行贪污，则适用共同贪污的处罚。在共同贪污中，个人贪污数额不是泛指整个共同犯罪的数额，也不是指分赃数额，而是指个人应当承担责任的数额。对此应当根据共同犯罪的责任原理确定。例如，贪污犯罪团伙即王某等三人共贪污 12 万元，首要分子对整个犯罪集团的罪行承担责任，所以首要分子王某的个人贪污数额为 12 万元。同样，从犯也是以其参与的贪污数额作为个人贪污数额。

该案中还出现了挪用资金罪，挪用资金是指公司、企业或者其他单位的工作人员利用职务上的便利，挪用本单位资金归个人使用或者借贷给他人使用数额较大、超过 3 个月未还的，或者虽未超过 3 个月，但数额较大、进行营利活动的，或者进行非法活动的行为。受国家机关、国有公司、企业、事业单位、人民团体委托，管理、经营国有财产的非国家工作人员，利用职务上的便利，挪用国有资金归个人使用构成犯罪的，应当以挪用资金罪定罪处罚。贪污罪和挪用资金罪的主体有相同之处：①主体都可是非国家工作人员。②行为对象是单位资金而非经营资金。例如，被告人王某挪用的是本应发放给员工的工资款，如果王某挪用的是经营餐厅的营业额，那就不构成该罪了。③责任形式都为故意。行为人必须明知是单位的资金而非法占有、使用。这里的非法占有、使用的故意是指暂时占有、使用单位资金的故意，因而不同于盗窃罪、诈骗罪中的非法占有目的，如果行为人以非法占有为目的，则成立职务侵占罪。

四

科研报销，隐藏腐败

李某，中国工程院院士，是经费约 200 亿元的重大科研专项副总工程师。长期担任重大课题负责人、某国家重点实验室主任的李某，还参股或控股开办了多家企业。通过"空壳公司"参与课题、捞取公款。根据工商登记资料，李某名下企业分布在北京、无锡等地。成立于 2009 年 1 月 19 日，注册资本为 1 000 万元的北京三元公司，就是一家以李某为法定代表人的公司。该公司注册地址就在中国农业大学附近一处居民楼中。周边居民"根本不知道有这家公司存在。"该公司登记、公布的两部电话一部为空号，另一部无人接听。就是这家"只见其名难觅其踪"的公司，却屡屡参与李某承接的国家课题，进而获得国家经费。不完全统计，三元公司参与的课题近 20 项。根据巡视整改通报，由李某等人承担的、农业部牵头组织实施的"转基因生物新品种培育"重大专项有关课题，正是套取经费事发的导火索。该科研专项旗下单个子项目的规模为 200 万元至 300 万元。同时承接多个项目的三元公司，掌握的经费估计上千万元。科技部立即停止了李某等人承担的所有项目经费，李某被依法批捕。"名义上是有利于课题的专业性、延续性,实际上,便于开票报账也是重要目的。"北京一所高校教师透露,将科研经费转移至公司的行为并不鲜见,这是科研经费"潜规则"之一。尽管近几年国家对科研经费的管理日趋严格,但还是有人"合法"地钻空子。

非法占有财物的方式包括侵吞、窃取、骗取或者以其他手段。其中,骗取财物,是指行为人利用职务之便,采取虚构事实或隐瞒真相的方法,非法占有公共财物的行为。科研人员假报销就是利用职务上的便利采用骗取的手段非法占有财物。中国农业大学教授李某利用"空壳公司"套取国家专项资金也属于此种手段。

准确认定贪污罪中的"侵吞""窃取"及"骗取",直接关系到贪污罪与侵占罪、职务侵占罪、盗窃罪、诈骗罪(包括金融诈骗罪等特殊诈骗罪)的界限。贪污罪中的"骗取","相对于侵吞而言,骗取者事先并不占有、控制、支配着公共财物;相对于窃取行为,行为人没有采取违背财物占有者意志的方式取得,而是以欺骗具有主管、控制、支配公共财物权限的领导的方式,使其基于认识错误作出将公共财物处分给行为人的决定,行为人进而取得财物。"行为人谎报差旅费、医药费,显然是基于其作为单位成员能够报销相关费用的身份或者地位,欺骗单位的主管人员,让其作出将公共财物处分给行为人的决定,理当属于贪污罪中的"骗取"。科研人员找发票报销经费,提供虚假发票、编造虚假合同、编制虚假账目等手段理所当然属于贪污罪中的骗取手段。

科研经费分为纵向科研经费和横向科研经费。纵向科研经费来源于财政拨款,是指从政府部门(包括具有政府背景的基金)获得的课题经费;横向科研经费则是指从企业、社会机构处获得

的课题经费，主要是通过承接企业、社会科技项目、开展科研协作、转让科技成果、进行科技咨询所取得的收入和其他科研收入。而通过了解什么是经费，经费从何而来可以得出，科研报销贪污的可以是财政拨款，纵向科研项目（课题）是由国家各级政府成立基金支撑的，所以纵向经费理所当然属于公共财产；科研报销贪污的也可以是从企业、社会机构处获得的课题经费，当从企业、社会机构处获得课题经费时，横向经费因为被科研人员所属单位管理，也属于公共财产。所以，科研经费属于贪污罪的客体。申请人科研经费的取得本应是建立在科研项目通过审批的基础上的。而很多科研人员报销的经费并非如此，而是通过其他不合法手段骗取经费。所以，李某参与课题，捞取的公款及获取的国家经费属于公共财产。

科研人员是具备一定的科学理论知识并从事科学研究的科学工作者。科学可以分为自然科学和社会科学，研究可以是调查研究或实验，也可以是现象分析，从事工程技术开发、生命科学研究、社会调查研究等的人员都可以是科研人员。通过对科研经费的诠释可以得出，科研人员获得的项目由国家各级政府获得的，是为国家工作，从事的是公务，理所当然属于国家工作人员；科研经费从企业、社会机构处获得的，由科研人员所属单位管理，科研项目负责人占为己有的，属于侵犯公共财产，此时科研项目负责人也属于国家工作人员。高校教师只有在主持课题时才构成国家工作人员，符合贪污罪的主体。所以，李某在担任重大课题负责人时属于国家工作人员。

涉案的科研人员，大多数行为人是课题组负责人或项目主持人，存在可利用的"职务便利"；有的行为人虽然不是课题组负责人或项目主持人，但是作为课题组成员或非课题组成员，与课题组负责人或项目主持人相互配合套取科研经费，客观上通过编制虚假预算、用虚假发票（包括并非实际用于科研经费所开具的、形式上真实合法的发票）冲账、以他人名义领取劳务费等手段，将国家拨付的科研经费冲账套取、非法占有，符合贪污罪的客观要件。科研人员利用职务上的便利，故意编造未曾建立过的科研项目，打着报销经费的幌子骗取国家、人民的财产，损害了国家和人民的利益，使人民对科研人员信任度降低。

中国农业大学教授、中国工程院院士李某用多家空壳公司套取公款，院士涉案是科研界共同的损失和污点。《中国工程院章程》规定：当院士的个人行为涉及触犯国家法律，危害国家利益时，或涉及丧失科学道德，背离了院士标准时，可依据一定程序撤销其院士称号。中国工程院发言人董庆九表示，中国工程院将视司法机关认定事实、性质和生效的判决，依据该院章程和有关规定，按照程序对李某作出严肃处理。

现在很多人误认为，这个项目是个人努力争取回来的，当然是个人的劳动所得。这种错误的认识也使很多科研人员在无形中走向犯罪的道路。科研经费管理使用中的漏洞，给科研人员留下了巨大的犯罪空间，贪欲之下只会害了科研。

五

"圆票"报销,构成贪污

　　2005年上半年,河南省平顶山市石龙区人民政府立项出资建设军营村养殖园区,通过石龙区农林水利局拨款至石龙区龙兴街道办事处,石龙区龙兴街道办事处接到此拨款后建设军营村养殖园区部分工程,并与承包商结清工程款。后石龙区龙兴街道办事处将此专项款拨给军营村,委托村里接手建设。2005年八九月,挂靠河南省长垣县建筑公司的长垣县张某伦工程队,把未完工工程建完后,军营村将工程款14 810元付给张某伦工程队。2007年1月,时任石龙区龙兴街道办事处军营村党支部书记兼村主任的路某军,要求张某伦之子张某健以长垣县建筑工程公司第六工程队修建军营村养殖园区的名义,以圆票的方式虚开金额为110 191.32元发票,并支付张某健5 000元现金,让村里会计出具了相关证明,张某健到石龙区地税局将发票开出,路某军签字后,由担任村出纳的路某强将发票入账报销。虚开出的110 191.32元,扣除路某军支付给张某健的5 000元,被告人路某强贪污27 191.32元。余款78 000元,被告人路某军据为己有。平顶山市石龙区人民法院依据相关法律作出判决:被告人路某军犯贪污罪,判处有期徒刑6年;被告人路某强犯贪污罪,判处有期徒刑2年。

圆票是指企事业单位为完善财务手续将发生的无法取得正式发票的零星支出,通过"圆票"点(处)圆成正式发票入账的一种会计活动,即企事业单位临时发生的商品、物资移库、短途搬运所支付的款项,为了据实入账,企事业单位持出资单及有关证明材料到"圆票"点(处),圆成正式发票入账。"圆票"是在生活实践当中针对一些实际有支出但由于情况特殊不能够开出实际发票这种问题的解决手段。例如,某企业以前在一家食品公司购买所需食品,那家公司可以提供正规发票入账,由于食品涨价,某企业决定改在一些小的供应商那儿购买,但是小供应商无法提供正式发票,又或者企事业单位在日常开支中所包含的雇佣钟点工所花费用或是员工的基本餐费等无法取得正式发票,而这些为"公家"实际产生的开支必须进行入账报销的时候,企事业单位持相关证明去圆票点交纳0.5%的手续费,圆成正式的税务部门印制或监制的联运发票入账。"圆票"就成了一种解决无正式发票报销的途径。在此种情况下,也是为了避免企事业单位去通过别的不合法的途径开发票。

"圆票"在解决实际生活中遇到的上述问题时,也使有些人动起了邪念,例如,将并未实际发生的商品、物资移库、运费、杂费等费用开为圆票。在确实存在与发票上数额相对应的实际开支又无法取得正式发票的情况下,"圆票"是合法的,这也是设立"圆票"的目的与意义所在,但是虚报开支肯定是违法的。路某军在军营村将工程款14 810元付给张某伦工程队之后,还继续要求张某伦之子张某健虚开了金额为110 191.32元发票,并支付张某健5 000元现金,让村里会计出具了相关证明。张某健到石龙区地税局将发票开出,路某军签字后,由担任村出纳的被告人路某强将发票入账报销。就路某军让张某健虚开的施工增加费用的发票而言,根本没有所"圆"的发票上的实际费用支出,却因此获取了非法利益。该案中路某军又是石龙区龙兴街道办事处军营村党支部书记兼村主任,根据《全国人民代表大会常务委员会关于〈中华人民共和国刑法〉第九十三条第二款的解释》,村民委员会等基层组织人员协助人民政府从事行政管理工作,利用职务上的便利贪污公共财产的,应以贪污罪论处。根据最新颁布的《刑法修正案(九)》中对贪污罪的量刑标准:个人贪污数额在5万元以上不满10万元的,处5年以上有期徒刑,可以并处没收财产;情节特别严重的,处无期徒刑,并处没收财产。显然路某军所贪污的数额已经达到了定罪量刑的标准之一,其行为即涉嫌贪污罪。在此种情况下,路某军便满足了构成要件中犯罪主体的"特殊"身份,因此构成了贪污罪。假设事实上存在与所"圆"发票上相对应的相关费用的支出时,他们的行为则是合法的,不会构成犯罪,发票上的数额等相关信息也必须与实际情况相符合,不然多报销的那部分也属于违法所得,行为人依然会被法律严惩不贷。

"圆票"本是用来解决实践中我们所遇到的有实际支出,又苦于无法取得发票报销的问题,一定程度上来说是法律实务中对发票报销的完善与补充,但是在石龙区龙兴街道办事处军营村党支部书记兼村主任的路某军的手里却成"贪污神器",变成了他敛财的新手段,由此可见"圆票贪污"已成为一种新型贪污,更具有隐蔽性。但是"天网恢恢,疏而不漏",违反党纪国法终究逃不过法网,路某军的"罪行"被公之于众,正说明了这一点。案子虽然有了最终的审判结果,但此事却并没有完结,那些暴露出来的漏洞，还需要我们在日后的工作中，通过制度的修复和完善来堵上。一是监管方面的问题，包括同级监管太软，下级对于上级的监管太难，公款报销制度也缺乏监管，所以对于出现的"圆票贪污"更要加强制度问责，提升监管力度和效率，规范发票的报销制度，加大政务公开和透明度，让政府的账经得住"晒"；二是官员自身的问题，作为党员干部应该要树立正确的权力观，破除私心杂念，勇于抵制各种官场潜规则和不正之风，让讲纪律、拒腐败、廉洁奉公成为广泛共识和共同坚守的底线，让官场真正的变得风清气正。贪污腐败对党、政府和群众的伤害是巨大的，如果任其发展必然会导致国破家亡，因此，不能对任何一种贪污问题心慈手软。

六

公款私贷，坐吃利息

张某系某国有单位财务部主任，张某在单位其他任何人员不知情的情况下，擅自以本单位名义在工商银行设立一账户，并利用职务上的便利于开户当日将本单位应收公款 50 万元私自存入该账户，同年，张某又以同样手法存入 20 万元公款。后来，张某将本金 70 万元转回单位的正常账户上，将利息 9.69 万元全部留在私设账户上，并分三次将利息提出占为己有并将该账户撤销。

关于该案司法机关有以下三种意见：

第一种意见认为，张某利用职务上的便利，通过私自将单位公款存入银行的方式占有利息，其行为构成贪污罪。

第二种意见认为，张某行为分为两个阶段，构成两种犯罪。其利用职务上的便利，擅自将单位公款存入银行的行为，构成挪用公款罪；其将利息占为己有的行为构成贪污罪。

第三种意见认为，张某利用职务上的便利，将单位公款存入银行并将利息占为己有的行为，是一个完整的行为，属于挪用公款归个人进行营利活动，构成挪用公款罪。

我们认同第二种意见。通过上述不同意见，可以发现该案的焦点主要有两个：一是张某行为是属于一种行为，还是两种行为；二是如果张某行为属于一种行为，那么该行为是构成贪污罪还是挪用公款罪。

实际上，张某行为属于两个行为：张某主观上为了非法获取公款私存利息而将公款占有，很明显有一个挪用行为；其次，张某在非法占有的目的下将公款所生利息秘密据为己有，有一个贪污的行为。因而存在公款私存侵吞利息这一行为过程中，有两个行为即挪用公款行为与贪污行为，且二者之间有牵连关系，挪用是手段行为，贪污是目的行为。所以张某构成两个犯罪，即挪用公款归个人进行营利活动，构成挪用公款罪；侵吞公款所生利息，构成贪污罪。具体分析如下：

（1）为获取利息而挪用公款存入银行的行为，属于挪用公款进行营利活动。挪用公款罪是指国家工作人员利用职务上的便利，挪用公款归个人使用，进行非法活动的，或者挪用公款数额较大、进行营利活动的，或者挪用公款数额较大、超过3个月未还的。

关于挪用公款存入银行的行为，《最高人民法院关于审理挪用公款案件具体应用法律若干问题的解释》第2条第1款第（2）项中规定："挪用公款存入银行、用于集资、购买股票、国债等，属于挪用公款进行营利活动。……"

该案中，张某擅自以单位名义开设银行账户，并将单位公款共计70万元存入其中。在这一过程中，张某既未向单位领导请示汇报，也未利用账户中的公款为单位的管理工作提供服务。因此，张某私设银行账户并存入公款的行为纯属个人行为，且可从案情中推断其目的是为了获取利息。因此，张某行为属于挪用公

款归个人进行营利活动，构成挪用公款罪。

（2）利息属于公共财产。《物权法》第 243 条规定：不动产或者动产被占有人占有，权利人可以请求返还原物及其孳息。利息属于孳息的一种，可见公款所生利息应属于公款的所有权人即单位所有，从性质上讲应属于"公款"。

李某作为国家工作人员利用职务上的便利将公款 70 万元私自存入银行，将公款所生利息占为己有的行为，符合贪污罪的构成要件，所以李某侵吞公款所生利息的行为构成贪污罪。

综上所述，张某利用职务上的便利，擅自将单位公款存入银行的行为，构成挪用公款罪；其将利息占为己有的行为构成贪污罪。按照《刑法》有关规定，应对张某进行数罪并罚处罚。

七

公款雇工，服务自己

重庆市梁平县副县长滕某曾经在其任职期间，利用职务之便，先后以玉山公园及阳明山公园管理处的名义雇用叶某，叶某并未到玉山公园及阳明山公园上班，而是到滕某住处从事清扫工作。玉山公园及阳明山公园先后共发给叶某工资 7 500 元。之后，滕某被当地检察院因贪污罪提起公诉，并被依法判处有期徒刑一年六个月。

南京市溧水区洪蓝镇某村村民委员会主任潘某，在协助政府管理土地征用补偿费时，恰逢潘某家修建楼房。原定在楼房封顶之后便一次性结算工人的工资。然而，潘某的妻子嗜赌并欠下巨额债务。于是潘某利用职务之便将建筑工人的工资（共计 1.6 万元）上报为其管理的土地征用的费用，并用该笔费用为工人发放工资。随后，潘某被当地检察院以贪污罪提起公诉。

贪污罪是指国家工作人员利用职务上的便利，侵吞、窃取、骗取或者以其他非法手段占有公共财物的行为。构成贪污罪的责任形式为故意，并且具有非法占有的目的。也就是说，明知自己的行为侵犯了职务行为的廉洁性，会发生侵害公共财产的结果，

并且希望或者放任这种结果的发生。

滕某身为国家工作人员，利用自己的职务权力与地位形成的便利条件，假借国家名义雇用叶某，实际上却让叶某打扫自己的住处，这种行为构成贪污罪。我国《刑法》第383条第1款第（4）项规定："个人贪污数额不满五千元的，情节较重的，处2年以下有期徒刑或者拘役；情节较轻的，由其所在单位或者上级主管机关酌情给予行政处分。"也就是说，贪污罪的数额起点不是5 000元，说贪污罪没有数额起点也不过分。因为即使个人贪污数额不满5 000元，但是如果有严重情节，也应以贪污罪论处。滕某的行为符合贪污罪的犯罪构成，其行为触犯了法律，受到法律制裁也是必然的。

滕某用公家钱财为自己谋取私利的行为，显然已经构成了贪污罪。对其以贪污罪的处罚，是根据我国《刑法》第383条的规定作出的。对犯贪污罪的，应当根据数额大小及其情节轻重分别处罚：个人贪污数额在5 000元以上不满5万元的，处1年以上7年以下有期徒刑；情节严重的，处7年以上10年以下有期徒刑。因此，滕某所犯贪污罪被判处有期徒刑1年6个月。

对于潘某触犯的贪污罪而言，有以下几点法律依据。首先，贪污罪的行为主体是国家工作人员。根据《全国人民代表大会常务委员会关于〈中华人民共和国刑法〉第九十三条第二款的解释》的规定，村民委员会等基层组织人员协助人民政府从事土地征用补偿管理工作时，视为国家工作人员。其利用职务上的便利侵吞该性质款物的，成立贪污罪。也就是说，潘某在协助人民政府管理土地征用补偿费时，是视为属于国家工作人员的。潘某的公款私用的行为理所应当符合贪污罪的犯罪构成。其次，贪污罪的犯罪构成责任形式为故意。虽然潘某当时是因为意外事件不能按时发给工人工资,迫于无奈才有了动用公款的想法,但是仍然是以非法占有为目的,故意而为之,继而构成贪污罪。再者,潘某假借其协助政府管理土地征用补偿费的合法形式,把为自己服务的工人工资上报为协助政府管理土地征用补偿费,是以合法形式掩盖非法目的。因此,潘某的行为构成贪污罪。

潘某公款雇工,服务自己的行为构成贪污罪,被判处2年6个月有期徒刑是根据我国《刑法》第383条的规定作出的。个人贪污数额在5 000元以上不满5万元的,处1年以上7年以下有期徒刑;情节严重的,处7年以上10年以下有期徒刑。个人贪污数额在5 000元以上不满1万元,犯罪后有悔改表现、积极退赃的,可以减轻处罚或者免于刑事处罚,由其所在单位或者上级主管机关给予行政处分。也就是说,潘某的贪污数额是1.6万元,即使潘某犯罪后有悔改表现、积极退赃,也不得减轻处罚或者免除处罚。因此,对潘某所犯贪污罪的处罚是有期徒刑2年6个月。

在日常生活中存在各种各样的以合法形式掩盖非法目的的犯罪,因此在进行贪污罪的认定时,应该综合考虑各种因素。首先,公款雇工,服务自己构成贪污罪必须要符合贪污罪的犯罪构成;其次,贪污罪的犯罪主体是国家工作人员,在这一点应该注意到在一些特殊情况下,部分人可以视为国家工作人员;然后,利用职务之便具体是指,利用职务上主管、管理、经营、经手公共财物的权利和方便条件;最后,应该仔细区分贪污罪和职务侵占罪的关系。

由以上材料及分析我们可以知道,占公家小便宜的行为是违纪,而占公家大便宜的行为则构成贪污罪。

八

侵占托管财产也可以构成贪污罪

石某寰为北京市第五中学党政办公室主任,利用担任北京市第五中学教育处主任的职务便利,在对该校初三年级教育、教学等活动进行管理过程中,以用"讲义费"给毕业生购买纪念品的名义,领取转账支票一张,金额为人民币13万余元,后用假发票报销平账,私自将该款侵吞。同时,他还利用负责退还初三年级毕业生"讲义费"的职务便利,伪造毕业生签字,冒领"讲义费"人民币3万余元。

新乡市司机李某军驾车行驶途中,发生交通事故,将三台小车撞坏,经鉴定损失价值85 780元,被交警部门确认负事故全部责任。邵东县公安局交警大队牛马司镇中队当即扣押了肇事司机和车。之后,将肇事车提回停放在邵东县消防大队草坪里,同时将肇事司机李某军带回邵东县城。肇事车提回县城后,邵东县交警大队将办理该车肇事案件的任务交给交警陈某。而后陈某将该车以15 500元卖掉并将该钱占为己有。

上述两起案件都被定为贪污罪。在第一个案件中,石某寰的身份为北京市第五中学党政办公室主任,利用职务便利非法侵占公共财产。石某寰身为国有事业单位工作人员，本应奉公守法，但其却利用职务之便，将本单位管理的"讲义费"非法占为己有，其行为构成贪污罪。第二个案件中被告人陈某身为国家工作人员，利用职务上的便利，非法将交警部门扣押而保管的财务变卖占为己有，其行为构成贪污罪。

两案都涉及如何认定公共财产由私人管理产生的一系列问题。对石某寰利用国家工作人员的职务便利，非法占有"讲义费"的行为及陈某利用国家工作人员的职务之便，非法占有交警部门暂扣的车辆行为是否构成贪污罪曾有不同认识。分歧的焦点在于："讲义费"及暂扣车辆是否属于《刑法》贪污罪的犯罪对象。

从形式上看，贪污罪的犯罪对象是公共财物，在我国《刑法》中，公共财物的概念等同于公共财产，故《刑法》第91条规定的公共财产就是贪污罪的犯罪对象。具体包括：①国有财产；②劳动群众集体所有的财产；③用于扶贫和其他公益事业的社会捐助或者专项基金的财产；④在国家机关、国有公司、企业、集体企业和人民团体管理、使用或者运输中的私人财产，以公共财产论。上述前三项属于当然的公共财产，第四项则为拟定的公共财产。拟定的公共财产一般包括两类：一类是国家机关依照法律规定或职权而管理、使用、运输的私人财产，比如，公安部门暂扣的犯罪嫌疑人的财产；另一类是国有公司、企业或人民团体根据合同而享有的权利，比如，国有商业银行吸收的公民个人存款。很明显可以看出，案例中"讲义费"及暂扣车辆属于前者：国家机关依照法律规定或者职务而管理、使用、运输的私人财产，应当以公共财产论，符合贪污罪对象的要求。

托管财产属于国有资产，一旦发生丢失、损毁、灭亡，国家应对其承担责任。那么需要指出的是,《刑法》在提到国有单位的时候,通常是将国家机关、国有公司、企业、事业单位、人民团体并列的,但《刑法》第 91 条第 2 款却没有规定事业单位。因此,在国有或集体所有的事业单位管理、使用或者运输中的私人财产,看似不能以公共财产论。上述案例中北京市第五中学属于国有事业单位,该单位管理、使用属于学生私人财产的"讲义费",超出了《刑法》第 91 条规定的公共财产的范围,似乎不属于公共财物。但是换个角度看,作为公共财产重要组成部分的劳动群众集体所有的财产,也并不仅仅存在于集体企业中,村民委员会、居民委员会等基层组织如果侵吞、窃取、骗取管理、使用或者运输中的私人财产,应依法承担赔偿责任,这就意味着劳动群众集体所有的财产就要受到损失,因此这类私人财产也应当以公共财产论。

根据对上述案例的分析和法律规定可知,在国家机关、国有公司、国有企业、集体企业和人民团体管理、使用、运输中的私人财产,以公共财产论。虽然这部分财产属于私人所有,但交由国家机关、国有公司、国有企业、集体企业和人民团体管理、使用、运输,上述单位就有义务保护该财产,一旦发生丢失、损毁,负有赔偿责任,所以《刑法》将这部分财产作为公共财产来对待和保护。因此,侵占托管财产可以构成贪污罪。

九

公务馈赠也"姓公"

1998年7月,北京市原市长、市委书记陈某同涉嫌贪污和玩忽职守案在北京市高级人民法院开庭。庭上,检方指控被告人1991年7月至1994年11月任职北京市市长、市委书记期间,在对外交往过程中,接受贵重礼物22件,总计价值人民币555 956.2元,未按照国家有关规定交公,由个人非法占有,其行为已构成贪污罪。被告人的辩护人则认为,被告人占有在对外交往中所收礼物的主观故意不明显,要求法院对有关证人证言加以核实。北京市高级人民法院依照《刑法》第12条第1款及第394条的规定,认定陈某同犯贪污罪。赃物予以没收,上缴国库。陈某同表示不服,向最高人民法院提起上诉。

最高人民法院经审理查明:原审判决认定上诉人陈某同贪污罪的事实,有证人证言、物证、书证、赃物估价证明、审计说明等证据证实,足以认定。陈某同在对外交往中接受贵重礼物,没有按照国家规定交公,直至1995年2月,其秘书陈某涉嫌犯罪被审查,陈某同要身边工作人员清理了有关礼物后,也未向任何人说明礼物要做捐助使用,相反却让其子陈某某将部分礼物从其

办公室拿走。且陈某同提出的证人,均不证实陈某同的上诉理由和二审辩护人的辩护意见。最高人民法院认为:上诉人陈某同身为国家机关工作工员,在对外交往中接受贵重礼物不按照国家规定交公,非法占为己有的行为,已构成贪污罪。驳回上诉,维持原判。

该案是典型的侵占公务馈赠构成的贪污犯罪。此类贪污犯罪的成立要件是:国家公务人员利用职务便利条件,接受他人的公务馈赠。

在陈某同的案例中,陈某同任北京市市长、市委书记期间,在对外活动中收取诸多公务馈赠礼物,价值数额巨大。我国《刑法》第394条明确规定:"国家工作人员在国内公务活动或者对外交往中接受礼物,依照国家规定应当交公而不交公,数额巨大的,依照本法第三百八十二条、第三百八十三条的规定定罪处罚。"也就是以贪污罪论。在该案中,陈某同收取外方馈赠的礼物,未依照国家规定上缴,其行为特征符合贪污罪的基本构成要件。

但值得注意的是,无论是在公务活动中还是外事交往中,公务员都有可能收到他人的馈赠,是不是所有的馈赠不上缴都构成贪污呢?

按照《国务院关于在对外活动中不赠礼、不受礼的决定》《国家行政机关及其工作人员在国内公务活动中不得送礼和接受礼品的规定》《国务院关于在对外公务活动中赠送和接受礼品的规定》,国家工作人员在国内交往中不得收受可能影响公正执行公务的礼品馈赠,因各种原因未能拒收的礼品,必须登记上缴;国家工作人员在国内交往(不含亲友之间的交往)中收受的其他礼品,除价值不大的以外,均须登记;对接收的礼品必须在一个月内交公并上缴国库，所收礼品不按期交公的，按贪污罪论处。换言之，只有礼品未登记又未在期限内上缴才可以构成贪污。

为规范国家工作人员在国内活动中收受礼物的行为，党和政府有关部门曾多次下发有关文件。这些文件中，因所规范的行为发生的时空、范围不同而使用了不同表述，例如，"国内公务活动"及后来的"国内交往"，国内交往既包括"国内公务活动"，又包括"国内非公务活动"，但不含亲友之间的交往。由此，从"国内公务活动"到"国内交往"，被规范的行为范围在不断扩大。对于党和国家机关工作人员收受礼品的行为，有关机关没必要再费力劳神地区分究竟是发生在公务活动中，还是发生在非公务活动中，只要不是亲友交往，便可适用该规定。

行为人接受亲友的正当馈赠行为，固然不构成犯罪，但由于实践上存在以馈赠为名的行贿，故它与贪污罪难以区分。实践中应注意从以下几方面判断：①接受方与提供方是否存在亲友关系；②提供方是否有求于接受方的职务行为；③接受方是否许诺为提供方谋取利益；④所接受的礼物是否超过了一般馈赠的数量与价值；⑤接受方是否利用了职务的便利；⑥有无正当馈赠的理由等。

国家公职人员包括领导干部因公务活动接受了有关单位或者个人的礼品、礼金，党政机关工作人员或国家公职人员在公务活动中所收的礼品，未按规定上缴的，依照《刑法》第394条，以贪污罪定罪量刑。国家相关行政规章也规定，公职人员在接受礼品、礼金后的一个月之内必须上缴组织，否则将推定认定"不予交公"作出党纪、政纪处理，直至移交司法机关进行刑事追诉。

十

吃空饷构成贪污罪

王某是山西省静乐县某疾病预防控制中心（以下简称"疾控中心"）人事科的科员，2011年7月从山西中医学院本科毕业，10月第一次到疾控中心上班，然而，她2006年上大学时，已开始在疾控中心享受工资福利，五年间收入近10万元，大学五年的学费约2万元也由财政支出。媒体调查发现，王某是山西忻州市静乐县现任县委书记杨某（疾控中心是杨某分管的下级全额财政供养事业单位）的女儿。疾控中心内部文件《基本医疗保险参保人员登记表》显示：王某，女，1986年8月出生，参加工作时间2006年12月。2011年12月14日，疾控中心主任张某承认了王某参保登记表、工资表的真实性，并确认：2006年入职开始，王某就是疾控中心有事业编制的正式员工，每月通过银行卡领取单位工资，由单位支付大学期间学费。疾控中心主任张某对王某的经历有两个说法：①王某的人事关系是2006年从忻州市卫生局调入省疾控中心的；②王某五年来从未到省疾控中心上班，是"脱产学习"，合乎组织、人事程序要求。据调查，张某的说法存在疑点：忻州市卫生局并无王某的人事档案调动记录，卫生局称对"王某"这人没印象。另外，据山西中医学院的老师和学生说，王某在学校基础医学部、中西医结合临床医学系是对口班学生，对口升学不同于成人考试，在对口班学习也不同于脱产学习。张某确认，王某在入职疾控中心、入读大学本科前，是忻州市卫生学校的中专学历。媒体调查发现，王某的中专学历存在疑点，中专学历可能是假的。根据忻州市卫生学校2006年毕业生花名册，最后一页最底端有王某的信息：毕业证号20060707，王某，女，18岁，学制三年制，专业护理。然而，和整个花名册上其他毕业生信息不一样的是，王某及另外3名毕业生的资料为手写，且在表格之外，环绕在负责人签名周围，字体各不一样。王某及另外两位张姓女子没有毕业成绩。忻州卫校2006届中专护理专业毕业班老师说，当年并无叫"王某"的学生。那么王某是怎么进入山西中医学院的呢？王某的同学陈某说，王某当年是扩招补录入学的。所谓补录，直白点说，就是有些人分数不是很够，通过关系、金钱，也能上这个学。实际上，山西省某专科院校招生就业中心主任说，相比普通高考，对口升学招考更具有"灵活性"。这也就说明了王某五年来确实一直在"吃空饷"。案例的最终结果是杨某被免职，然而在"吃空饷"现象的背后，可能隐藏着严重的职务犯罪。

什么是"吃空饷"？"吃空饷"是指机关事业单位在编在职人员违规领取工资、津贴、补贴等待遇或由单位违规缴纳社会保险费，离休、退休、退职人员及失踪、死亡（宣告死亡）人员家属、遗属或他人直接或间接从单位、财政或社保经办机构违规领取工资、津贴、补贴、补助费、离退休费、退职生活费或养老金等待遇。"吃空饷"起源于明朝，指从军队中冒领"饷银"的行为。而治理"吃空饷"与"吃空饷"之间的斗争更是有了很长的历史，如《明史·袁崇焕传》所说："文龙一匹夫，不法至此，以海外易为乱也。其众合老稚四万七千，妄称十万，且民多，兵不能二万，妄设将领千。"也就是说，士兵只有四万七，却报十万，多吃了一倍的空饷。有一些单位领导，把只有30人的单位的工资总量上报为35人的，多出来5人的工资就是空饷。

"吃空饷"现象愈演愈烈，原因主要有三：一是少数官员为一己私利违背党性，不择手段损公肥私；二是对财政供养人员的管理缺位；三是职能部门监督不力。但最根本的原因是对"吃空饷"者处罚不力，人事监管制度不完善，责任追究制度缺乏足够的惩戒力和威慑力。"吃空饷"不但增加了财政负担，造成国家财政资金大量流失，严重违反了财政纪律和人事纪律，而且造成了社会不公。据了解，目前对于"吃空饷"的责任人大多给予党纪政纪处分，或将空饷追缴了事，这样的处理未免有些"隔靴搔痒"。无论从主观故意还是造成的恶劣后果看，"吃空饷"的性质都十分严重，不但要给予党纪政纪处分，还应给予刑事处分。《民法通则》第92条规定："没有合法根据，取得不当利益，造成他人损失的，应当将取得的不当利益返还受损失的人。""吃空饷"属于典型的不当得利，与贪污公款无异，符合《刑法》对贪污罪的定义："国家工作人员利用职务上的便利，侵吞、窃取、骗取或者以其他手段非法占有公共财物的，是贪污罪"。冒领工资是常见的贪污手段。单位主管人员虚报编制、截留空饷、非法占有的行为构成贪污罪是毋庸置疑的。国家机关、国有事业单位和国企中可以决定人员录用的人员肯定是《刑法》中规定的"国家工作人员"。"空饷"中工资的来源无论是国家财政支付还是国有企业资金支付，都属于法定的"公共财产"。将"空饷"据为己有的行为属于贪污罪中的"骗取"行为。因此，设置"空岗"，占有"空饷"构成贪污。值得注意的是，"吃空饷"是一个巴掌拍不响的事情，必须有"发空饷"的人配合呼应。我们认为，"发空饷"者慷国家之慨送人情，即使并不是自己占有这笔"空饷"，仍然构成贪污罪的既遂。

"吃空饷"行为的大面积发生，不但使国家资产蒙受严重损失，还严重伤害了干群关系，损害了党的执政基础和党的先进性。大多数人认为，要有效遏制"吃空饷"现象，不能只是清理检查，组织、人事、财政等相关部门还应实行严格的编制、财政制度，建立完善的监督管理机制，让想"吃空饷"的蛀虫、硕鼠无处躲藏，真正将权力关进制度的笼子。

十一

监守自盗，构成贪污

所谓"监守自盗"，是指合法持有公私财物的人，利用经手管理财物的便利条件，用窃取的方法将公私财物据为己有的行为。监守自盗是现实生活中为人们所熟知的一个与刑法有关的概念，媒体上也经常出现如银行职员监守自盗，挪用大量现金；文物站工作人员监守自盗，倒卖文物；保管重要考试试卷的工作人员监守自盗，将试卷偷出出卖等报道。

文某系某烟草公司职工，负责看守烟草公司仓库。黎某见仓库内存放大量卷烟，遂和文某预谋夜晚采取里应外合的手段，盗窃仓库内的卷烟，再转手卖给商贩牟取钱财，二人一拍即合。凌晨一时，黎某邀请钟某驾驶汽车到烟草公司仓库，用工具撬开仓库卷闸门，伙同文某共同将价值3万余元的25件品牌香烟盗走。作案后，为了迷惑侦查，黎某还与钟某将文某手脚捆绑，伪造遭暴力抢劫的现场。

法院认为，文某身为国有公司工作人员，为牟取非法利益，与黎某、钟某相互勾结，利用职务便利，盗窃自己保管的国有财产，其行为构成贪污罪，黎某、钟某均构成贪污罪共犯。文某在共同犯罪中起主要作用，是主犯。黎某、钟某是从犯。依照《刑法》第383条第1款第（3）项的规定，分别判被告人文某、黎某、钟某有期徒刑4年、3年、2年。

在该案中，被告人文某身为国有公司工作人员，完全符合贪污罪的犯罪主体条件，而被告人黎某、钟某由于身份主体不适格，不能单独构成贪污罪。根据审判实践，从犯的犯罪性质随主犯，所以黎某、钟某可以作为贪污罪的共犯，根据其在共同犯罪过程中所处的地位、作用，依法追究刑事责任。

犯罪主体适格的监守自盗应定贪污罪。(1) 监守自盗的特征，符合贪污罪的构成要件和特征。①监守自盗的行为人具有法定身份性质及其取得身份的合法性、有效性。监守自盗主体的法定身份一般是通过选举委任或提名委任而取得的。选举委任是指由国家机关等通过选举任职的国家工作人员或集体经济组织的工作人员。②监守自盗的行为人具有经手管理公共财物的直接性、实际性。这个特征表明监守自盗作为贪污罪的主体，只限于直接、实际从事经手管理公共财物的业务人员及其本业务部门的直接领导者，不包括本单位的其他依法从事公务的人员。可见，经手管理财物的直接性、实际性，不仅是准确认定监守自盗贪污主体所需要，而且也是监守自盗贪污的另一个特征，即利用职务上的便利性的基础。③监守自盗的行为人是利用职务之便实施的秘密窃取财物行为。监守自盗采取利用职务上便利的手段，这通常是指具有直接、实际从事经手管理公共财物的职务，利用职务范围内的便利，实施秘密窃取公共财物的行为。因而，监守自盗应作贪污处理。(2) 把从事公务的人员利用职务之便监守自盗作盗窃罪处理，不符合我国立法原意。

当然，并不是一切监守自盗都作贪污罪处理，而是指那些符合贪污特征的监守自盗行为。不符合贪污罪构成要件和特征的监守自盗行为，不能作贪污罪处理，有的仍应作盗窃罪处理。所以对监守自盗的情况应具体分析、具体对待。符合贪污罪主体身份的人员，利用职务之便窃取公私财物的，应作贪污罪处理；符合贪污罪主体身份的人，不是利用其身份的便利条件窃取财物的，不构成贪污罪，仍应作盗窃罪处理。

刘某在黑龙江省某市前进区某歌厅值班时，趁歌厅无人之机用锤子将歌厅经理室的门砸坏，将2部手机、5盒三五香烟、4盒中华香烟、7盒云烟及人民币3 400元盗走。经价格鉴定，被盗手机价值人民币500元，被盗香烟价值人民币359元，被盗财物总价值人民币4 259元。案发后，赃款已返回被害人。法院认为，刘某以非法占有为目的，盗窃他人财物，数额较大，其行为构成盗窃罪。公诉机关指控的罪名成立，适用法律意见正确，予以支持。鉴于被告人系初次犯罪，当庭认罪态度较好，已返回赃款等具体情节。依照《刑法》第264条、第52条、第53条的规定作出判决：被告人刘某犯盗窃罪，判处有期徒刑1年6个月，并处罚金人民币8 000元。该案的争议焦点是，刘某盗窃财物的行为是利用了工作上的便利还是职务上的便利，两种不同的便利所产生的后果大不一样。盗窃罪数额较大的起点是1 000元，职务侵占罪的起刑点是5 000元。该案中被告人刘某为该单位保安员，其工作职责是看护、守护该单位的财物，与职务侵占罪中的主管、经手、管理财物具有一定的区别。被告人刘某是利用了在该单位工作，对单位环境熟悉的便利，故刘某的行为属盗窃。

非国有公司、非国有企业或者其他非国有单位的工作人员的监守自盗还可能构成职务侵占罪，利用职务上的便利，将本单位财物非法占为己有、数额较大的行为。

　　当然，每一个行业都有可能出现监守自盗的情况，预防措施就是加强管理，把各项管理落到实处，建立和实行严格的监督体系。

十二

国企改制，巴蛇吞象

2002年10月底，无锡市民丰专用线管理站站长许某接到有关文件，得知将对企业进行改制。按上级的要求，成立了以许某为组长的改制领导小组，并指定了会计师事务所对该企业和下属两个公司的所有资产、负债进行审计。此时许某开始打起了如意算盘：要对国企进行改制，将现有资产评估得越少越好，改制结束，他还当总经理，所占股份按规定是最多的，就能捞到更多好处。但许某不知道其他领导的想法，为了统一领导层的意见，许某把副站长李某等领导召集到办公室，试探着把自己的想法说出来，最终得到他们的一致同意。之后，许某以改制为由召开了领导成员会议，副站长李某在会上重申了他们与许某商量的如何处置企业资产的办法并得到与会者的认可。随后站长许某作出布置：由副站长李某负责隐匿企业备件，财务主管吴某进行配合；财务由吴某和另一位财务人员负责，任务是将企业资产尽量进入成本，不能漏掉。副站长李某吩咐分管仓库的负责人安排下面班组将库存价值数十万元的材料全部以虚开领料单的方式予以隐匿不进入审计，李某再同样以虚开领料单规避审计的方式，将数十万元的工务备件全部虚拟出库。将财务账上剩余资金立即安排采购员赶到北京某机车厂，把之前订购的机车备件发票先拿回来入账，并安排仓库办理了入库手续，在李某的指令下机车组组长又把备件虚领出去。李某让采购员去油料公司购进了一批柴油，也按计划办理虚领手续。企业财务部门将李某上述四项虚领的物品，通过记账方式全部平账。管理站下面还有两个三产公司，以三产名义私设的两个"小金库"有几十万元，为了隐瞒审计人员，许某让财务主管把"小金库"的账目做了处理，同时大家约定严守秘密。最后，一个有千万元资产的国有企业在改制过程中，法定代表人许某及企业领导成员，采用隐匿资产、贪污、侵占等方式大肆侵吞国有资产，使企业在改制评估时变成了负资产，最终以"零资产"转让给企业领导。改制后，这些领导成员占企业股份的74%，一个资产千万元的企业几乎成为他们的私有财产。

检察机关侦查后，对李某等人提起公诉。法院对涉案人员作出了判决：被告人许某犯贪污罪判处有期徒刑5年，并处没收财产10万元。副站长李某犯贪污罪被判处有期徒刑3年，缓刑5年，并处没收财产10万元。财务主管吴某及另一名财务人员犯贪污罪分别被判处有期徒刑6个月，判处没收财产3万元。

贪污罪属于一种严重的经济犯罪，是指国家工作人员和受国家机关、国有公司、企业、事业单位、人民团体委托管理、经营国有财产的人员，利用职务上的便利，侵吞、窃取、骗取或者以其他手段非法占有公共财物的行为。犯罪主体必须是国家工作人员，即国家机关中从事公务的人员，在国家权力机关、行政机关、司法机关以及军事机关中行使一定职权、履行一定职务的人员；国有公司、企业、事业单位、人民团体中从事公务的人员和国家机关、国有公司、企业、事业单位委派到非国有公司、企业事业单位、社会团体从事公务的人员，以及其他依照法律从事公务的人员，以国家工作人员论。该案中无锡市民丰专用线管理站站长许某、副站长李某、财务主管吴某以及另一位财务人员属于"国有公司、企业、事业单位、人民团体中从事公务的人员"，符合"国家工作人员"的要件。

贪污罪侵犯的是公共财物的所有权和职务的廉洁性。贪污罪犯罪对象是公共财物，所谓公共财产是指国有财产和劳动群众集体所有的财产以及用于扶贫和其他公益事业的社会捐助或者专项基金的财产。国有财产，即国家享有所有权的财产，通常指国家机关、国有公司、企业事业单位、人民团体所拥有的财产，还包括股份制企业中的国家股等国家享有所有权的其他国有资产。该案中许某、李某、吴某和另一位财务人员侵吞的是国有企业无锡市民丰专用线管理站的资产，属于公共财产中的国有财产。

贪污罪在主观方面要求具有犯罪的故意，并具有非法占有公共财物的目的，过失不构成本罪。犯罪的目的是非法占有公共财物或非国有单位财物。而非法占有公共财物或非国有单位财物的目的，既可以是行为人企图将公共财物或非国有单位财物永久地占为己有，也可以是行为人希望将公共财物或非国有单位财物非法获取后转送他人。另外，贪污罪不以特定的犯罪动机为其主观方面的必备要素，只要行为人故意实施了利用职务之便非法占有公共财物或非国有单位财物的行为，无论出于何种动机，均可构成贪污罪。该案中许某、李某、吴某和另一位财务人员有以占有国有财产为目的的故意，符合贪污罪在主观方面的要求。

贪污罪在客观方面主要表现为利用职务上的便利，侵吞、窃取、骗取或者以其他手段非法占有公共财物的行为。利用职务上的便利，是指行为人利用其职责范围内主管、经手、管理公共财产的职权所形成的便利条件，假借执行职务的形式非法占有公共财物。该案中许某、李某、吴某和另一位财务人员利用职务上的便利侵吞国有企业无锡市民丰专用线管理站的资产，属于贪污罪客观方面的主要表现。

贪污手段是指采取侵吞、窃取、骗取或者其他手段非法占有公共财物。侵吞财物，是指行为人将自己管理或经手的公共财物非法转归自己或他人所有的行为。概括起来侵吞的方法主要有三种：一是将自己管理或经手的公共财物加以隐匿、扣留，应上缴的不上缴，应支付的不支付，应入账的不入账；二是将自己管理、使用或经手的公共财物非法转卖或擅自赠送他人；三是将追缴的赃款赃物或罚没款物私自使用或非法据为私有。窃取财物，是指行为人利用职务之便，采取秘密窃取的方式，将自己管理的公共财物非法占有的行为，也就是通常所说的监守自盗。如果出纳员仅是利用对本单位情况熟悉的条件，盗窃由其他出纳员经管的财物，则构成盗窃罪。骗取财物，是指行为人利用职务之便，采取虚构事实或隐瞒真相的方法，非法占有公共财物的行为。该案中许某、李某等人采用隐匿资产、贪污、侵占等方式大肆侵吞国有资产，符合侵吞方法中的第一种。

综上所述，该案中许某、李某等人作为国家工作人员，以占有国有财产为目的，利用职务上的便利，通过把国有企业无锡市民丰专用线管理站改制为私有企业，采用隐匿资产、贪污、侵占等方式大肆侵吞国有企业无锡市民丰专用线管理站的资产，构成贪污罪。国有企业无锡市民丰专用线管理站站长许某、副站长李某、财务主管吴某以及另一位财务人员大肆侵吞国有资产，侵害国有资产权益，造成国有资产严重流失，必将承担法律责任。

十三

挪用公款后销毁账册构成贪污

郭某栋于2002年1月正式调入中国音乐家协会（以下简称"音协"），并受聘担任音协下属中国音乐家音像出版社（全民所有制单位，以下简称"出版社"）社长。任期三年，全面负责出版社的生产、经营和内部管理工作，并于2003年8月担任出版社下属分支机构中国音乐家音像出版社发行分社（以下简称"发行分社"）负责人。郭某栋在任职期间挪用公款，采取销毁、隐匿账册的行为，使单位遭受利益损失。

根据中润泽会计师事务所提供的关于对出版社、发行分社、制作分社有关制作音协考级教材事项的专项审计报告证明：2003年至2005年9月30日，以制作音协考级教材名义，出版社和发行分社共支付款项累计638 899元，其中郭某栋利用无真实交易内容的发票报账等形式从出版社（总社）累计提取现金454 399元（包括付拍摄人员杨某朴30 000元，还其他款项354 450元，支付二胡老师、琵琶老师讲课费50 000元以及零星费用19 949元），以支付拍摄员杨某朴录制费的名义，发行分社累计支付现金184 500元，并以没有真实交易内容的发票报账，其中88 500

元以现金支票的形式直接转入到郭某栋个人账户,并且把有真实交易内容的发票和账单全都隐匿和销毁。2005年11月7日,郭某栋的好友李某向其借款20万元,郭某栋利用这次机会再次以虚假的交易发票从单位挪用公款20万元,之后授意他的助理将发票销毁。

郭某栋采用虚假的交易发票挪用公款,并且将挪用的公款供其好友使用,符合挪用公款"归自己使用"的情形。根据《全国人民代表大会常务委员会关于〈中华人民共和国刑法〉第三百八十四条第一款的解释》,有下列情形之一的,属于挪用公款归个人使用:①将公款供本人,亲友或者其他自然人使用的;②以个人名义将公款供其他单位使用的;③个人决定以单位名义将公款供其他单位使用,谋取个人利益的。但是从采取将发票销毁、隐匿的措施这一过程中可以看出郭某栋主观上已经具有非法占有的目的,挪用公款罪已经转化为贪污罪。

挪用公款罪,是指国家工作人员利用职务上的便利,挪用公款归个人使用,进行非法活动的,或者挪用公款数额较大,进行营利活动的,或者挪用公款数额较大,超过3个月未还的行为。该罪侵犯的法益是公款的占有权、使用权、收益权以及职务行为的廉洁性,其主观上不以非法占有为目的。贪污罪,是指国家工作人员利用职务上的便利,侵吞、窃取、骗取或者以其他手段非法占有公共财物的行为,责任形式为故意,并且具有非法占有为目的。挪用公款罪与贪污罪是具有不同社会危害性的两种犯罪。贪污罪侵犯的是公共财产所有权中的占有权、使用权、收益权、处分权四种权能,而挪用公款罪只是侵犯了公款的占有权、使用权和收益权。在一般场合,两者的界限是容易划分的,但在一些特殊的案件中,如行为人挪用公款后产生了非法占有故意的情形下，定性上可能发生混淆。贪污罪和挪用公款罪的区别主要表现在：

（1）两者主观故意的内容不同。贪污罪的主观故意是非法占有公共财物，不准备归还；而挪用公款罪的主观故意是暂时占有并使用公款，打算以后予以归还。行为人主观上是否具有非法占有公款的故意和目的是这两个罪名最重要的区别。而根据相关司法解释，"不归还"既包括主观上不想还，也包括客观上无力退还。如果行为人挪用公款以后由于客观原因缺乏偿还能力，无法归还亦被认定为非法占有公共财物，不准备归还，以贪污罪论处。

（2）两者的行为方式不同。贪污罪在客观上表现为使用侵吞、盗窃、骗取等方法将公共财物据为己有，由于行为人往往采取销毁、涂改、伪造单据、账目等手段，故在现实生活中难以发现公共财物已经被非法侵吞；而挪用公款罪的行为表现为擅自决定动用本单位公款，虽然有时也采取一些欺骗手段，但一般不采用侵吞、盗窃、骗取手段。

总而言之，挪用公款罪与贪污罪的本质区别在于贪污罪具有非法占有的目的，而挪用公款罪不以非法占有为目的。因此，上述案例中郭某栋挪用公款后采取隐匿、销毁发票的行为是挪用公款罪向贪污罪的转化。

挪用公款罪与贪污罪不是对立的关系，而是包容关系。换言之，贪污公款的行为一般也符合挪用公款罪的犯罪构成。在处理挪用公款罪与贪污罪关系的问题上，不能说："贪污罪必须具有非法占有目的，挪用公款罪必须不具有非法占有目的。"正确的表述应该是："挪用公款罪责任形式为故意，如果行为人具有非法占有目的，即不归还公款的意思，则以贪污罪论处。"因此，在行为人将公款转移给个人占有时，即使不能查明行为人是否具有归还的意思，也能够认定为挪用公款罪。反之，只要查明行为人具有非法占有的目的，就应该认定为贪污罪。根据《刑法》规定与审判实践，对于下列行为，应以贪污罪论处：①携带挪用的公款潜逃的；②挪用公款后采取虚假发票平账、销毁有关账目等手段，使所挪用的公款已难以反映在单位财务账目上，且没有归还的；③截取单位收入不入账，非法占有，使所占有的公款难以反映在单位财务账目上，且没有归还行为的；④有证据证明行为人有能力归还所挪用的公款而拒不归还，并隐瞒挪用的公款去向的。

郭某栋身为国家工作人员，在管理和经营活动期间，以制作音协考级教材为名义，以虚开增值税专用发票为幌子，挪用单位公款，以合法形式掩盖非法目的，利用职务便利，采用侵吞、骗取、隐匿、销毁账册的方法，非法占有国有资产共计 150 多万元，致使国家财产利益遭受重大损失，同时侵犯了职务的廉洁性，符合挪用公款罪转化为贪污罪的挪用公款后采取虚假发票平账、销毁有关账目等手段，使所挪用的公款已难以反映在单位财务账目上，且没有归还的行为的情形，已构成贪污罪。从罪刑的轻重来看，贪污罪的法定最高刑为死刑，而挪用公款罪的法定最高刑为无期徒刑，根据罪刑相适应原则应以贪污罪定罪处罚。等待郭某栋的将是严厉的惩罚。

十四

谎报窃案侵吞公款,构成贪污

1998年7月初,中国人民银行陕西省铜川市分行业务部出纳申某,多次找高某商议盗窃申某与另一出纳共同管理的保险柜内的现金。7月30日上午7时,申某将高某带进该行业务部套间,藏在自己保管的大壁柜内。待其他工作人员上班后,申某与另一出纳员从金库提回现金40万元,放进保险柜内的顶层。10时30分左右,申某进入套间向高某指认了放款的保险柜,后与该行其他职员聊天。10时40分,申某乘其他工作人员外出吃饭之际,打开壁柜将自己保管的保险柜钥匙交给高某,并告知人都走了,自己即离开业务部去吃饭。被告人高某撬开另一出纳员的办公桌抽屉,取出钥匙,打开保险柜将30万元装入旅行袋里,又在办公室将申某等人的办公桌撬开以伪装现场,然后从后窗翻出办公室逃离。

一审法院认定申某构成盗窃罪。二审法院认为,上诉人高某撬开另一出纳员的抽屉,窃取另一把保险柜钥匙,后用该钥匙和申某交给的钥匙打开保险柜,窃走柜内存放的现金30万元,这些行为都是高某单独实施的,也是造成30万元现金脱离存放地点、失去该款保管人控制的直接原因。申某虽为业务部出纳，也掌管着另一把保险柜钥匙，作案前进行了周密的准备，将高某带进业务部藏匿，将其他工作人员叫出去吃饭，是利用职务之便为高某实施盗窃提供和创造条件，但是，仅以其个人职务便利尚不足以与高某共同侵吞这笔巨额公款，因而不能以申某的身份和其行为确定该案的性质。在逃的申某系该案的主谋，掌管着保险柜的另一把钥匙，可以认为其与另一出纳员共同占有保险柜中的钱款。申某利用自己保管的一把钥匙，指使他人窃走另一出纳员的钥匙后，盗取保险柜中的钱款，可谓利用职务之便将共同占有下的财物非法占为己有。贪污罪应具备以下条件：①犯罪主体必须是国家工作人员，申某是中国人民银行陕西省铜川市分行业务部出纳人员；②侵犯的是公共财物，申某所窃取的 30 万元是存放在银行中的公共财物；③申某主观方面具有占有公款并予以己用的犯罪故意；④行为上主要表现为利用职务上的便利，窃取占有公共财物的行为。所以申某应当构成为贪污罪中的"窃取"而成立贪污罪。高某亦成立贪污罪的共犯，对于高某成立贪污罪的共犯中的窃取行为，必然符合盗窃罪的犯罪构成，但是依据刑法理论，一个行为触犯数个罪名的构成牵连犯，择一重罪惩处。因此高某虽然构成盗窃罪，但只以成立贪污罪的共犯论处。

贪污罪与盗窃罪在法条上是典型的法条竞合关系。法条竞合是指一个行为同时符合了数个法条规定的犯罪构成要件，但从数个法条之间的逻辑关系来看，只能适用其中一个法条，当然排除适用其他法条的情况。例如，贪污罪中的窃取行为，必然符合盗窃罪的犯罪构成；反之符合盗窃罪犯罪构成的行为，不一定符合贪污罪的犯罪构成。因此对于贪污罪中的窃取行为，虽然构成了盗窃罪，也只择一重罪论处。在犯罪的主观方面，贪污罪与盗窃罪没有什么区别，都要求是故意犯罪且以非法占有为目的；在主体要件上盗窃罪是一般主体，而贪污罪则是特殊主体。在客观要件上，犯罪客体和犯罪对象表现不同，贪污罪的犯罪对象是国家公职人员的职务廉洁性和公共财产所有权，对象是公共财物；盗窃罪的犯罪对象是公私财产所有权。从犯罪的数额起点上来讲，窃取、骗取公共财物必须要达到一定数额；国家工作人员利用职务上的便利，窃取、骗取公共财物，虽然没有达到贪污罪的最低要求数额（不成立贪污罪），但达到盗窃罪、诈骗罪的最低要求数额的，应认定为盗窃罪、诈骗罪。应当注意的是，即使行为人利用了职务上的便利，只要非法占有的并非其主管、管理、经营、经手的财务，也不成立贪污罪。

窃取型贪污罪是国家工作员利用职务上的便利并以盗窃的手段侵吞公款的犯罪，其作为一种腐败犯罪，不仅侵犯公职人员的职务廉洁性，而且危及了公共权益。所以打击窃取型贪污罪，执法人员决不能心慈手软。

十五

借出公款后虚假平账，构成贪污

华县军粮供应站系国有企业，白某为该企业法定代表人，王某任会计，李某任出纳。2008年2月至2009年年底，白某以打白条的形式分七次从王某处借出公款39万元用于个人及其家庭消费。2009年下半年，为应付上级财务检查，白某伙同王某、李某虚开假发票8张，总金额39万元，由王某制作会计账，李某制作现金账，将所借公款在会计账及现金账中予以冲减。使该企业财务账簿不能反映该款的真实去向，该账簿经过了年度审计并一直沿用。2011年8月10日，白某到华县检察院反贪局投案，并如实供述自己的犯罪事实。在审理过程中，王某、李某各主动退赔损失20 000元。

该案公诉机关以挪用公款罪起诉，法院审理中认为挪用公款罪的最高法定刑为无期徒刑，而贪污罪的最高法定刑为死刑，根据罪刑相适应原则，应以贪污罪论处，而不以挪用公款罪定罪处罚。

法院经审理认为：白某利用职务之便以打白条的形式从王某处借出公款39万元，白某最初在主观上准备以后归还，但在

2009年下半年，为应付上级检查，白某伙同王某、李某虚开发票8张，并做了一套假账，掩盖了借款事实，将所借公款予以冲减，并将该账簿一直沿用，白某所挪用的公款已难以在单位财务账目上反映出来，且该款项至案发时一直未还，由此可认定白某已具有非法占有公款的目的，根据《刑法》第382条规定："国家工作人员利用职务上的便利，侵吞、窃取、骗取或者以其他手段非法占有公共财物的，是贪污罪。受国家机关、国有公司、企业、事业单位、人民团体委托管理、经营国有财产的人员，利用职务上的便利，侵吞、窃取、骗取或者以其他手段非法占有国有财物的，以贪污论。与前两款所列人员勾结，伙同贪污的，以共犯论处。"所以，白某应以贪污罪定罪处罚。王某、李某利用职务之便弄虚作假，协助白某占有国有财物，致使公款流失，属贪污罪共犯，其行为亦构成贪污罪。

挪用公款罪和贪污罪均属经济型职务犯罪，两罪在犯罪主体、侵犯客体和客观表现上具有一定的相似性，但二者具有原则性的区别。①犯罪客体不同，即对公共财产权的侵犯程度不同。贪污罪侵犯的是公共财产的所有权，即占有权、使用权、收益权、处分权，而挪用公款罪只侵犯公款的占有权、使用权、收益权，是对所有权的不完全侵犯。②主观故意的具体内容不同。贪污罪的主观故意是非法占有该公共财物，不准备归还；而挪用公款罪的主观故意是暂时占有并使用该公款，以后要予以归还，这是两罪的主要区别。③行为方式不同。贪污罪在客观上表现为使用侵吞、盗窃、骗取等方法将公共财物据为己有，由于行为人往往采取销毁、涂改、伪造单据、账目等手段，因此，实际生活中很难发现公共财产已被非法侵占，此行为侵犯了职务的廉洁性；而挪用公款罪的行为人总会在账面留下痕迹，甚至会留下借条，通过查账能发现公款被挪用的事实。

挪用公款行为也能以贪污罪定罪处罚。挪用公款行为转化为贪污行为是客观存在的，转化的标志就是行为人将借用转化为占有，即行为人在主观上将有以后归还的意愿转变为永久占有。该案中，白某的前行为是公款私用，主观意图是暂时使用，属于挪用公款的行为。后为应付上级检查，白某与会计王某、出纳李某虚开发票平账，被告人白某也许没有占有公款的故意，只是为了应付检查。但在以后的事态发展过程中，白某由于欠款太多没有能力归还，便由原来的准备归还转变为永久占有。平账后的账簿也一直沿用，以致在后来的账务审计中未发现其挪用公款的事实，该案到审理阶段，被告人白某亦无打算归还此借款。由此说明其在平账后主观故意已发生了转变，客观上其所挪用的公款在单位财务账目上已不能反映出来，财产的所有权事实上已发生转移。故对于挪用公款后用虚假发票平账或销毁有关账目，使所挪用的公款已难以在单位账目上反映出来，且没有归还的行为应以贪污罪定罪处罚。根据主客观相一致的原则，白某的行为构成贪污罪。对于会计王某和出纳李某的行为，二人虽然在主观上没有非法占有公款的故意，但在客观上利用自己的职务之便，帮助白某占有国有财物，致使公款流失，属贪污罪共犯，亦以贪污罪定罪处罚，但在量刑时考虑二人属于从犯，依法予以免除处罚。

十六

虚假理赔，构成贪污

2010年，本科毕业的刘某，就职于一家国有保险公司。刚进公司的他只是一名普通的业务员，由于经济拮据，他把目光投向了自己经手的客户的保险费。他利用自己为公司推销保险业务、办理保险手续的职务之便，多次采取用假保单、假保费发票、过期收据收取投保人保险费的手段，将本公司的保险费收入168 000元据为己有。又多次假借他人之名用假保单和过期作废的收据，虚构理赔事实骗取其所在保险公司退赔保险费15 000元用于个人花费。期间他还曾利用职务上便利虚构一起车险事故，从其所在保险公司骗领50 000元赔款。由于隐藏得好，公司并未发现他的犯罪行为。2014年8月，已在公司工作数个年头的刘某被提升为保险公司理赔部水险科主管，每天经手至少十几份理赔单，金额在几万元至上百万元不等。理赔需要上司审批，刘某渐渐发现，上司一直用私章签名，且时常随手把私章放在办公桌上，这就给刘某的犯罪提供了可乘之机。刘某私刻了上司的私章，又在淘宝网上购买了几个银行账户，虚构理赔事项，混在真实的出险事故理赔单中，申请虚假理赔。短短4个月，刘某伪造理赔凭证 50 多份，侵占公司财产 180 多万元。在被公司发现时，他已退赔赃款 170 万元。刘某最终难逃法律的制裁，以贪污罪被判处有期徒刑 15 年，剥夺政治权利 2 年，并处没收财产 10 000 元，赔偿被害单位经济损失人民币 333 000 元。

在该案中，刘某作为国有保险公司的工作人员，利用职务之便，虚假理赔，非法获取公司的钱财达数万元。已构成贪污罪。

"国家工作人员"是贪污罪的主体，也是认定贪污罪的一个重要的构成要件。国家工作人员的定义，在《刑法》中有着明确的规定，它是指"一切国家机关、企业、事业单位和其他依照法律从事公务的人员。包括在国家各级权力机关、各级行政机关、各级司法机关、各级军事机关、国有公司、企业、事业单位、人民团体中从事公务的人员，以及国家机关、国有公司、企业、事业单位委派到非国有公司、企业、事业单位、社会团体中从事公务的人员"。其他依法从事公务，并领取相应报酬的人员也属于国家工作人员的范畴。刘某作为国有保险公司的工作人员，是"在国有公司从事公务的人员"，符合贪污罪对主体的要求。

根据《刑法》第 183 条第 2 款，国有保险公司工作人员和国有保险公司委派到非国有保险公司从事公务的人员，有利用职务上的便利，故意编造未曾发生的保险事故进行虚假理赔，骗取保险金归自己所有的，依照《刑法》第 382 条、第 383 条的规定定罪处罚。该案中刘某作为国有保险公司的工作人员，其所作所为符合《刑法》规定的"故意编造未曾发生的保险事故进行虚假理赔，骗取保险金归自己所有的"行为。综上所述，刘某的行为构成了虚假理赔中的贪污罪。

《刑法》第 183 条针对同一类犯罪行为，规定了两类罪名：

一类是"职务侵占罪",另一类是"贪污罪"。这两种罪名是有根本区别的:就故意编造未曾发生的保险事故进行虚假理赔,骗取保险金归自己所有的行为而言,如果行为主体是国有公司的工作人员和国有保险公司委派到非国有保险公司从事公务的人员作出的,那么就构成了贪污罪;如果行为主体不是前述两种情形的人员,而是普通保险公司的工作人员,那么便构成了职务侵占罪。在审判实践中需要根据犯罪主体作出明确判断。

除了该案中刘某的行为,因虚假理赔构成贪污罪的行为也可以是帮助他人或故意指使他人虚报保险事故,并由自己理赔后与他人私分。需要注意的是,在帮助他人虚报保险事故时,行为人必须是受益主体,若行为人在犯罪行为中没有受益,则只会与被帮助人共同构成保险诈骗罪,而不是贪污罪。比如,甲为了骗取保险金,花1万元买来一辆二手名牌轿车,通过在某国有保险公司担任业务员的好友乙,向该保险公司谎报轿车价值为20万元,投保车辆盗抢、毁损险。之后,甲雇一名中学生丙将车烧毁并骗其说是邻居的车,丙同意,但烧车时丙由于害怕打电话报了火警。事后,甲向保险公司索赔,保险公司派乙核定险损事故。乙明知甲虚报保险价值并恶意制造了保险事故,但考虑是朋友关系,还是给出具了保险事故评估证明,致使保险公司全额赔付甲20万元保险金。该案中乙与甲的共同犯罪行为,乙虽然利用了自己职务上的便利,但没有侵吞、骗取或以其他手段非法占有公共财物,所以不构成贪污罪,而是与甲共同构成保险诈骗罪。

虚假理赔作为贪污的一种手段,违背了我们国家的法治要求。若构成贪污罪,还会受到相应的惩处。作为一名合格的中国公民,我们要懂法守法,不要尝试突破法律的底线。

十七

内外勾结，共同贪污

张某系某国有石油企业油气集输公司卸油工，负责该公司卸油车辆安全检查、设施日常维护保养、站内各种设施（包括原油）看守和保管工作。社会闲散人员王某、李某主动联系张某要求提供方便，并提出盗窃原油销赃后给予张某1万元报酬。2011年7月至2012年1月间，王某、李某在张某值班时间秘密进入该公司卸油站，采取抽取卸油车内原油的方式盗窃原油。经物价部门价格认证中心鉴定，涉案原油价值人民币6万元，事后张某分得1.5万元。2012年2月，人民检察院以贪污罪对三人提起公诉，最终，法院以贪污罪对3人定罪，分别判处有期徒刑5年。那么，法院的判决是否合理？

首先，张某构成贪污罪。

贪污罪要求犯罪主体是国家工作人员。在我国《刑法》中，国家工作人员包括：①国家机关工作人员；②国有公司、企业、事业单位、人民团体中从事公务的人员；③国家机关、国有公司、企业、事业单位委派到非国有公司、企业、事业单位、社会团体从事公务的人员；④其他依照法律从事公务的人员。张某是国有石油企业的卸油工,负责该公司卸油车辆安全检查、设施日常维护保养、站内各种设施(包括原油)看守和保管工作,符合第②点,因此张某是国家工作人员。

其次,张某是利用职务上的便利,非法占有公共财物。

张某是卸油站的卸油工,在其值班时,王某、李某进入卸油站,采取抽取卸油车内原油的方式盗窃原油。张某利用职权上的便利,让王某、李某二人进入卸油站内,进行偷盗,放任其行为。而且偷盗方式是抽取卸油车内原油,此种方式是需要一定的技术要求,王某、李某两人只是社会闲散人员,在操作过程中需有技术上的支持。因此,张某是利用了职务上的便利,采用盗窃的方式占有公共财物。

最后,张某明知此行为是侵占公共财产,仍放任结果的发生,是责任上的故意。

综上,根据《刑法》第382条第1款,国家工作人员利用职务上的便利,侵吞、窃取、骗取或者以其他手段非法占有公共财物的,是贪污罪。张某的行为构成贪污罪。

那么,王某和李某是否构成贪污罪?在主体身份上,这两人不属于国家工作人员,那这两人就不构成贪污罪吗?答案是否定的。根据《刑法》第382条第3款,"与前两款所列人员勾结,伙同贪污的,以共犯论处"。就是说如果他们单独实施该盗窃行为,就不可能构成贪污罪;或者与非国家工作人员相勾结,也不可能构成贪污罪。例如,他们与一家独资企业的仓库管理员相勾结,在这名管理员值班时,进行盗窃,也不构成贪污,只构成盗窃罪。现在,张某是国家工作人员,那么他们二人就有可能构成贪污罪的共犯。

在该案,王某、李某与张某相互配合偷盗、买卖原油,有主观上的故意和意思联络。张某明知原油是公共财产，仍与王某、李某两人相勾结，将原油盗出，而且三人有分赃行为，说明三人相互之间有意思联络，此行为是三人共同为之。如果没有王某、李某二人，张某一人不能将原油卖出；如果没有张某，王某、李某二人虽也能去盗窃石油，但是方式和方法存在更大风险。如果是王某、李某二人找到张某，强迫其为他们提供钥匙，并强迫威胁张某，让张某为他们放风，事后给张某1万元，那么三人的行为均不能定性为贪污罪。《最高人民法院关于审理贪污、职务侵占案件如何认定共同犯罪几个问题的解释》第1条规定：行为人与国家工作人员勾结，利用国家工作人员的职务便利，共同侵吞、窃取、骗取或者以其他手段非法占有公共财物的，以贪污罪共犯论处。因此，王某、李某、张某的行为构成共同贪污，法院的定罪合理。

在该案中，王某、李某与张某相互勾结，构成共同贪污。那么贪污金额是多少呢？在共同贪污中，个人贪污数额，不是泛指整个共同犯罪的数额，也不是指分赃数额，而是指个人应当承担责任的数额。对此，应根据刑法总则关于各共犯人承担责任的原则确定。虽然张某分得1.5万元，但贪污金额仍应是6万元。根据《刑法》第383条第1款第（2）项，法院的量刑合理。

1992年薛某和案轰动一时。被告人薛某和，原系中国工商银行海口市分行东风办事处会计。被告人陈某全，原系海南益通实业贸易公司（以下简称"益通公司"）总经理。1992年1月至4月，被告人薛某和与被告人陈某全经过共谋，以做生意为名，由薛某和盗用银行空白汇票4张，以益通公司的名义，分别汇往甘肃省物资交易中心10万元，陕西省咸阳市旅游公司产销部5万元，山东潍坊经济开发投资公司10万元。陈某全自带汇票到陕西省咸阳市解付 10 万元，总金额 35 万元。此款被陈某全占有使用。后薛某和多次利用职权上的便利，采取盗取银行汇票，擅自打盖密押，隐匿和销毁底联的手段，共开出银行空头汇票 19 张在外地银行进行解付；采取盗取银行空白汇票，开空头汇票不上账的手段，与陈某全相互勾结，共同贪污银行公款。最终，海口市中级人民法院根据各被告人的犯罪事实和情节，判决被告人薛某和、陈某全犯贪污罪。宣判后，薛某和不上诉。陈某全以他的行为不构成贪污罪为理由提出上诉。

在该案中，薛某和是中国工商银行工作人员，利用职务上的便利条件开出空白汇票，与他人相勾结，共同贪污银行公款，构成贪污罪。那么陈某全构成贪污罪是否成立，他的上诉理由是否应予支持呢？陈某全与薛某和两人有共同的意思表示和故意。薛某和是银行工作人员，盗用银行空白汇票，并以益通公司的名义进行活动，陈某全是益通公司的法定代表人，但他在知道此汇票是空白汇票的情况下，仍将钱取出，存在占有的故意，他的行为已经超过法定代表人的职权，不能将此行为定性为单位行为。两人的行为是内外勾结，薛某和利用职务便利，与陈某全勾结，将国家财产占为己有，构成共同贪污，两人都应以贪污罪定罪。因此，陈某全的上诉理由应不予支持，二审法院驳回上诉，维持原判。

由此可见，贪污罪并不是只有国家工作人员才能构成的犯罪，当行为人与国家工作人员相勾结、伙同贪污时，也会构成贪污罪的共犯，以贪污罪论。

十八

性贿赂该当何罪

被告人温某系浙江省某市城市建设发展有限公司副总经理，丁某为取得某工程，代温某支付嫖娼费用。起初，丁某将嫖娼费预先支付给卖淫者，计20次1.2万元。后来，丁某为温某找来卖淫者后，将钱给温某，让温某自行支付给卖淫者，计13次9 500元。为此，温某为丁某取得了数个工程项目，使丁某获利。法院认定温某先后支付给卖淫者及温某的共计2.15万元构成受贿罪。

某市公安局罗湖分局原局长安某君，在任职期间，对于下属送来的贿赂无一例外地笑纳，对于想提拔的帅小伙子送来的性贿赂，更是"芳心大开"。该分局一位年轻英俊的警员与安某君关系密切，而他从副科被提拔到正科，再到副处、正处，仅用两年时间。

蒋某萍出生在湘东山区，被当地的村民称作"一朵艳丽的山茶花"。让乡亲们震惊的是，蒋某萍正是利用了自己的姿色频繁地进行权色交易，来满足内心步步高升的欲望。她曾经总结出一套屡试不爽的怪论："在男人当权的社会，只有懂得充分开发利用男人的女人，才算是真正高明的女人。"这一怪论的本质就是用自己的"色"去换取官员们手中的"权"，也就是进行权色交易。40多名官员被蒋某萍的美色所迷惑，甘愿为她做牛做马，更何况他们手中的职权。令人匪夷所思的是，就连蒋某萍被关押期间，看守所所长万某也被她的美色迷惑，给她传递字条，为其串供提供便利，严重地扰乱了案件的侦查工作。

《刑法》第385条第1款规定："国家工作人员利用职务上的便利，索取他人财物的，或者非法收受他人财物，为他人谋取利益的，是受贿罪。"在我国现行《刑法》中，对受贿罪的量刑是按照"受贿所得数额"来确定的。在司法实践中贿赂和财物也被联系在了一起。这里的"财物"也被解释为具有实物形式的金钱和物品。

性贿赂的本质是权色交易。权色交易就是一方利用权力和权力带来的利益与另一方发生性关系，以达到满足生理需要和感情需要的目的；而另一方利用自身姿色与对方发生或保持不正当性关系，或借用、雇用美色勾引对方，从对方手中获取财物和利益。所谓国家工作人员接受性贿赂，即国家工作人员利用职权与他人进行权色交易。

在我国的司法实践中，性贿赂分为两种。

（1）直接性贿赂，这种形式不同于财产性贿赂，它是由行贿方提供了性服务之后换取受贿方利用职权为其谋取利益，受贿方利用职务便利为行贿方提供帮助或者好处，这里面并不存在金钱的介入。例如，在安某君案中，安某君在任职期间，多次以出外考察的名义，指定年轻英俊的男警员单独跟随她外出，期间向英俊下属作出性暗示。如顺其要求，回来后将迅速升迁；反之则升职无望，理由是"有待磨炼"。又如，在蒋某萍案中，蒋某萍

第二章 贪污贿赂类犯罪

以自己的身体作为交易对象，与各级上司发生性关系，以此达到自己不断高升的目的。对于这种直接性贿赂，虽然所谓行贿人与受贿人之间存在性关系，但双方之间不只是性服务与利益的交换关系，更是一种不正当的男女关系，"行贿人"取得的利益可以说是一种"感情"的回报，所以其中"性贿赂"的行为和行贿人取得的利益，或者说跟"受贿人"利用职务之便谋取利益之间没有确切的因果关系，如果将其确定为犯罪，理由并不充分。

但是有的行贿人借受贿人的名义接受其他财产性贿赂，或者两人一起接受其他的财产性贿赂，这样，两人就都构成了受贿罪。有的是受贿人与行贿人形成一种包养关系，受贿人自己再通过接受其他财产性利益来支付包养费，此种情形下，作为性贿赂中行贿的一方不构成犯罪，只是接受道德谴责，但是另一方仍然构成受贿罪。

(2) 间接型性贿赂，即由行为人雇用他人为受贿者提供性服务，以获取利益。在这里面，国家工作人员接受了行贿一方为其提供的性服务，但是在本质上仍存在金钱对价，只是受贿人变相接受了财物，所以，行贿者雇用他人来提供性服务，与直接送出等额财物让受贿者接收再去获取性服务并没有本质的区别。"行贿者"获得利益与"受贿者"提供职务便利之间存在因果关系，这种性贿赂的金额可以算入受贿者的最终贿赂金额里面。在前述案例中，丁某邀请温某免费嫖娼，但是嫖娼行为本身不是免费的，需要支付费用。即丁某与温某二人间是变相的金钱交易，只是本应由温某自己支付的费用却是由丁某代为支付了，这与温某收受财物后再自己支付费用没有本质区别。从这里我们可以看出，只要在性贿赂的过程中介入了、发生了金钱交易，我们就应该认定受贿罪成立。所以，温某构成 2.15 万元的受贿罪。

受贿罪的成立主要是看有无财产性利益。直接性的性贿赂由于无法用金钱来计算，而且也属于隐私的范畴，取证本身就很困难，而且双方在录口供时也很可能为了自身利益而隐藏部分事实，所以在我国现行《刑法》中，直接性的性贿赂不构成贿赂犯罪。但是当性贿赂双方又接受了其他财产性利益的，构成受贿罪，若国家工作人员接受其他贿赂以支付包养费的，则国家工作人员构成受贿罪，被包养方不构成犯罪。而间接性的性贿赂，其中明显存在财产性交易，只是双方之间的交易方式是间接的、不明显的，受贿人虽然没有直接接触金钱，但不能否认其中存在的金钱交易，所以，间接性的性贿赂构成贿赂犯罪，应当给予处罚。

十九
天下没有免费的午餐

徐某军任内江市达木河煤矿矿长期间，利用职务之便，为他人谋取利益，分别收受振兴公司法定代表人孙某铸8次所送现金共计13 000元及地砖、皮衣、灯具、VCD、音箱等物（价值8 000余元）；隆昌县建安公司三处处长孙某已3次所送现金共计8 400元；威远县劳保用品厂厂长赖某成两次所送现金共计2 000元；谭某生两次所送现金共计600元；内江市煤炭工业局唐某述两次所送现金共计1 100元；李某3次所送现金共计9 000元；威远县永高煤矿销售员刘某7次所送现金共计6 500元；威远县山王承采队队长阳某成4次所送现金共计5 000元；威远县侨营公司经理林某5次所送现金共计3 000元；自贡可锻铸铁厂经理吴某春4次所送现金共计3 000元；威远县煤建公司经理唐某明、财务科长邹某辉所送现金共计4 800元。法院以受贿罪判处徐某军有期徒刑5年。

王某萍原系萧山区物价局收费管理科副主任科员。2004年至2005年，她利用负责教育部门收费管理工作的便利，为该区技工学校提高收费标准提供便利和帮助。该技工学校校长任某为感谢王某萍的帮助,说学校想邀请王某萍夫妇去新马泰旅游,并说费用不高,每人三四千元,王某萍听出了言外之意,回答说:"和老公商量一下。"其夫听说后表示"一起去"。2004年7月底,王某萍夫妇踏上新马泰游程,玩了七八天。夫妇两人的旅游花销一共是12 620元,全由技工学校支付。2005年8月7日,王某萍夫妻开始了为期10天的澳洲行。这次澳洲游,技工学校共为王某萍夫妇支付了32 960元费用。王某萍两次旅游所受贿的数额为45 580元,最终法院以受贿罪判处王某萍有期徒刑3年。

沈某曾在2000年至2005年任燕山石油化工有限公司工程管理部高级主管。2004年年底,沈某向一家业务单位负责人罗某提出借用一辆轿车为自己代步。罗某表示,可以从外地调一辆车给沈某用。沈某称,外地车开着不方便,要开就开北京牌照的车。2005年年初,罗某打电话问沈某要辆什么车,沈某说捷达车就行,并将其亲戚谢某的身份证提供给罗某。2005年春节后,罗某找到长期从自己手中分包工程的个体建筑商李某,要李某拿钱在北京买辆捷达车租给自己,并将谢某的身份证交给李某。2005年2月24日,李某用谢某的身份证买了一辆捷达车,同时付清了车款9万余元及其他费用1万余元。2005年2月26日,沈某到4S店补签购车手续,提走捷达车,由其个人使用。检察院以沈某犯受贿罪向区法院提起公诉。

我国《刑法》第385条规定:国家工作人员利用职务上的便利,索取他人财物的,或者非法收受他人财物,为他人谋取利益的,是受贿罪。国家工作人员在经济往来中,违反国家规定,收受各种名义的回扣、手续费,归个人所有的,以受贿论处。贿赂作为受贿罪的犯罪对象,对于其范围的认定,大致有三种主要的观点：即财物说、财产性利益说和非财产性利益说。

徐某军作为国家工作人员，利用职务之便为他人谋取利益，收受他人贿赂（现金 56 400 元和价值 8 000 余元的物品），其行为已触犯《刑法》第 385 条之规定，构成受贿罪。金钱作为受贿罪的犯罪对象是毫无疑问的。

在王某萍案中检察机关经过侦查认为，王某萍身为国家工作人员，利用职务便利，在负责教育收费管理工作和承办该区技工学校收费调整的公务活动中，为他人谋取利益，非法接受他人财物，数额较大，其行为已触犯我国《刑法》，构成受贿罪。王某萍作为分管教育部门收费管理的具体承办人，为了让技工学校的申请得以尽快实现，技工学校负责人向王某萍行贿，随着时间的推移和王某萍的"帮忙"，学校最终也得到了回报。该案的关键在于"接受免费旅游"是否属于《刑法》上所规定的"财物"。在司法实践中，作为受贿罪对象的"财物"，不仅包括金钱，还包括其他可以用金钱折算的财物，如免除债务、替人交学费、免费旅游等利益。在该案中，学校若不支付旅游费用，王某萍作为消费者必须向旅行社支出一定的金钱，王某萍接受了免费旅游，省却了一大笔费用，其所获得的利益可以用金钱计价，受贿数额可以准确认定，与直接接受现金贿赂只是形式上的差异，没本质上的不同，作为财物界定没什么现实困难和矛盾。所以，王某萍受贿案的宣判，对当前的反腐败工作来说，具有标本式的意义：受贿并非限于直接的财物，只要接受了可以用金钱折算的好处，同样也是受贿。

国家工作人员利用职务上的便利为请托人牟取利益，收受请托人房屋、汽车等物品，未变更权属登记或者借用他人名义办理权属变更登记的，不影响受贿的认定。所以，沈某长期借用其他单位的车为自己所用，亦构成受贿罪。

值得注意的是，非财产性利益是否属于受贿罪的对象？例如，安排子女入学或就业，提职晋级以及提供色情服务或高级娱乐服务等。从我国现行立法规定来说，贿赂并未将非财产性利益囊括其中。因为非财产性利益难以用金钱数字来计量，具有模糊性，一旦在立法上将其作为受贿罪的对象，不仅会给司法实践带来进一步的困难，而且不利于法治以及罪刑法定、罪刑相适应等刑法基本原则的贯彻执行。

世上没有免费的午餐，国家工作人员利用职务便利，索取或收受利益后，是要用自己手中的权力为付费者买单的。所以，其收受利益看似是单向的、免费的，其实都是权力与利益的不正当交易。"免费的午餐"并不免费，它是以国家工作人员的政治生命或自由为代价的。

二十

贿赂是权财交易

安徽省人民政府原副省长倪某科因受贿、巨额财产来源不明罪被追究刑事责任。2000年至2012年，被告人倪某科利用担任安徽省六安地区行政公署专员、六安市人民政府市长、中共六安市委书记、安徽省人民政府副省长职务上的便利，为博亚公司、绿宝公司等有关单位谋取利益，其本人或通过特定关系人或与他人共谋，先后49次非法收受有关单位负责人郑某训、丁某松、袁某琼等9人给予的人民币、欧元、美元、购物卡、玉石、玉器、黄金制品、字画等财物，并接受他人为其装修房屋，支付旅游费用，免除近亲属债务，共计折合人民币12 967 127.1元。

显然，倪某科收受他人财物并利用职务上的便利为他人谋取利益的行为符合受贿罪的构成要件，构成受贿罪。现行《刑法》第385条对受贿罪的犯罪对象的用语为：财物。随着社会的发展，我们对财物的理解不能再简单地认为只包括金钱和物品等有体物，还应当包括无体物以及财产性利益。《最高人民法院、最高人民检察院关于办理商业贿赂刑事案件适用法律若干问题的意见》明确将财产的范围扩大至财产性利益，第7条规定："商业

贿赂中的财物，既包括金钱和实物，也包括可以用金钱计算数额的财产性利益，如提供房屋装修、含有金额的会员卡、代币卡（券）、旅游费用等。具体数额以实际支付的资费为准。"财产性利益可以通过金钱来衡量，而且现在许多财产性利益的价值远远超出了一般物品的经济价值，故将其包含在财物中不违反罪刑法定原则，具有合理性。

上述案例中倪某科所收受的人民币、欧元、美元毫无疑问属于财物，玉石、玉器、黄金制品、字画等有体物也很容易通过价格鉴定、评估得出具体金额。但是倪某科收受的购物卡，接受的他人为其装修房屋、支付旅游费用以及免除的近亲属债务则难以直接认定为财物，这就用到了上述所说的"财产性利益"这一概念。购物卡即为代币卡，应当按照倪某科接受的实际支付的资费为其收受贿赂的具体数额。另外，装修房屋和旅游对于正常人来说是要支付费用的，但倪某科则因接受他人为其装修房屋、支付旅游费而不必再支付这些费用。实质上仍是接受财物的行为，这些行为的价值可以用金钱来衡量。

随着时代的变迁，行贿者的行贿方式和受贿者的受贿方式也在不断变化，现实生活中行贿者利用非财产性利益进行行贿的方式大行其道。常见的几种非财产性利益为：介绍职业、提职晋级、入党入团、调换工作、授予荣誉称号、提供性服务等。这些非财产性利益无一例外地都给予受贿者一种心理或生理上的满足。那么，如果行贿者通过掌握受贿者的喜好而给予受贿者相应的诱惑，如性贿赂，则可能达到给予受贿者财物的相同作用，受贿者面对诱惑，就可能为提供性贿赂者谋取不正当利益。由此可见，只要贿赂的行为能够使国家工作人员为其谋取不正当利益，就违反了受贿罪所保护的法益（国家工作人员职务行为的不可收买性），就符合受贿罪的本质特征，但由于这些非财产性利益无法计算其具体贿赂数额，而我国受贿罪的处罚又是根据具体数额而定罪量刑的，故利用非财产性利益的行贿方式依据我国现行《刑法》难以定罪量刑。如性贿赂能否纳入贿赂的范围不可一概而论，需分情况讨论。

综上所述，受贿罪对于财物的认定标准较为复杂。依据现行《刑法》，金钱、物品可直接认定为财物；依据《最高人民法院、最高人民检察院关于办理商业贿赂刑事案件适用法律若干问题的意见》，可将财产性利益纳入贿赂的范围。然而，我国现在仍然不能直接依据现行《刑法》或者司法解释将非财产性利益认定为受贿罪。但是，正如本文标题所言，贿赂是权财交易，财物只是行贿者行贿的一种手段，并不是全部。只要行贿者的行贿方式能够产生受贿者为其谋取不正当利益的效果，就应当评价为受贿罪，而不问到底是财物还是财产性利益抑或是非财产性利益。只有如此才能惩治权财交易的行为，并预防利用非财产性利益行贿的行为，这也符合我国近来"反腐"的要求。

二十一
权力不能商品化

案例一：杨某在担任湖北省A县县长、县委书记，B市副市长，C市副市长期间，利用职务之便，为他人谋取利益，先后收受苏某、刘某、羿某等人的贿赂款共计142 000元。其中杨某先后7次收受苏某的贿赂款共107 000元；先后4次收受刘某贿赂的现金及财物折款共计30 000元；收受羿某贿赂款5 000元。

案例二：张某是某国有企业改制后留任的水电厂排水车间主任。在任职期间，张某利用职务便利，向拖欠水电厂欠款的工贸公司负责人刘某索要价值94 800元的捷达轿车1辆，并将该车登记在张某的名下。后张某又利用职务便利，让车间供货商姚某亮将上述捷达轿车以80 000元卖掉。此后，姚某亮又为张某购置了价值166 000元的本田轿车1辆，并在支付相关手续费用20 578.93元后将该车登记在张某名下。在更换车辆的过程中，姚某亮共计付款186 578元，张某从中受贿106 578元。此后，张某为姚某亮谋取利益。

案例三：高某在担任北方工业大学教材管理员期间，利用负责采购教材的职务之便，高某及其家属共计4人参加由业务单位出资组织的旅游活动,旅游费用 8 664 元。

杨某、张某、高某作为国家工作人员,利用职务上的便利,收受、索取他人财物,为他人谋取利益,都构成了受贿罪。无论是身处高职的杨某,处较低职位的张某,还是高校从事公务的高某,他们的行为相当于将自己手中的权力对价为商品与他人进行交易,在收受他人财物后,将权力暂时出租给他人,即将权力商品化。受贿罪的实质就是权力商品化。然而像杨某、张某、高某这样,身处不同职位,将权力商品化与他人进行交易的行为还有很多,所以国家不断采取各种措施防止和惩罚国家工作人员将权力商品化的行为。那么国家为什么严惩这种将权力商品化的行为呢?这要从受贿罪侵犯的法益说起。

对于受贿罪所侵犯的法益主要有以下几种说法。第一,受贿罪所侵犯的法益是公民对职务行为的公正性的信赖,也就是说,如果公民认为国家工作人员的职务行为是被贿赂所左右的,就会导致公民的失望与不安,导致对政府的不信任,对国家政权的不信任。在案例一中,杨某先后 7 次收受苏某的贿赂款,先后 4 次收受刘某贿赂的现金及财物,收受羿某贿赂款,他与行贿人之间形成不法约定,在收受行贿人财物之后为行贿人谋取利益,这种将公权力当作商品与他人进行交换的行为,很容易导致公民对权力的公正性丧失信赖。我们试想一下,公民一旦丧失对公权力的信赖,政府将会失去它的权威性,这必然导致更严重的后果。在我国,国家机关工作人员是人民的公仆,是人民的服务者,所以保证他们职务行为的纯洁性、公正性具有特别重要的意义。但这一说法有其自身的局限性,依照此种说法,如果杨某在收受了他人财物之后不为他人办事就不构成受贿罪,所以对于受贿罪所侵犯的法益不能完全参照此说法。

第二，受贿罪所侵犯的法益是国家工作人员职务的廉洁性。我们怎样理解廉洁性呢？国家工作人员职务的廉洁性是指，国家工作人员在履行自身职务所赋予的权力、职责时，应当遵守党的纪律和国家法律，保持自身廉洁情操的基本性质。在案例二中，张某在任职期间，向刘某索要轿车，收受姚某亮的贿赂，在收受两人贿赂之后利用自己的职务之便，为他们谋取利益，很显然他这种以权谋私的行为违反了国家法律。杨某身为国家工作人员，本应是人民的公仆，却做了金钱的奴隶，严重损害了国家工作人员职务的廉洁性。然而国家工作人员职务的廉洁性说法太笼统、太抽象，受贿罪惩罚的是极端不廉洁的行为，所以国家工作人员职务的廉洁性说也不完全可取。

第三，受贿罪侵犯的法益是国家工作人员职务行为的不可收买性，也可以说是国家工作人员职务行为与财物的不可交换性。国家工作人员职务行为的宗旨是为人民服务，由于国家工作人员的职务行为已经取得了相应的报酬，故不能再从公民或者其他单位那里收受职务行为的报酬，否则属于不正当的报酬。结合前面三个案例来看，杨某、张某、黄某作为国家工作人员，利用职务便利，收受他人财物为他人谋利的行为，严重侵犯了国家工作人员职务行为不可收买性的法益。他们将权力商品化，滥用手中的权力，这会使得没有权力的人也会期待掌握权力的人为自己滥用权力；然而一旦滥用权力，将权力与其他利益相互交换，权力就会带来各种利益。因此，防止权力滥用、保障公正行使权利的最起码、最基本的措施就是防止权力与其他利益的相互交换，也就是说不能将权力商品化。

二十二

收礼就是对请托人的承诺

徐某在担任某市教育局局长期间,学生家长丘某因女儿丘甲的中考分数没有达到提档线,遂通过熟人介绍找徐某帮助。徐某表示教育局工作繁忙,全市录取工作全部在网上公开进行,不可能从中做任何手脚,其实是徐某并不想帮丘某这个忙。某日,丘某在徐某下班期间,私下送给徐某现金1万元和2条名贵香烟作为好处费,请求徐某帮助其女儿顺利进入该市重点高中就读。徐某收到丘某1万元好处费之后,并没有帮助丘某的女儿进入重点高中。

《刑法》第385条第1款规定:"国家工作人员利用职务上的便利,索取他人财物的,或者非法收受他人财物,为他人谋取利益的,是受贿罪。"处理该案遇到的疑难问题是某市教育局局长徐某收受他人财物但没有为他人办事,也没有作出任何明确的承诺,该"收礼未办事"的行为是否属于受贿罪中的"为他人谋取利益",其在明知请托人意图的情况下,利用职务之便收受他人财物的收礼行为是否是一种承诺行为?如何理解受贿罪中的"为他人谋取利益"呢?如何认定承诺行为呢?

最高人民法院下发的《全国法院审理经济犯罪案件工作座谈会纪要》认为:"为他人谋取利益包括承诺、实施和实现三个阶段的行为。只要具有其中一个阶段的行为,如国家工作人员收受他人财物时,根据他人提出的具体请托事项,承诺为他人谋取利益的,就具备了为他人谋取利益的要件。明知他人有具体请托事项而收受其财物的,视为承诺为他人谋取利益。"一般来说,受贿罪的客观构成要件"为他人谋取利益",其内容的最低要求是承诺为他人谋取利益,不要求有谋取利益的实际行为与实际结果。因此承诺行为最基本的要求是国家工作人员在明知请托人意图的情况下,收取请托人的财物。

承诺行为既可以是明示的,也可以是暗示的。当他人主动行贿并提出为其谋取利益的要求后,国家工作人员虽没明确答复办理,但只要不予拒绝,就应当认为是一种暗示的承诺。该案中丘某送给徐某现金1万元和两条名贵香烟作为好处费,请求徐某帮助其女儿顺利进入该市重点高中就读,徐某收取了该好处费,应当认定为默示的承诺行为。

承诺行为既可以直接的,也可以是间接的。前者是指行为人直接向他人表示为其谋取利益;后者则是指行为人通过第三人向他人转达承诺内容。

承诺行为既可以是真实的,也可以是虚假的。虚假承诺,是指国家工作人员具有为他人谋取利益的职权或者职务条件,在他人有求于自己的职务行为时,并不打算为他人谋取利益,却又承诺为他人谋取利益。但虚假承诺构成受贿罪是有条件的:①一般只能在收受财物后作虚假承诺;②承诺的内容与国家工作人员的职务有关联;③因为承诺而在客观上形成了为他人谋取利益的约定。虚假承诺构成一般认为只要请托人提出要求,而被请托人接受了财物,就认为有承诺。简单来说,收礼就是一种承诺行为。相应地,国家工作人员只要收受了他人的财物就是承诺为其谋取利益,构成受贿既遂,而不是待实际上为他人谋取利益之后才是既遂。在该案中,徐某明知丘某有具体请托事项而收取丘某1万元好处费,应视为承诺为他人谋取利益。

综上所述,国家工作人员明知他人有具体请托事项,只要收取了他人的财物,就会构成为他人谋取利益的承诺行为,视为承诺为他人谋取利益,因此收礼就是对请托人的承诺。

二十三

主动索贿，罪加一等

国家食品药品监督管理局医疗器械司原司长郝某平，因被指控收受医疗企业商业贿赂上百万元，在北京市第一中级人民法院受审，其妻付某清亦因涉嫌受贿同时受审。据检方指控，郝某平在担任医疗器械司司长期间，利用负责医疗器械产品审批的职务便利，伙同妻子付某清，向威高公司总经理陈某索要贿赂 20 万元。对于这笔钱，郝某平解释，这是他"借"来的装修款，自己同陈某有 20 多年的交情，陈某公司刚起家时，他就为陈某提供了很多技术指导，陈某多次表示"有经济困难就提出来"。2004 年 3 月，陈某邀请他和妻子去威海度假。他向陈某提出"借"些装修费，陈某痛快地答应了，并问他"20 万元够不够"。随后他与妻子付某清让陈某将 20 万元打到他的银行卡里，在随后的庭审中付某清也否认了主动索贿的事实，但陈某称该笔钱是郝某平主动索要的，而且数额也是郝某平决定的。检方还指控，郝某平于 2002 年 3 月至 2004 年 9 月，为苏嘉公司、微创公司等 4 家公司申请医疗器械产品批号提供帮助，并索取上述公司贿赂款 5 万元、广州本田雅阁轿车一辆、高尔夫球俱乐部旅游会籍卡和会员卡3张（这3张卡价值近50万元）。经司法机关查明，郝某平夫妇以上主动索贿的事实成立，构成受贿罪。

我国《刑法》第385条规定："国家工作人员利用职务上的便利，索取他人财物的，或者非法收受他人财物，为他人谋取利益的，构成受贿罪。国家工作人员在经济往来中，违反国家规定，收受各种名义的回扣、手续费，归个人所有的，以受贿论处。"第386条规定："对犯受贿罪的，根据受贿所得数额及情节，依照本法第383条的规定处罚。索贿的从重处罚。"

索贿不是一个独立的罪名，而是受贿罪客观方面的一种表现形式，以索取的方式收受他人财物的，仍然属于受贿罪。受贿罪保护的法益是国家工作人员职务行为的不可收买性，也可以说是国家工作人员的职务行为的不可交换性。不可收买性包括两个方面：①是职务行为的不可收买性本身；②是公民对职务行为不可收买性的信赖。索取贿赂的行为表明职务行为被收买，从而使公民不会信赖国家工作人员的职务行为，进而不信赖国家机关本身，这不仅会导致国家机关权威性降低，各项正常活动难以展开，而且导致政以贿成，腐败成风，贿赂盛行。行为人主动索取贿赂的情形会使公民对国家工作人员职务行为的信赖程度进一步降低，甚至对国家机关彻底丧失信心，因此索取贿赂比收受贿赂情节更严重，应从重处罚。

索贿有三个基本特征：主动性、索取性、交易性。主动性是指为受贿人索要行为的主动性和他人交付财物的被动性，即受贿人以公开或暗示的方法，主动向行贿人索取贿赂，甚至是公然以要挟的方式，迫使当事人行贿。而收受贿赂不具有主动性，它是一种被动地接受贿赂的行为。收受贿赂可分为两种情况，一是受贿人在他人谋取利益的过程中没有权钱交换的非分之想，在事后

对方送给财物,二是受贿人虽然心中有权钱交易的故意,但没有明示也没有暗示,只是在具体的办事过程中,行贿人主动、自愿的给付财物,但无论哪种情况行为人收受他人财物都是被动的。由此我们可以看出索贿具有主观上的故意,主观恶性更严重,情节更恶劣,社会危害性相对于收受贿赂更为严重,故应从重处罚。

索取性是指受贿人总是以所掌握的职权为条件,乘人之危,向他人施加精神压力,迫使对方向其交付财物。由此可以看出索贿行为突出反映了受贿人以权谋私的强烈愿望和贪婪性,并且往往带有对他人的要挟、强制性质,使他人慑于其手中的权力而不得不提供财物,以满足其要求,这种非法占有行为不仅侵犯了他人的财产所有权,还侵犯了受贿罪的犯罪客体。国家工作人员是人民的公仆,他们手中的权力是人们依法赋予的,只能为人民服务,为国家社会主义建设服务,而不能把手中的权力作为个人谋取私利的资本。为政清廉始终保持职务行为的廉洁性,是对国家工作人员履行职务的基本要求。索取贿赂是对上述要求的公然否定和背叛,因此索贿的应从重处罚。

交易性是指受贿人通过要挟迫使对方向自己给付财物,而以本人职权为某种行为或者不为某种行为为交换,表现为权钱交易的造意者、提起者。国家工作人员利用自己职务便利,主动要求对方给予自己财物,为其谋取利益,侵犯了职务行为的不可收买性。索贿的交易行为严重侵犯了国家工作人员的职务廉洁性,因此,索贿应从重处罚。

另外,行贿和受贿是对向型的共同犯罪,在共同犯罪中主动起犯意的一方一般从重处罚。主动索贿的,索贿具有主观故意,属共同犯罪中发起犯意的一方,而行贿人属于迎合犯意的一方;

主动行贿的，行贿人属于发起犯意的一方，而受贿者属被动收受的一方，属迎合犯意的一方。索贿的主动性表明在共同犯罪中，索贿属发起犯意的一方，故应从重处罚。

　　索取贿赂和收受贿赂，虽然都是受贿罪的客观表现形式，但两者犯罪手段相异，社会危害性也有所不同，无论是主观罪过还是客观危害，索取贿赂都要比收受贿赂严重，所以我国《刑法》第386条规定：索贿的，从重处罚。经司法机关查明郝某平夫妇是主动索贿，"主动索贿，罪加一等"，郝某平夫妇必将受到法律的严惩，依据受贿罪的处罚标准从重处罚。

二十四
协调关系，收受财物，构成受贿

　　袁某担任合肥市安监局办公室主任，负责单位内部综合协调联络及人事管理工作。2011年12月10日，安徽省某建筑工程有限公司承建的工程项目发生安全事故，致一人死亡。事故发生后，该公司安全总监周某找到正在住院的袁某，希望其在事故定性上给予关照，送给袁某8 000元购物卡。袁某知道自己没有这个能力，于是向负责事故处理的该局总工程师方某打招呼，方某答应帮忙。2012年1月初，为感谢袁某在此次事故处理中的关照，周某又送给袁某8 000元购物卡。后袁某抽出4 000元购物卡给了方某。此后，凡是亲朋好友找其帮忙从轻处理安全事故，袁某来者不拒，给同事或局分管领导打招呼，为请托人"免祸减责"。当然，事后他也不忘从请托人所送的好处费中分一杯羹给相关人员。经查，2011年至2013年，袁某多次非法收受他人现金及购物卡，合计价值7.6万元，袁某个人实得财物计6.1万元。法院以受贿罪判处袁某有期徒刑3年，缓刑3年6个月。

　　我国《刑法》第388条规定："国家工作人员利用本人职权或者地位形成的便利条件，通过其他国家工作人员职务上的行为，为请托人谋取不正当利益，索取请托人财物或者收受请托人财物的，以受贿论处。"

根据上述法条来分析：首先，国家工作人员分为：①国家机关工作人员，包括在各级国家权力机关、行政机关、司法机关、行政机关从事公务的人员。②国有公司、企业、事业单位、人民团体中从事公务的人员。③国有机关，国有公司、企业、事业单位委派到非国有公司、企业、事业单位、社会团体从事公务的人员。④其他依照法律从事公务的人员。袁某作为市安监局办公室主任，是国家机关工作人员，其工作属于特殊主体，是受贿罪的犯罪主体。

其次，周某虽然找到袁某希望他在事故定性上给予关照，但是周某所拜托袁某的事情并不在袁某的职务范围内，袁某利用自己的职务地位给该局总工程师方某"打招呼"。袁某与方某同属安监局的工作人员，而且袁某负责该局人事管理工作，其拥有的职权能够影响到方某的意志。很多人把斡旋受贿和利用影响力受贿相混淆。斡旋受贿中，犯罪主体利用的是自身职权或地位形成的便利条件，影响其他国家工作人员利用职权实现请托人的请托事项，这里的影响是与职权有关的影响力；而在利用影响力受贿中，犯罪主体没有或者不利用自身职权或地位形成的便利条件，而是通过自己与国家工作人员之间的特殊关系所产生的影响力，这里的影响是与职权无关的影响力。虽然斡旋受贿和利用影响力受贿的行为主体都利用了对他人的影响力，但是利用影响力受贿罪中，行为人利用的是其与国家工作人员有近亲属或其他密切关系，通过这种身份关系，来影响国家工作人员的心理和行为。在斡旋受贿中，行为人则利用的是本人职权或地位产生的影响和一定的工作联系，通过职权和地位的关系，影响其他工作人员的心理和行为。同时，斡旋受贿罪同介绍贿赂罪也存在区别，介绍贿赂罪中介绍者不需要是国家工作人员，可利用职位和地位的便利条件，也可不用。在利益方面，斡旋受贿是为请托人谋取不正当利益，自己收受贿赂。介绍贿赂则是向工作人员介绍贿赂，介绍人可收取也可不收取贿赂，并明知为受贿人或行贿人牵线搭桥，促成贿赂。

最后，袁某收受周某的购物卡前后共计 16 000 元。袁某收受购物卡是否构成受贿存在争议。近年来购物卡受贿案逐渐增多，有人认为这是违纪，根本不构成受贿。笔者认为这种观点是错误的。受贿人收受的贿赂既可以是钱，也可以是物，购物卡可以按卡面价值到商场换取任何相应价值的商品，属于有价支付凭证，应当将其卡面实际价值认定为受贿数额。周某送给袁某的购物卡价值 16 000 元，超过了一般人情往来，已达到受贿标准。而周某又有明显的请托事项，其实质就是权钱交易。袁某的行为就是利用方某职务上的便利，帮助周某达到从轻定性事故的目的，为周某牟取不正当利益。而且，袁某是智力正常的成年人，他不可能不知道为周某从轻定性事故的后果及违法性。袁某不断为他人协调关系、收受财物，主观上有受贿的故意，为故意犯罪的行为。

当然在斡旋受贿中有斡旋行为不一定构成受贿，如果行为人谋取的是正当利益，其行为就不构成受贿。例如某省纪检的甲处长，原来查处过该省建设厅乙副厅长违纪行为。后来该省建设厅一建筑工程招标，甲处长的一个朋友来请他帮忙，甲处长就找乙副厅长请求关照。最后请托人中标，给了甲处长 20 万元。经审查，在建筑工程投标的几家公司中，请托人的实力是最强的，客观上该公司最有能力、最有可能中标，也应当中标，即利益本身是正当的。上述案例中的行为主体为国家工作人员,虽然行为人有斡旋的行为,但其谋取的利益是正当的,因为请托人有条件获得该利益,所以该甲处长不构成斡旋受贿罪。那什么又是不正当利益呢?不正当利益是指牟取违反法律、法规、国家政策和国务院各部门规章规定的利益,以及要求国家工作人员或者有关单位提供违反法律、法规、国家政策和国务院各部门规章规定的帮助或者便利条件;并且行为人必须明知谋取的是"不正当利益",知道其行为会侵害国家工作人员职务行为的廉洁性,却仍然实施他的行为。在袁某斡旋受贿过程中,袁某明知利用自己的职务无法为周某从轻定性事故,必须斡旋第三人,利用周某职务之便。所以斡旋受贿中"为请托人牟取不正当利益"应当包括袁某对周某从轻定性事故的承诺和斡旋方某的行为,以及方某答应并实施和产生从轻定性事故的结果。到此斡旋受贿构成既遂。

  袁某为周某谋取不正当利益,与方某协调关系,并收受周某所给财物的行为已经构成斡旋受贿罪,严重损害了国家工作人员职务行为的廉洁性,侵犯了国家机关、单位正常的管理活动,应当受到法律的惩罚。

二十五

单位基建，腐败泛滥

　　因涉嫌在基建工程中巨额受贿等问题，武汉大学原常务副校长陈某方、原校党委常务副书记龙某乐先后于 2009 年 9 月 13 日和 9 月 26 日被湖北省人民检察院批准逮捕。陈某方被捕后被免去常务副校长职务，龙某乐在被拘留前已被免去校党委常务副书记职务。某大学后勤部部长，利用职务之便，在学校宿舍楼建设中，将 5 万元工程款据为己有，构成贪污罪。某专科学院基建科领导，在该学校扩建餐厅工程中，利用职务便利将工程款中的 6 万元用于炒股并不归还，构成挪用公款罪。

　　近年来各地高校都在不断扩招，全国各地掀起了一股高校基础建设的高潮，而在这股浪潮之下，基建腐败现象也愈演愈烈。据中央纪委监察部网站消息，2014 年 7 月 7 日下午，中央第十二巡视组向复旦大学反馈专项巡视情况。继中国人民大学后，复旦大学成了全国第二所接受中央巡视的 985 高校。根据巡视组通报，巡视发现的主要问题有两个：一是科研经费管理使用混乱，违规现象突出，存在腐败风险；二是江湾校区基建工程严重违规，发生质量事故，存在安全和腐败隐患。中央巡视组对复旦大学的反馈情况让我们又一次看到了高校基建领域的腐败。

高校基建领域腐败案件的当事人多为校领导、后勤部门以及基建部门的直接负责人。他们都是国家事业单位的工作人员，符合贪污罪、受贿罪、挪用公款罪的犯罪主体身份。

高校基建领域的腐败现象并不是偶然事件。首先，从20世纪90年代末全国普通高校不断扩招，各高校的基础设施不断扩建，使基建领域的腐败泛滥成为可能。其次，学校领导权力过于集中。高校基建项目的实施往往由于某些权力集中的部门或身居要职的领导干部的参与而变得复杂，他们的一个电话、一张便条、一个口信常常可以使一些资质、信誉都不合乎建设单位要求的建筑企业承揽到工程，个别领导干部甚至"亲力亲为"，直接干预工程项目的发包。最后，在建筑行业国家每年都有大量投入。效益可观，竞争自然十分激烈，有的建筑企业根本不具备参与竞争的条件和优势，这些企业为了生存、发展，在市场竞争机制尚不规范的情况下，必然采取种种办法甚至是不正当手段。特别是那些技术水平低、无资质、不规范的集体，为了能与比自己技术水平高、资质等级高的大型、老牌建筑企业相抗衡，分一杯羹，更是直接以金钱铺路，甚至采用美色引诱、提供高档消费等手段来承揽工程。那些资质高、设备先进、质量过硬、管理规范的企业，在依靠正当手段无法拿到工程情况下，也会被逼着跟风效仿。现在甚至出现了一批所谓"建筑工程中介人"，他们专门在高校周边活动，一方面，他们积极地在地方高校内部"活动""联络"，帮企业接工程，并从中收取回扣——通常是占工程总造价的2%到5%；另一方面，他们作为某些政府官员的座上宾，通过依附于权力阶层，来抬高自己的身价，而官员们收到"好处"，自然也愿意给这些中介人"帮忙"。

针对高校基建领域的腐败之风，笔者提出以下对策。

第一，合理分权。权力的过度集中必然导致腐败，绝对的权力导致绝对的腐败。因此，有效防止权力滥用就必须对人权、财权、事权等进行科学合理的分解，使各个岗位、各项职权之间相互制约，避免因权力的过分集中而出现"一言堂"等问题。例如，在办理审批手续时，不是由一人进行垄断性管理，而是由多人交叉办理，形成相互制约、相互监督的管理权限，从而降低贿赂存在的可能性。

第二，加强监管和对权力的制约。法国著名哲学家孟德斯鸠曾经说过："一切有权力的人都爱滥用权力。这是万古不变的经验。防止权力滥用的办法就是用权力约束权力。权力不受约束必然滋生腐败。"在西方社会，这句话被大众视为真理。相应的，在深受权力腐败困扰的中国，不妨以此观点作为借鉴，从制度和法律层面强化对权力的监督和制约，完善现有的行政制度，规范权力运作程序，避免随意行政、无序行政以及以权谋私的现象发生。

第三，权利的运行必须做到公开、透明。俗话说得好，阳光是最好的防腐剂，要遏制腐败之风，必须使权力在阳光下运行，在招标过程中要公平、公开、公正，基建款项也要做到公开。除此之外高校基建部门应努力做到政务公开、依法办事、提高工作透明度。目前高校基建部门在项目决策问题上不同程度地存在暗箱操作和个别领导独断专行的现象。因此，在高校基建过程中推行政务公开、依法行政，在各个环节上坚持公平、公正、公开的办事原则甚有必要。

高校基建领域的腐败行为会使教育资源得不到有效配置，造成国有资产的流失与浪费，这不仅会严重影响工程质量，危害人民的生命财产安全,还容易成为腐败滋生的温床,严重破坏党风、党纪和党群、干群关系,降低政府的权威和学校的声誉。因此必须加强对高校基建领域的监管,使相关人员不敢腐败、不能腐败,唯有如此才能使基建领域中"前腐后继"的现象减少。

二十六

新型受贿之：交易型受贿

陈某是某市新区人民政府原副区长，分管建设、城管、拆迁、交通运输、公建配套设施建设协调等工作。2003年6月，陈某向某房地产开发公司董事长朱某口头预订了朱某开发的新区某国际村的一套店面房，当时讲好以3 800元每平方米的价格购买，但陈某未付定金。由于该房被房地产开发公司作为售楼处使用，直到2005年3月初，朱某才将其在该国际村的81号店面房以399 830元的价格（折合3 980元/m²，高于该房成本价）卖给陈某。陈某以其父亲的名义签订了买房合同，2005年3月4日全部付清了房款。经市价格认证中心鉴定，该房及局部装修价值人民币765 600元，另查明，陈某在任职期间为朱某的公司谋取了利益。

对于陈某一案的定性处理主要有两个问题：第一个问题是陈某的行为到底属于优惠购房还是受贿？市场经济条件下，以优惠价格进行商品买卖的情况非常普遍，不能因为陈某是官员就不承认其享有的优惠购物权。但是39万元的价格并不是商品经营者朱某事先设定的不针对特定人的最低优惠价格，只是针对陈某的优惠价。陈某利用职务之便为朱某谋利，而后仅以39万余元的价格就从朱某手中购买到了价值76万余元的房屋，实质上是朱某变相给陈某送钱，属于行贿、受贿犯罪。

第二个问题是该案受贿数额如何确定。应当用市场价即评估价（76万元）减去实际支付价（39万元）。理由是：优惠购物过程中，以物品的成本价作为行为人是否构成受贿的基准的方法不符合市场规律。流通领域的商品在市场中体现出来的是市场价值而不是成本价值，以成本价作为衡量是否构成受贿罪的基准没有理论依据，而以评估价（一般情况下是商品在市场中的平均价格）作为衡量是否构成受贿罪的基准是实践中通常的做法，是符合市场规律的。

《最高人民法院、最高人民检察院关于办理受贿刑事案件适用法律若干问题的意见》第1条规定：国家工作人员利用职务上的便利为请托人谋取利益，以下列交易形式收受请托人财物的，以受贿论处：①以明显低于市场的价格向请托人购买房屋、汽车等物品的。②以明显高于市场的价格向请托人出售房屋、汽车等物品的。③以其他交易形式非法收受请托人财物的。受贿数额按照交易时当地市场价格与实际支付价格的差额计算。市场价格包括商品经营者事先设定的不针对特定人的最低优惠价格。根据商品经营者事先设定的各种优惠交易条件，以优惠价格购买商品的，不属于受贿。

在当前受贿犯罪案件的司法实践中，存在大量以各种交易形式实施的受贿行为。以交易形式实施的受贿行为不同于受贿人直接收受行贿人财物的典型受贿形式，因其伴有实际存在的商品交易，受贿人支付了一定的对价，因此犯罪形式更加隐蔽。根据《最高人民法院、最高人民检察院关于办理受贿刑事案件适用法律若干问题的意见》,该案属于第1条第1款第(1)项规定的交易形式,即"以明显低于市场的价格向请托人购买房屋、汽车等物品的"。根据该条规定,在判断一个案件是否属于交易型受贿时,需要注意两点:第一,"市场价格"是指商品在市场中的平均价格。市场价格也包括商品经营者事先设定的不针对特定人的最低优惠价格。第二,"优惠价格"是针对"不特定人"并且是事先设定的,当然这个不特定人也可以有一定的范围,比如商家针对老客户的优惠,它虽然有一定范围,但却是一个很大的群体,不同于交易型受贿犯罪中只针对某一个人或者某几个人,把大多数的消费者排除在外。

以交易形式收受请托人财物的行为具有"双重交易"的性质,但其本质特征仍然是权钱交易,符合受贿罪的基本构成。交易型受贿犯罪中的"交易行为"与正常的市场交易行为相比,具有实质的违法性、对象价值上的不对等性等特征。交易型受贿案件中低买或高卖的对象一般是不动产房屋、汽车等大宗商品,依据我国相关法律规定,房屋及汽车等物品的取得都必须经过登记程序。因此,相关部门应制订联合机制监督交易,在国家工作人员买进或卖出大宗物品时,可以有效地对该交易行为予以监督,使其透明化。

二十七

新型受贿之：干股型受贿

2003年，陈某任钟祥一国有矿产公司经理。该国有矿产公司在该市组织勘探了一处磷矿，陈某代表公司与该市一磷化公司签订了矿产联合开发协议，共同开发该处磷矿，约定由磷化公司占70%股份，矿产公司占30%股份。2005年7月左右，陈某向磷化公司股东何某提出要在磷化公司70%的股份中抽取10%干股分红。起初，磷化公司法定代表人刘某没有同意。为此，采矿证办下来后，陈某以各种理由推诿不办理矿山开工手续。为使陈某迅速办理采矿开工手续，刘某、何某同意了陈某提出的干股分红要求。随后，陈某办理了矿山开工的手续。

2011年3月，磷化公司将70%的股份对外转让。刘某、何某为感谢陈某在上述合作开发过程中的关照，商议送给陈某20万元以表感谢。当年8月，两人向陈某提出此事，陈某则提出10%干股分红之事，刘某、何某便同意除送给陈某20万元之外，另加12万元的干股分红，后由何某通过银行转账方式将32万元转入陈某提供的其前妻的银行账户中。对此，陈某还是感到不满足，刘某、何某发觉后，当月又将陈某个人2006年向磷化公司借的80万元债务免除，作为干股分红送给了陈某。

2011年12月，检察机关接到群众举报，对陈某涉嫌受贿进行初查。同月19日，陈某向检察机关退赃75万元。2014年4月，陈某经侦查人员口头传唤接受了讯问，随后被刑事拘留、逮捕。受审时，陈某的辩护人提出，陈某在检察机关立案前退出的75万元，系主动退还，不应认定为受贿。法院认为其当时是受举报被查处而上缴，辩护意见不能成立。辩护人还提出32万元系转入陈某前妻的农行账户，不应认定为受贿款。法院经查，刘、何与陈某商量给付32万元时，陈某称其没有农行账户，遂向他们提供了前妻的农行账户，并要求他们将款转到该账户上。后来陈某也供述该卡系其以前妻的身份证办理的，卡仍由其在使用，其前妻并不知情；32万元转到该账户上后，使用、支配人均是陈某自己。故辩护人的该项辩护意见也不能成立。

综上，陈某利用职务上的便利，非法索取、收受他人贿赂共计112万元，已构成受贿罪。考虑到其具有退赃的酌定从轻处罚情节，法院依法判处陈某有期徒刑12年，追缴全部违法所得。

干股型受贿罪是指国家工作人员利用职务上的便利为请托人谋取利益，收受请托人提供的干股的行为。所谓干股就是指未出资而获得的股份。其具体表现方式有：

(1) 股份未实际转让，以股份分红名义获取利益的，实际获利数额应当认定为受贿数额。上述案例中陈某任钟祥一国有矿产公司总经理，是国有公司中从事公务的人员，属于国家工作人员。他利用自己职务上的便利，为磷化公司谋取利益。2005年磷化公司的刘某、何某为使采矿开工手续迅速办理完毕，同意了陈某提出的抽取其公司股份中10%的干股分红的要求，陈某随后办理了矿山开工手续，其行为属于"为请托人谋取利益"。同

第二章 贪污贿赂类犯罪

时,陈某利用自己身为国有矿产公司的总经理,向与其合作的磷化公司提出抽取磷化公司股份中的10%的干股分红的要求的行为也构成索贿。陈某实际上并未拥有磷化公司的股份,但其已经收受刘某、何某提供的干股分红。这一行为是"收受请托人提供的干股"。干股受贿的数额为92万元。2005年陈某利用自己作为国有矿产公司的总经理,以不予办理采矿开工手续为由,向刘某索取磷化公司股份中的10%的干股分红,起初,刘某并未同意,后无奈之下,同意其要求,但这一要求并未立即兑现,而是于2011年8月将12万元作为干股分红送给陈某。陈某对此并不满足,后刘某、何某将其2006年向磷化公司借的80万元债务免除,作为干股分红送给陈某。所以陈某收受的干股受贿数额为92万元,受贿数额应为92万元加上另外送的20万元,一共为112万元。

(2)进行了股权转让登记的,或者相关证据证明股份发生了实际转让的,受贿数额按转让行为时的股份价值计算,所分红利按受贿孳息处理。现年51岁的温某曾任番禺区石碁镇政府信息办副主任。2004年,为方便承接信息化建设工程,广州市某计算机有限公司沈某在温某未实际出资的情况下,让其挂名成为该公司股东并占有该公司10%的股份,每年获得红利1万元。2009年至2010年,温某利用其负责石碁镇信息化建设的职务便利,在该公司承接石碁镇一些网络及视频监控项目中给予帮助。2010年12月,沈某为感谢温某的帮助,以股份转让的名义,将温某持有的10%"干股"兑换为现金人民币30万元送给温某。2011年番禺区人民法院对温某收受他人"干股"一案作出裁定,温某犯受贿罪,受贿数额为35万元,依法被判处有期徒刑10年,并处没收财产5万元。

上述案例中,温某作为政府工作人员,属于干股受贿罪中的国家工作人员。他利用自己的职务,为沈某所在的计算机有限公司谋取利益。2009年到2010年,温某利用自己是政府信息办副主任而为沈某所在公司承接石碁镇一些网络及视频监控项目中时给予了帮助,其行为属于"利用职务上的便利,为请托人谋取利益"。计算机有限公司沈某在温某未出资的情况下,让其挂名成为该公司股东并占有该公司10%的股份,属于"未出资而享有股权",是干股受贿中的"干股"。其干股受贿数额为35万元。2004年时,沈某使温某挂名成为该公司股东,享有10%的股份,而且每年有1万元的分红。往后一直到2009年,共5年,故温某收受的红利为5万元。其在该公司占有的股份已兑换成现金人民币30万元,且温某也已收下,所以温某一共收受贿款35万元。综上可知,温某干股受贿数额为35万元。

　　干股受贿行为的出现是不正常的,是违反常规的。这一现象之所以出现的一个重要原因就是人类对于金钱的占有欲。公司为什么要免费给予国家工作人员股权呢?天下没有免费的午餐,公司是要用小利益换取国家工作人员手中的权力,以此获得更大的商业利益。国家工作人员在利用手中的权力为他人谋取商业利益的同时,自己也获得了金钱利益,这实质上就是权力和金钱的交易,此时的权力已经成为国家工作人员获取巨额财产利益的一种途径。这种权力与金钱的交易将会使人民不再信赖国家机关,进一步导致各项正常活动难以展开,腐败成风,贿赂盛行。

二十八

挂名领薪构成受贿

  2015年3月，中国第一汽车集团公司原党委书记、董事长徐某一，因严重违纪被开除党籍和公职，同时依法对徐某一以涉嫌受贿罪立案侦查并依法采取强制措施。在检察机关的指控中，徐某一在担任中国第一汽车制造集团党委书记、董事长期间，利用职务上的便利为请托人原一汽大众销售公司副总经理静某松的升职予以帮助，即在静某松不具备副总经理候选人资格的情况下，私自更换候选人名单，并通过其他一系列操纵使得静某松顺利成为副总经理，其后静某松在其母亲公司，即北京发展国际集团，为徐某一之子安排了公关部经理助理一职。这一看似普通职务的背后却隐藏着惊人秘密：徐某一之子的普通助理职位享受着年薪200万元的待遇。检察机关认为徐某一和其子的共同利益关系以及其利用职权为请托人静某松谋取不正当利益的行为完全符合受贿罪的构成要件，因此检察机关对徐某一以受贿罪进行指控。

  在刑法上，我们通常将这种受贿定义为干薪型受贿。所谓干薪型受贿，就是国家工作人员利用职务上的便利为请托人谋取利

益，要求或者接受请托人以给特定关系人（与国家工作人员有近亲属、情妇、情夫以及其他共同利益关系的人）安排工作为名，使特定关系人不实际工作却获得所谓薪酬的，以受贿论处。《最高人民法院、最高人民检察院关于办理受贿刑事案件适用法律若干问题的意见》对七种新型受贿罪的法律使用问题作出了明确规定，其目的是对层出不穷的新型受贿手段给予有效的打击。该意见第6条规定："国家工作人员利用职务上的便利为请托人谋取利益，要求或者接受请托人以给特定关系人安排工作为名，使特定关系人不实际工作却获取所谓薪酬的，以受贿论处。"在干薪型受贿问题的解释及干薪型受贿的定义上，我们需要特别注意两点：一是"特定关系人"的范围界定问题；二是对特定关系人挂名领取薪酬问题的理解。

该案中徐某一和其子的关系，属于《最高人民法院、最高人民检察院关于办理受贿刑事案件适用法律若干问题的意见》中的"特定关系人"。所谓"特定关系人"，是指与国家工作人员有近亲属、情夫、情妇以及其他共同利益关系的人。根据我国民法规定，近亲属指父母、配偶、子女、兄弟姐妹、祖父母、外祖父母，这一点当无异议。所谓情妇（夫）一般指行为人的配偶之外，长期与行为人保持不正当性关系的人。而认定是否属于"特定关系人"，关键在于该第三人是否与国家工作人员有共同利益关系。对于共同利益关系的理解，应注意把握两点：一是共同利益关系主要是指经济利益关系，纯粹的同学、同事、朋友关系不属于共同利益关系；二是共同利益关系不限于共同财产关系。在该案中徐某一和其子的父子关系决定了他们的共同利益关系，即通常一般人认为的一家人的财产可以共用的说法，因此检察机关把徐某一之子作为其"特定关系人"并无不妥。

关于特定关系人挂名领取薪酬的理解，学界存在着争议。有意见认为，国家工作人员要求或者接受他人给特定关系人安排工作的情况较为复杂，且与直接接受财物有区别，能否定为受贿，应区分情况分别定性处理：（1）如果特定关系人是"挂名"领取薪酬的，应当认定国家工作人员受贿。受贿数额为特定关系人实际领取的薪酬数额。（2）如果特定关系人虽然参与工作，但领取的薪酬明显高于该职位正常薪酬水平的，应当认定国家工作人员受贿。受贿数额为特定关系人实际领取的薪酬与正常薪酬的差额。（3）如果特定关系人是正常工作和领取薪酬的，对国家工作人员要求或者同意受益人给特定关系人安排工作的行为一般不宜认定为受贿。对于第（1）种、第（3）种情形，大部分人的意见都比较一致；但是对于第（2）种情形却形成了两个相对立的观点，该案中徐某一之子恰恰属于第（2）种情形。针对第（2）种情形：第一种观点认为应以受贿处理，在特定关系人实际从事工作的情况下，特定关系人的薪酬明显超出其应得利益的，对国家工作人员的行为性质也会产生影响，这与以交易形式收受贿赂问题性质上一样。即如果中国一线城市上市公司公关部经理助理的报酬是30万元，而之子在此职位上却有200万元的报酬，明显超出正常工资报酬，那么就应定徐某一行为构成干薪型受贿。受贿的数额应是实际报酬减去应得报酬，即徐某一受贿170万元。第二种观点认为，特定关系人虽然参与工作但领取的薪酬明显高于该职位正常薪酬水平的，其性质属于变相受贿，但考虑到当前一些企业，尤其是私营企业薪酬发放不规范，认定薪酬是否明显不成比例，实践中存在一定难度，所以不应认定为受贿行为。即徐某一之子实际在请托人母亲的公司工作，薪酬虽然远远超过一线城市对于该职位的薪酬，但是考虑到私营企业薪酬发放不规范，有可能是 30 万元的薪酬，另外的 170 万元作为公司给员工的奖金和福利对徐某一之子进行发放，所以很难认定报酬明显不成比例，不应认定为受贿。这种观点现已基本上不被认可。

  该案中，徐某一利用职务便利为请托人谋取不正当利益，并接受请托人为其子提供的薪酬明显高于应得报酬的工作。法院在一审中判决徐某一受贿罪成立，受贿金额为 170 万元人民币。法院认为，徐某一和其子的"特定关系人"身份决定了他们的共同利益，徐某一在为请托人谋取不正当利益后接受请托人为其子安排工作，但报酬远远高于应得利益的行为完全符合受贿罪的构成要件，应以受贿罪论处。

二十九

新型受贿之：合作投资型

2013年，佛山市政协的一项调研牵出了王某强案。当时，佛山市政协对佛山部分汽车检测站进行实体调研发现，佛山车辆年审存在"花高价请中介代办"的现象。随着佛山市纪委和佛山市检察院的介入，佛山机动车年审黑幕逐渐被拉开。因在检测站中持干股、享分红，53岁的佛山市公安局副局长王某强于2013年10月"落马"。法院审理查明：1997年至2013年，王某强先后任佛山市公安局车管所副所长、所长；交警支队副支队长、支队长和公安局副局长等职。任职期间，王某强利用职务上的便利，为他人谋取利益。2004年，王某强在任佛山市公安局交警支队副支队长时，接受佛山一家机动车检测公司经营者甄某勇以"投资分红"名义所送的人民币164万元及美元、欧元各5 000元，而先期王某强曾"投资"6万元，后被甄退回。后来，他采用同样方式，接受另一家摩托车检测公司和检测站实际经营者以"投资分红"名义送来的170万元（先期王某强曾"投资"20万元，后被退回）。王某强身为国家工作人员，利用职务便利,非法收受他人财物,为他人谋取利益,其行为已构成受贿罪。

该案审判长解释,以"合作投资"为幌子,把直接收受财物伪装成"投资"形式,但其利用职务便利,为他人谋取利益的本质不会发生变化,因此不影响受贿罪的定性。

根据《最高人民法院、最高人民检察院关于办理受贿刑事案件适用法律若干问题的意见》第3条规定,国家工作人员利用职务便利为请托人谋取利益,由请托人出资,"合作"开办公司或进行其他"合作"投资的;或者以合作开办公司或其他合作投资的名义获取"利润",没有实际出资和参与管理、经营的,以受贿论处。受贿数额为请托人给国家工作人员的出资额。

国家工作人员一般都有一定的文化素养,也学习法律,不会愚蠢地按照法律或司法解释中的典型犯罪类型去犯罪,而是想尽办法规避惩处。在王某强案中我们遇到的情况是:利用了职务上的便利为请托人谋取了利益,并以合作开办公司或者其他合作投资名义获取了"利润",但辩解其有实际出资或是参与了管理、经营,对此我们该做如何认定呢?

(1)对有实际投资行为的判断。当前的政策和法律是鼓励合法理财投资、取得合理利润的。但君子爱财,取之有道。是否是取之有道,我们可以从以下几个方面进行审查:一是审查投资行为是否在客观上存在。在实践中我们经常遇到王某强这种情况,即国家工作人员先出资入股,后请托人原数奉还,貌似是在投资,但从头到尾,国家工作人员并未实际投资,其实质上属于《最高人民法院、最高人民检察院关于办理受贿刑事案件适用法律若干问题的意见》中规定的"没有实际出资",却实际获得了"利润"的情形,对该种投资行为,应当以受贿论。二是审查投资行为是否为正常的市场行为。我们都知道投资行为是利益和风险并存的一种市场行为。因此,合作投资的各方除了共享利益外,还必须共担风险。以王某强案为例,请托人无论盈亏,王某强总是盈利。这种只出资但不承担投资风险的行为,不符合"投资"的本质,其行为构成受贿罪。三是审查投资分得的利润是否明显高过正常收益。正常情况下,投资人分得的利润应与公司企业的盈利水平持平或略高,只要审查公司账目,各投资人的分红就一目了然。

(2)关于参与管理、经营行为的判断。要弄清这个问题,可以从以下几个方面着手审查:一是审查国家工作人员是否知道公司企业具体情况,包括公司企业的经营范围、经营期限以及公司股东情况。一般而言,在此类的案件中,国家工作人员是打着合作投资的幌子以达到受贿的真正目的,并不关心公司的具体经营情况,更不用说参与公司的管理经营,更有甚者连公司的营业场所、经营范围都不清楚。因此,我们可以从这一方面判断国家工作人员有否参与公司的管理经营。二是审查公司企业的股东会议纪录。从会议记录中,可以直截了当地看出参加会议的人员中是否有国家工作人员的名单,从而进行判断。三是参与经营、管理行为后,所分利润是否明显超过正常收益。对该点的判断同投资行为的判断相同,查账本即可。

综上所述,"是否实际出资""是否共担风险""是否为合作人谋取利益或利用影响力为合作人谋取利益",是判断合作投资后分红罪与非罪的重要标准。如果官员不担风险只想盈利或投资后撤资仍享受分红,则涉嫌合作投资型受贿。若党政干部按照正常的市场规则"共同投资、共同经营、共担风险、共享盈利",虽然是真正的合作,但违背了国家工作人员不得经商、办企业的规定,属于违纪。

三十

新型受贿之：委托理财型

2000年11月至2004年9月，被告人于某豹在担任乌鲁木齐市计划委员会主任期间，多次在宏源大厦项目审批和固定资产调节税税率减让等方面给予德隆公司便利。之后，于某豹通过理财名义，于2001年4月付给德隆公司100万元的"投资款"，双方约定投资期限为两年。之后德隆公司在2003年4月一次性付给于某豹投资本金和投资收入共计340万元，双方合作结束。但是，按照当时中国的股票和证券行情，一般基金经理投资100万元在两年内的盈利在40万元左右。除此以外，在此期间，于某豹还多次以出国、购买机票、治疗疾病、借款等借口，共收受贿赂款人民币71.45万元、1 000美元。

乌鲁木齐市人民检察院经过调查，向乌鲁木齐市人民中级人民法院提起公诉，控告被告人于某豹受贿罪，乌鲁木齐市中级人民法院依法公开审理了此案。经过审理，乌鲁木齐市中级人民法院认为：于某豹收受人民币71.45万元、1 000美元，构成受贿罪。但是他以投资回报的形式从德隆公司领取的"投资回报款"340万元，虽有不当，但并未犯法，根据现有的证据不能证明

340万元是受贿款项,因此判处被告于某豹有期徒刑13年,剥夺政治权利2年。

在一审宣判之后,公诉机关认为,被告于某豹以向德隆公司投资100万元为手段,索取高额回报340万元的行为已构成受贿罪,受贿数额为200万元,即340万元减去于某豹的本金100万元,再减去于某豹投资应得到的40万元。于是公诉机关向新疆维吾尔自治区高级人民法院提出抗诉。

二审法院认为:于某豹因其具有市计委主任的职权,和德隆公司之间形成的不是平等主体之间的关系,而是管理者和被管理者的关系。在于某豹委托德隆公司100万元的投资款期间,双方存在着重大的利益关系,且于某豹在此期间多次利用职务之便为德隆公司谋取利益。于某豹委托德隆公司投资理财100万元,无非是因为他曾向德隆公司提供过很多方便,想借此机会从德隆公司得到好处。因此,这340万元中的200万元应当被认定为受贿款。于某豹委托德隆公司理财得到明显高于一般理财收入的行为构成委托理财型受贿罪的抗诉意见成立,予以支持。二审法院改判于某豹无期徒刑,剥夺政治权利终身,犯罪所得予以追缴。

依据《最高人民法院、最高人民检察院关于办理受贿刑事案件适用法律若干问题的意见》第4条规定,国家工作人员利用职务上的便利为请托人谋取利益,以委托请托人投资证券、期货或者其他委托理财的名义,未实际出资而获取收益,或者虽然出资但获取收益明显高于出资应得收益的,以受贿论处。受贿数额,前一情形,以收益额计算;后一情形,以收益额与出资应得收益额的差额计算。在该案中,关于于某豹收受贿赂款71.45万元、1 000美元,是没有争议的,这确实已经构成了受贿罪。但是有争议的就是于某豹以投资形式获得的收益340万元是否属于受贿款。

一审判决认为该340万元不是被告于某豹的受贿款，主要基于以下理由：第一，德隆公司或许有理财能力。虽然德隆公司本身没有代理客户理财的资格，但是它的子公司涉及代客理财业务，所以德隆公司具备代客理财能力。第二，被告人于某豹有正当投资的可能性。为了获取收益而进行投资、委托理财，这是每个人都拥有的权利，不能因为于某豹是从事公务的国家工作人员，而全盘否定从事投资行为的正当性。所以，一审法院没有认定该340万元是于某豹以委托理财为名获得的受贿款项。

二审经审理判决该340万元是被告于某豹以投资为名接受贿赂的款项，判决的理由是：被告于某豹利用职务和德隆公司之间形成了管理和被管理的关系，以投资为名来收取高额回报，这是变相的索取贿赂的行为，构成受贿罪。第一，正当的投资理财是平等主体之间的民事行为。于某豹利用其在担任乌鲁木齐市计划委员会主任时，利用职务上的便利，为德隆公司谋取了不少利益，如果于某豹没有该职务，他是不可能向德隆公司要求向其投资的，而德隆公司由于自己曾受过于某豹不少好处，不敢反对。可以看出双方的地位并不平等，而是管理者和被管理者之间的行为。第二，正当的投资理财行为是双方合意、表示一致的结果。而在该案中，有关投资的所有事项，从投资的具体内容到投资的固定利息均由于某豹一人提出，德隆公司迫于压力只能服从。可见所谓的投资行为并非是双方合意、表示一致的结果。第三，正当的投资理财应当有合理的投资项目、投资期限，接受投资方也应该有接受投资的合法资格。从投资项目、投资期限看，双方均未约定。只是于某豹给了德隆公司100万元委托理财，从接受投资方资格来看，德隆公司并没有接受投资的合法资格，而是德隆

公司下属分公司有从事理财业务。

笔者认为二审的改判更为合理。第一，于某豹和德隆公司的地位不平等，二者是管理者与被管理者的关系，而不是平等主体的关系，正是由于这种不平等的地位，被告于某豹才会自拟协议，自定回报率及投资期限，而对方德隆公司基于于某豹职位的震慑，也只能被迫答应。第二，于某豹在德隆公司投资100万元并约定投资率不是双方合意的结果，是于某豹自己的意思。第三，德隆公司没有可以接受投资的合法资格，双方也没有约定投资期限和投资项目，因此是不符合正当投资条件的。经过上述分析，可以得出以下结论：于某豹签订委托理财合同又自定固定投资回报率的行为，既不属于委托理财，也不属于民间借贷，而是在投资理财掩饰下的"权钱交易"受贿行为；于某豹主观上明知其收受财物的贿赂性，也明知对方给付的"投资回报款"是对其先前职务行为的不正当报酬，具有主观的故意；德隆公司支付给于某豹的340万元中，减去本金100万元和其应得收入的40万元之后，剩余的200万元应当应定为受贿数额

根据我国相关司法意见，国家工作人员未实际出资，却以委托请托人投资证券、期货或者以其他委托理财的名义获取"收益"，变相收受他人财物的，以受贿论处。可见委托理财型受贿还包含其他情况。例如，刘某利用担任海关关长职务之便，为某公司赵某走私进口商品提供方便，使得该公司偷逃国家税款8 000多万元，赵某为"报答"，以帮刘某炒股的名义给刘某所谓的"收益"300多万元，但是刘某根本就没有出资。在国家工作人员以委托理财的名义，未实际出资而获取"收益"的情况下，理财中的"财"根本无法体现。其所谓"收益"是不可能产生于投资资金的。"受托人"在没有取得投资资金的情况下，仍然

将"收益"奉上。原因就是在于国家工作人员已经或者许诺利用自己的职务便利为其谋取利益。所谓的"收益"实则是"权钱交易"中对价的体现。此时,国家工作人员是在以委托理财之名,行受贿之实,这其实就是"空手套白狼"。

通过以上分析,我们认识到了委托理财型受贿这类犯罪的隐蔽性和新颖性。关于该类犯罪的认定,我们应该注意对"明显高于出资应得收益"的分析,如何认定受贿的主观故意,委托理财型受贿行为与委托理财行为的区别等问题。由于委托理财型受贿极具投资隐蔽性,我们还要特别注意委托理财型受贿与正当投资理财行为的区别。正当投资理财行为的构成要素是:第一,正当的投资行为是平等主体间的民事行为,而非上下级、管理与被管理等不平等主体关系;第二,正当的投资行为是双方合意、意思表示一致的结果,而非单方要求;第三,正当的投资应当有合理的投资期限、投资项目,接受投资方也有接受投资的合法资格。而委托理财型受贿则不具有以上构成要素。

万变不离其宗,无论犯罪分子多么狡猾,受贿手段多么新颖,但都离不开受贿罪的本质特征,即权钱交易。在现实生活中委托理财型受贿与正当的投资行为容易混淆,不易区分。我们要从根本上把握权钱交易这一本质,以便准确认定委托理财型受贿,从而严厉打击和有效惩处新型受贿犯罪。

三十一

新型受贿之：有情后补型

有情后补型受贿是指国家工作人员利用职务上的便利，为请托人谋取利益，事情办成后或离职后收受请托人的财物的受贿行为。

案例一：河北隆化县委组织部原部长陈某军被承德市中级人民法院以受贿、贪污、私分国有资产等罪名终审判处有期徒刑11年。在陈某军贪腐案中，基层股级干部想要提拔成副科级，也要向其行贿。这些行贿者一般在事前给陈某军送钱，往往会遭到一轮"婉拒"。而在真正被提拔后再送钱时，陈某军则会坦然接受。隆化县偏坡营乡一名干部说，2011年他在隆化县中关镇工作期间，想通过提拔副科级干部的方式转为公务员，请陈某军帮忙照顾。送去了1万元现金，但陈某军很快退回来了。2011年3月，他被提拔为偏坡营乡组宣部长，两个月后送给陈某军2万元，这次钱被收下了。2011年4月，隆化县民政局一名股长为提拔为副科级干部，找陈某军帮忙，后来被提职调任为隆化县城乡建设协调办公室副主任。陈某军在接受调查时供述："他第一次拿了2万元去我办公室，让我在提拔使用干部上照顾他，我让司机给退回去了。后来，他提职后有两个春节来看望我，一共给我拿了2万元。"隆化县盐业公司原经理为提拔为副科级干部，先后两次给陈某军送钱。第一次送了3万元，被陈某军的司机退回。后来提拔为隆化县工会副主席后，这名经理又送给陈某军6万元。这一次，陈某军收下了钱。

案例二：2015年8月11日某市中级人民法院开庭审理某市公安局原局长钟某受贿一案。据检察机关起诉，钟某先后利用其担任某市人民法院院长、某市副市长兼公安局局长的职务便利，为他人职务晋升方面谋取利益。2013年6月，钟某接受下属孟某请托，为孟某在职务晋升上提供帮助，约定在钟某退休后给其6万元以表示感谢。2013年7月10日孟某被提拔为市公安局交警中队长。2014年9月钟某退休，在同年11月孟某给钟某送来约定的6万元，钱被钟某收下了。钟某被法院以受贿罪判处有期徒刑6年。

有情后补型受贿的方式有两种：（1）事情办成后立即收受财物，是指在帮助请托人谋取私利后且未离职时收受财物的行为。像案例一中的陈某军，他接受财物的时间是在事情办成后。事前请托人向其行贿时，陈某军"委婉"拒绝，但在请托人获得私利后再向其行贿时，陈某军坦然接受了。陈某军在事情办成后立即收受财物的受贿行为属于有情后补型受贿。（2）表示接受请托并约定在离职后收受财物。不管事前是否有约定，只要在离职后收受请托人财物的，都视为事前已经约定。在案例二中，钟某接受了孟某所托并约定在钟某离职后接受财物，孟某并如约表示"感谢"，钟某的这种行为是符合有情后补型受贿的认定的。

表示接受请托并约定在离职后收受财物和利用影响力受贿的

区别在于主体不同和客观方面不同。利用影响力受贿是指国家工作人员或者其近亲属以及其他与其关系密切的人，利用国家工作人员职权或者地位形成的便利条件受贿的行为。利用影响力受贿罪的主体是国家工作人员的关系密切人、离职的国家工作人员及其关系密切人，而有情后补型受贿的主体直接为国家工作人员自己。行为人利用影响力，为他人谋取不正当利益，获取或者索取财物，也严重侵犯了国家工作人员的职务廉洁性以及国家机关、国有企事业单位的正常工作秩序，属于一种特殊的受贿犯罪。

　　有情后补型是一种新型的受贿方式。这种新型受贿方式的突出表现是：事前不收受请托人的财物，在事后或约定在离职后收受财物的行为。不管这种受贿方式有多么新颖，多么难以认定，但当我们剥离了它的外衣之后，可以看到它带来的恶性效果和平常的受贿没有什么本质区别。因此，国家工作人员应严格自律，廉洁从政，做到真正为老百姓谋福利，而不是被金钱蒙蔽了双眼。国家工作人员需正确行使手中的权力，不要让手中的权力成为工具。

三十二

新型受贿之：赌博型

福建省某县原县委书记林某好赌，在当地干部中流传这样一句话："天不怕地不怕，就怕林书记晚上打电话"。林某晚上没事时喜欢找干部或一些做生意的牌友打牌，接到电话的人都知道林书记想"赢钱"了。每次赌博，林书记都能神奇地"赢钱"。林某曾多次与包工头郑某进行赌博活动，一次林某与郑某以及郑某的朋友赌博时，郑某赢了 5 000 多元，结束时郑某便识趣地将赢的钱加上自己的钱凑足了 10 000 元送给林某。据有关部门查实，林某任县委书记期间以赌博的方式敛财高达 145 万元。林某的行为构成了赌博型受贿。

赌博型受贿是指国家工作人员利用职务上的便利，为请托人谋取利益，利用赌博的形式收受请托人的财物，构成受贿。

第一，从林某多次通过打电话邀请下级干部或做生意的牌友打牌的行为以及接到邀请的人的反应来看，可以得出林某的行为已经不仅仅是赌博，而是通过赌博隐藏受贿目的。

第二，从输赢钱物的具体情况和金额上看，一般赌博的输赢具有偶然性、不确定性，参赌的人想赢钱一是靠运气，二是靠牌

技。牌场上没有永远的赢家。而林某的赢钱却是必然的,即林某的"只赢不输"是不正常的。通过郑某的行为更加确定了这一点,郑某不是只将所有赢得的钱还给林某,而是凑足了10 000元送给林某。在一般的赌博活动中,也有赢了钱后,赢钱者将所赢钱返还给输钱者的情形,有些是因为有亲戚关系,有些是牌友之间关系较好,不好意思真赌钱所以最后返还,这些人所进行的就是一种单纯的娱乐活动。显而易见,林某和郑某之间并不属于这种情况。

第三,从赌博的背景、场合、时间、次数看。林某晚上没事就喜欢找人赌博,这属于是林某主动组织赌博活动。他是活动的发起者,对该活动处在一种主导和支配地位;而且不是因为偶尔想打牌了而组起来的牌局,而是有明确的目的性;"经查敛财145万元",可以看出林某进行这种受贿赌博的次数已经不可计数,并且一直用这种手段达到他受贿的目的。在分析赌博型受贿时,应对赌博与一般娱乐活动进行区分。一般娱乐活动,通常表现为不以营利为目的,进行带有少量财物输赢的娱乐活动,这种活动具有放松身心、陶冶情操或只是有单纯地图热闹的目的。如在小区中的老年活动中心里,退休在家的老人们平时没事就会去打麻将,赌注可能就是一块两块这种小额的面值。或者是在农村,农闲时的女人们就在家中搓个麻将,小玩一下。这种娱乐活动一般具有随机性并且涉及的金额较小。而赌博的性质较为恶劣,赌博活动中一般涉及的面值较大,赌注往往上万甚至数十万元,参赌者被大量金钱所刺激,更易陷入"赌赢了不收手,赌输了想翻盘"的博弈心理,一般较容易有借高利贷的情况出现。

第四,从其他赌博参与者有无事前通谋上看,赌博型受贿一

第二章 贪污贿赂类犯罪

般表现为对输赢结果的控制。林某与及郑某朋友一起赌博,郑某最后把钱只多不少地返还,他的朋友们也没有表现出什么意见,可以推认为他的朋友们是明知郑某会有返还赌资的行为,从而帮助林某实现受贿的目的。该案中,这一点表现得并不明显。如甲邀请土地局局长乙打麻将,甲提前告知另外两位牌友说:"哥几个,帮帮忙,一会赢了钱算你们的,输给乙的都算我头上。"这种就是赌博参与者事前有明显通谋的表现。

第五,从赌资上看,林某刚开始输的钱的确是自己的,但后来返还的赌资已经明显多于输的钱,这就不属于正常的娱乐活动了。郑某返还多出的部分甚至包括林某输的钱都可以视为请托人即郑某对林某行贿的数额。

第六,从是否具有利益关系上看,该案中,虽未明确说明郑某与林某之间存在何种利益关系,但是知道他们曾多次一起赌博,并且在这次赌博活动中,郑某又是识趣地凑足了一万元给林某,可以推知,两人之间只有存在某种利益联系时才可能进行这种带有受贿性质的赌博。

赌博型受贿是一种新型受贿的方式,在一些特殊环境和条件下,为使不正当的权钱交易顺利而安全地完成,交易双方精心安排并参与赌博,期间,求助者故意大把"输钱",以便日后获得各种好处;被求助者轻松地大把"赢钱"后,便利用职权为求助者消灾免难、谋取私利。"输"家心甘情愿,"赢"家心安理得,权钱交易,大家心知肚明。但对于这种新型受贿方式,仍然存在很多争议以及认定上的困难。无法明确国家工作人员进行赌博活动的性质,到底只是单纯的娱乐行为还是隐藏着受贿目的的不法活动是一个难题。但对于国家工作人员而言,一旦参赌就应受到党纪、政纪的处分,若情节严重涉及犯罪时,应该开除党籍，开除公职。因此，国家工作人员更应规范自己的行为，全心全意做人民的公仆。而政府部门要认真落实反腐行动，在司法上进行严格的把关，避免助长这种不正之风，建设更加清明的政治环境。

三十三

新型受贿之：借用型

2008年5月30日，山东省发展与改革委员会能源交通处原副处长陈某平因受贿罪被判处有期徒刑9年，此案成为济南市首起因"借用"汽车而被判受贿罪的案例。2002年3月，陈某平到一家公司考察项目，在酒宴上，陈某平对公司经理提出想借用一辆汽车。陈某平走后，公司经理赶紧花17.8万元买了一辆崭新的桑塔纳2000轿车，配好牌照、办妥手续后马上送到陈某平手中。2003年，陈某平到山东省肥城市挂职副市长。当地给他配备了一辆公车，陈某平没有把这辆桑塔纳2000轿车物归原主，而是转手送给了自己的内弟吴某，直到案发时"借车"已有5年。

陈某平在该案中，以职务之便，收受财物中饱私囊，虽名为"借用"，实则据为己有。对于"借用"的性质，法律界存在不同的看法。有人认为，陈某平虽然"借用"了汽车，但汽车的所有权没有变更，以此定受贿罪似有不妥。笔者认为，陈某平的行为构成受贿罪。

第一，该案侵犯的客体是国家工作人员的职务廉洁性，钱权交易是受贿类犯罪的本质特征和社会危害性所在。陈某平当时任山东省发展与改革委员会能源交通处副处长，对于所考察公司项目具有很大作用。先前陈某平与公司并无任何交集，只是因为这次考察双方才有所联系。陈某平提出想借用汽车一事后，公司对于陈某平的实际意图心领神会，并买了新的汽车送与。可见，双方最初已经有了钱权交易的主观明知。

第二，陈某平在考察过程中有利用自己职务便利向公司索要贿赂的故意。如果只是简单的借用汽车，并不是利用权势获得利益，那么陈某平在升任山东省肥城市挂职副市长并配备公车后就理应马上归还借用的汽车。但陈某平并没有任何归还的意思，而是将汽车转手送给了自己的内弟吴某。可见在陈某平的内心里已经认定这辆车的归属权属于他，进一步说明了他"以借为名、实为受贿"的主观心态。

《最高人民法院、最高人民检察院关于办理受贿刑事案件适用法律若干问题的意见》第8条第1款指出：国家工作人员利用职务上的便利为请托人谋取利益，收受请托人房屋、汽车等物品，未变更权属登记或者借用他人名义办理权属变更登记的，不影响受贿的认定。按照该规定，陈某平利用职务便利关系向单位"借用"汽车已经构成了刑法上的事实占有，即使汽车所有权没有变更，也不影响受贿罪的成立。

借用型的受贿是一种新型的受贿罪，在日常生活中存在许多假借借用财物等合法形式来掩盖受贿本质的犯罪行为。在分析此类案情时，应仔细区分是借用还是受贿。《最高人民法院、最高人民检察院关于办理受贿刑事案件适用法律若干问题的意见》第8条第2款明确规定，认定以房屋、汽车等物品为对象的受贿，应注意与借用的区分。具体认定时，除双方交代或者书面协议之外，主要应当结合以下因素进行判断：一是有无借用的合理事由。二是是否实际使用。三是借用时间的长短。四是有无归还的条件。五是有无归还的意思表示及行为。具体分析如下：（1）有无借用的合理事由：这里要注意正常的借用应表现为其借用的理由是正当合理的，期限也是合乎常理的；而以"借用"为名的受贿显然无论从借用理由上还是借用期间上都与常理相悖。（2）是否实际使用：正常的借用必然要实际使用借用物；而以"借用"为名的受贿行为却往往是自己不实际使用，或者将借用物出租或闲置。（3）借用时间的长短：正常的借用往往是临时性短暂性的行为；而以"借用"为名的受贿，因出借方的故意送和借用方的有意收导致借用人长期使用借用物。（4）有无归还的条件：正常借用通常约定了归还条件；而以"借用"为名的受贿，借用人很有可能将借用物如房屋、汽车等财物进行变卖或赠与他人，从而丧失归还条件。（5）有无归还的意思表示及行为：正常的借用，因借用方是急需使用，通常是短时期借用后即归还出借方；而以"借用"为名的受贿，借用人取得财物后，由于出借方的"主动"出借财物，故借用人不会有归还的意思表示。当然也有可能逢场作戏似的口头要归还，但受贿方和行贿方都心知肚明受贿方是不会归还财物的。

此外，2003年最高人民法院颁布的《全国法院审理经济犯罪案件工作座谈会议纪要》也明确规定了在对以借为名收受贿赂的行为进行认定过程中，可以用刑事推定的方法进行认定。即在具体认定时，不能仅凭双方当事人的说辞，或是仅看有无书面借款手续，还要结合有无正当、合理的借款事由，双方关系，有无归还的意思和行为等多个方面对行为的主客观要素进行综合考量。这实际上就是以司法解释的形式明确了在贿赂犯罪的认定中，运用刑事推定原则的正当性。因此，我们在借用型受贿案件认定中，也可以按照刑事推定来认定。

把他人的拿来当作自己的，以借用为名，行占有之实，明明是受贿，却还想披着合法的外衣，这样的人等待他们的必将是法律的严惩。

三十四

雅贿不雅

　　1992年,邹某新在担任浙江省龙泉市委常委时,分工联系龙泉市青瓷研究所。喜好收藏青瓷、石雕、根雕等工艺美术品的邹某新经常和青瓷界的一些省级、国家级工艺美术大师打交道,不但耳濡目染懂得了一些青瓷知识,且颇为懂行。在任丽水市建设局副局长期间,邹某新是当地江滨区块旧城改造拆迁的主要负责人。当时孙某是浙江一家建工集团公司丽水分公司经理,多年来一直在丽水从事建筑工程。当他得知邹某新担任丽水市建筑行业行政主管部门的领导后,便想方设法与其套近乎。2004年上半年和2005年上半年,孙某趁陪同邹某新到绍兴兰亭和杭州机场路的花卉市场观看兰花展之机,花费3 000元买下几盆兰花送给了邹某新。此后,邹某新和孙某的关系就亲密起来。2007年三四月的一天,孙某邀请邹某新一起去龙泉市看青瓷,邹某新在一工艺美术大师家里看中了一个青瓷三环瓶,拿在手上爱不释手,孙某便大方地以1.5万元买下这个三环瓶送给了他。想得到邹某新关照的建筑商不仅是孙某。2006年下半年,丽水市一家房地产开发有限公司董事长马某在一个开古玩店朋友的陪同下,在金华市古玩市场花 10 000 多元买了个三脚香炉青瓷,然后来到邹某新家里给"领导鉴赏"。邹某新拿放大镜仔细查看了一番后,认定这个香炉是元代的。马某趁机说:"这个香炉就送给你了。"邹某新稍作推辞就收下了。

对石雕、根雕也有着浓厚兴趣的邹某新,一有机会就想从人家那里收受点这类"小礼品"。浙江省青田县的山口镇有个石雕城,2004 年上半年的一天,邹某新在青田开会,浙江一家建筑工程有限公司董事长王某得知后便陪他去石雕城看石雕。邹某新在王某朋友的店里看到一件黄色石雕很有特色,便拿在手上看了又看。王某见邹某新喜欢,便花 11 000 元买下这个石雕送给了邹某新。丽水一家房屋开发公司董事长得知邹某新喜爱青瓷、石雕和根雕,特意买来这些小玩意放在自己办公室,以"请领导鉴赏"为名盛情邀请邹某新前来观赏。当邹某新说这件东西不错时,对方马上就说:"你喜欢就送给你!"如此这般,邹某新不仅收下了一件又一件价值几千元的"小礼品",还收受了价值几万元的古董青瓷,前后共计 20 余件,价值 17 万余元。作为回报,邹某新利用职务便利,为建筑商或房产企业在工程招投标、平时监管、预售证发放、资质等级评审以及工程验收、质量评比等环节给予关照。

2009 年 7 月 28 日浙江省丽水市建设局原副局长邹某新因受贿 50.59 万余元,被法院一审以受贿罪判处有期徒刑 12 年 6 个月,并处没收财产 10 万元,全部赃款予以上缴国库。该案中邹某新收受贿赂的方式称为雅贿。雅贿属于受贿,只不过雅贿的受贿形式和平常的受贿不太一样,行贿人不再送官员真金白银、香车豪宅和有价证券,改而送天价香烟、名家字画、珍奇古玩、周鼎宋瓷等艺术品。雅贿和其他受贿在本质和定罪量刑情节上是相

第二章　贪污贿赂类犯罪

同的,仅仅在行贿手段、行贿物上有所差别。

雅贿的方式主要有以下几种:

(1) 赠送贵重的文艺品。主要指行贿人的行贿物不是真金白银,而是一些看着比较文雅并且实际价值很高的艺术品,如名家字画、古玩等物品。像邹某新所接受的赠品中孙某送的兰花、青瓷三环瓶,王某送的石雕和其他房地产老板送的根雕青瓷等都是艺术品。例如浙江省杭州市原副市长许某永落马后,在其家中搜出玉器宝石无数,还有齐白石、范曾等大量名家的字画,这些物品价值很高,是贵重的艺术品。许某永的行为也叫雅贿。

(2) 购买人家的收藏品。此行为具体分两种情况:一是想要行贿的人以明显高于物品实际市场价格的价钱来购买国家工作人员的收藏品;二是国家工作人员以明显低于物品实际市场价格的价钱来购买人家的收藏品。如福建省原工商局局长周某伙爱好收藏寿山石,当时福州近30年出土的寿山石差不多有三分之一都被他收藏,并且利用各种手段炒高寿山石的价格,然后再将寿山石卖出以获取更多的金钱。像周某伙这种通过各种手段抬高自己的收藏品价格再出售获取更多利益的行为就属于购买人家的收藏品。这也是雅贿的一种方式。

(3) 参与比较文雅的事务,获取高于此事务应有报酬的高报酬。如参加各种讲座、题字等活动并且获取比此活动实际报酬高很多的高报酬。江西省人民代表大会常务委员会原副主任陈某众喜欢到处给各个单位题字,这个看似是好事,其实不然。他每次题字后都会获取很高的报酬,表面上看是应得报酬,其实是受贿。

由于雅贿的行贿物品不是具体的钱财,在将雅贿作为定罪量刑依据时,应贯彻主客观相一致的原则,既不能主观归罪,也不

— 137 —

能客观归罪。如果行贿者和受贿者都认为物品是真品的时候，那么受贿者就是主观故意，就根据真品的价格来认定双方行贿和受贿的数额；如果送的是高仿品，价格也就数百元或者数千元，通过调查得知双方都明知物品并非真品，只是一种礼尚往来和雅趣，那么就按仿品的数额对受贿者进行定罪。

雅贿，不管它的外在形态和表现形式如何的附庸风雅，关键还在于"贿"上，受贿人和行贿人都觉得没有直接的金钱往来，只是或送或收一件物品。无可厚非。而当我们剥离了它华丽的外衣后，会发现：它带来的恶果和平常的贿赂没有什么本质上的区别，雅贿其实"不雅"。

三十五

贿款交公的法律后果

2003年11月,大众公司董事长李某与龙辉公司总经理陈某,一起以骏达公司的名义,承建了长寿化工园区一期土石方平基工程。该工程甲方为化工园区开发建设公司,郑某当时担任该工程甲方代表,对工程进度、质量、拨款等各个方面进行管理监督。为了让郑某在该工程的建设过程中及以后给予照顾,2004年的一天,李某约郑某见面,并送上好处费5万元。此外,2010年至2011年,长龙公司在长寿化工园区承建多个绿化工程项目。此时,郑某已担任长寿化工园区管委会纪工委书记,分管园区绿化工程建设。长龙公司总经理刘某为了在该工程的建设过程中得到郑某照顾,在2010年4月至2011年3月,以吃饭、打牌、拜年等名义9次送给郑某现金共计5.6万元。2011年上半年,李某因涉嫌行贿被公安机关抓获。郑某在得知这一消息后,因害怕受牵连主动向长寿区纪委亲笔书写了自述材料,交代了收受李某5万元好处费的事实,并将赃款5万元上缴到廉政账户。当月,为掩饰收受刘某好处费的事实,郑某又约见刘某,并退还刘某2万元现金。

郑某受贿中涉及了贿款交公,《最高人民法院、最高人民检察院关于办理受贿刑事案件适用法律若干问题的意见》第 9 条第 2 款规定:"国家工作人员收受请托人财物后及时退还或者上缴的,不是受贿。国家工作人员受贿后,因自身或者其受贿有关联的人、事被查处,为掩饰犯罪而退还或者上缴的,不影响认定受贿罪"。李某因涉嫌行贿被公安机关抓获后,郑某因害怕受牵连将受贿款上缴到廉政账户,但是此行为不影响受贿罪的成立,法院以受贿罪一审判处有期徒刑 10 年。

对于贿款交公要从以下几个方面分析,第一,受贿所得由谁交?第二,受贿所得的什么时候交?第三,受贿所得的交给谁?第四,将贿款作为公益捐赠是否属于上缴?

第一,受贿所得由谁交?在前述案件中,郑某因害怕受牵连而将贿款 5 万元上缴。受贿所得的贿款可以由受贿人亲自上缴,也可以委托其亲属上缴,但是其亲属在受贿人不知道的情况下,偷偷将贿款上缴的,不属于上缴。什么样的人属于受贿人?受贿人是利用职务上的便利,索取他人财物,或者非法收受他人财物,为他人谋取利益的国家工作人员。国家工作人员包括当然的国家工作人员,即在国家机关中从事公务的人员;拟定的国家工作人员,即国有公司、企事业单位、人民团体中从事公务的人员和国家机关、国有公司、企事业单位委派到非国有公司、企事业单位、社会团体从事公务的人员,以及其他依照法律从事公务的人员。

第二,受贿所得什么时候交?郑某 2004 年接受李某的贿款,2011 年上半年李某因涉嫌行贿被公安机关抓获,郑某因害怕受到牵连而上缴贿款。郑某受贿后没及时、主动上缴贿赂款,事隔 7 年才上缴贿款,已构成受贿罪。受贿所得要及时上缴,怎样才是及时？主动性、及时性是及时的两个条件。主动性是及时的主观条件，即要求行为人退还或上缴财物是主动的，而不是被动的，只有具有主动性才能表明其没有受贿的犯罪故意。也正因为如此，《最高人民法院、最高人民检察院关于办理受贿刑事案件适用法律若干问题的意见》第9条第2款才进一步规定："国家工作人员受贿后，因为自身或者与其有关联的人、事被查处，为掩饰犯罪而退还或者上缴的，不影响认定受贿罪"。及时性中"及时"的认定不应该限定具体的时间长短，只要在合理的时间内，且能够反映出国家工作人员主观上没有受贿罪的故意，就应当认定为及时。

第三，受贿所得交给谁？郑某得知李某因涉嫌行贿被公安机关抓获后，害怕受其牵连将贿款5万元上缴到廉政账户。受贿所得不仅可以交到廉政账户，还可以上缴给纪委组织或者检察院中的反贪污贿赂局。廉政账户是一个供党员、干部上缴其收受的无法退回或不便当面拒绝的现金、有价证券的专用账户。纪委组织的职责是协助党委抓好党风建设和反腐倡廉建设工作，建立和健全配套制度，督促检查党风廉政建设责任制的落实情况等。反贪污贿赂局是检察院的内设机构，其职权主要是对国家机关工作人员的贪污、贿赂、挪用公款等职务犯罪进行立案侦查等工作。

第四，近年来，有一些受贿人在罪行行将暴露之时，采取将所收贿款捐赠给社会公益事业的方式，给其受贿行为套上一层美丽的外衣，企图逃避法律的严惩。只要嫌疑人接收贿赂，受贿行为就已完成，至于受贿者如何处置这笔钱，只要不是上缴或者退回，就不应该影响受贿犯罪的认定。

综上所述，郑某利用职务上的便利给李某、陈某及刘某"照顾"，并且非法接受了他们的好处费10.6万元。后来因李某涉嫌行贿被公安机关抓获，郑某因害怕受其牵连将贿款 5 万元上缴到廉政账户，此行为不影响受贿罪的成立。国家工作人员受贿后，应当及时、主动地将贿款上缴到廉政账户；若其因自身或者与其受贿有关联的人、事被查处，为掩饰犯罪而将贿款上缴到廉政账户的，或者将贿款作为公益捐赠上缴的，不影响认定为受贿罪。

三十六

贿款捐赠的法律后果

B某是某高级中学校长。该校餐厅承包人A某为提高餐厅收益到B某家,提出让B某加强学校管理,提高学生入住率的建议,并送给B某现金20 000元。B某收受A某20 000元现金后未能加强学校管理,学生入住率未达到80%,B某害怕不能完成A某的请托事项,遂以自己名义将该20 000元作为捐款,交到学校财务处。某校园服务公司董事长C某为能取得该校餐厅的承包权,送给B某现金30 000元,经过B某的操作,C某顺利取得承包权。秋季开学前,因产生有关传言,B某遂将30 000元现金匿名捐给学校,作为该校教师节活动费用。后纪委介入调查时发现上述问题,B某因涉嫌受贿而受审。

该案中,B某将所收受的A某的20 000元现金以及C某的30 000元现金捐赠给学校,看似是捐款行为,实则是掩盖其受贿的事实,即为"贿款捐赠"。所谓"贿款捐赠",是指受贿者在接受贿赂后,私自将所受贿赂捐赠的行为。"贿款捐赠"行为的主要特征有:①贿款捐赠人是具备受贿罪主体资格条件的收受贿赂的本人;②行为人已经接受了贿赂;③其本人处分了其所接受的贿赂;④行为人的行为表现是捐赠的良善行为。

目前,关于"贿款捐赠"的法律后果,主要存在以下观点:

第一种观点认为:受贿人接受贿款后将贿款捐赠,说明他在主观上对该贿赂没有非法占为己有的故意,因而不具备受贿罪的主观要件,不能以受贿罪论处。

第二种观点认为:受贿人在接受贿赂后,从受贿行为的构成要件来看,已经构成了受贿罪的既遂,至于其将贿款捐赠,只是受贿人对赃物的处理,是赃物的去向问题,不影响受贿罪的成立,但可酌情从轻处罚。

第三种观点认为:贿款去向行为处在受贿行为之后,其从属于受贿行为,赃款的使用去向并不是法律定夺受贿罪的构成要件,法院从轻处罚贿款捐赠的腐败分子,使受贿者有了周旋的余地和空间,因此,"贿款捐赠"不应成为从轻处罚的依据。

我们同意第二种观点,即对于"贿款捐赠",定罪从宽是原则,其他处理为例外。

(1)原则上应定罪。我国《刑法》第385条第1款规定:"国家工作人员利用职务上的便利,索取他人财物的,或者非法收受他人财物,为他人谋取利益的,是受贿罪"。受贿罪的特点在于利用职务上的便利收取他人财物。当受贿人私下收受他人财物的时候,就有了非法占有的主观故意。收受之后,没有及时交公,就等于非法占有。即使后来再拿出来用于捐赠,也并不能改变已经非法占有的性质。若受贿者真要通过捐赠支持教育、慈善等公益事业,就应当拿自己的合法财产去捐献,其无论是想要为自己获取功德,还是为减轻负罪感,抑或在案情败露时为逃避惩处而将赃款捐赠给学校等公益单位,都改变不了受贿的性质。在刑法规定的受贿罪的成立条件中,并未涉及受贿之后将受贿款用于何处的问题,因而,除将受贿款合法及时地交公外,不论行为人将受贿款用在何处,都不影响受贿罪的成立。

(2)原则上应酌情从轻处罚。宽严相济是我们党和国家一贯坚持的刑事司法政策,是"罪刑相适应"原则的具体体现。尽管犯罪既遂后罪行不可逆转,受贿款是否使用、如何使用均不影响行为性质的定性,但就像杀人后躲起来与杀人后积极抢救、交通肇事逃逸与交通肇事后积极抢救一样,后续的行为方式对前行为定性虽没影响,但对前行为的后果却有着十分重要的意义。如,侠盗的杀富济贫与强盗的杀人越货一样,同属一种罪行,但产生的影响并不相同。受贿者将赃款捐赠而不是私人挥霍,在某种程度上减轻了犯罪的损害后果,因此,把"贿款捐赠"作为量刑酌定情节予以从轻处罚,符合刑法规定的量刑原则。

当然,任何事情都不能一概而论。对受贿而言,不是所有收受他人财物的行为都应以受贿罪处罚。当行为人的受贿故意不能或难以认定时,不应以受贿犯罪论处,即不构成受贿。大体来说有以下三种情况:①及时上缴。行为人因难以推却、退还等原因而收受他人财物,随后将财物及时全部上缴单位账户或相关部门的。②未占为己有。行为人收受他人财物后,将全部财物用于公务支出并公开说明了财物的性质或来源的。③积极退赃。行为人收受他人财物后,在3个月之内,并于案发或被检举之前,主动将财物退还行贿人的。如果行为人私自将财物用于公务支出的,如以个人名义将所收受的财物用于扶贫助学等用途的,只能作为从宽处罚情节考虑,不能免除处罚。

在"贿款捐赠"中,犯罪嫌疑人受贿、为他人谋取不正当利益在先,已经构成了受贿罪,因此,他的行为首先是不道德的,但是犯罪嫌疑人将赃款捐赠,在处理赃款的过程中也体现了

一定的道德感，简单来说，"贿款捐赠"是一种典型的次道德。次道德也是一种道德，所谓"盗亦有道"，如果犯罪嫌疑人在实施不正当行为过程中尽量减少了对他人和社会的损失，或事后甚至还作出具有正面意义的道德行为，这种行为从一定意义上来说是一种悔过表现，是值得肯定的。立法规定了自首、立功等法定量刑情节，其初衷也是如此。"贿款捐赠"从轻处罚，这正是体现了法律对次道德的激励和赞赏。但是，倡导次道德，绝不是纵容违法犯罪，只是在无法消除犯罪结果时，希望这种方法能尽可能减轻犯罪行为对人类社会的伤害。

总而言之，"贿款捐赠"背后，受贿是主，捐赠是次。贿款捐赠的法律后果只是在量刑时可以酌定从轻处罚，不影响受贿罪的成立，受贿者必不能逍遥法外。

三十七

收受回扣,构成受贿

程某金是杭州市甲医院内分泌科科室主任,全面负责科室内的事务管理工作。在其任职期间,程某金事先与医药代表约定好药品回扣的比例,并承诺在科室内尽量多安排医师使用有回扣的药品,然后医药代表根据全科医师开具的药品数量,每月私下结算回扣数额给付程某金。在实际操作时,程某金在对医师的业务指导过程中并不指定科室内的医师一定要使用有回扣的药品,而是要求下属医生对症开药,但是其会向医师具体细致地介绍有回扣的药品,以此来加深医师对这些药品的印象,从而提高有回扣药品的使用量。2007年1月至2008年12月,程某金私下收受多个制药公司医药代表的回扣共计20万余元,并且都存入其个人账户;接受某医药公司邀请免费赴日旅游4天,旅游期间收受该公司经理给付的4万日元"零花钱"。法院以受贿罪判处程某金15年有期徒刑,并处没收财产。

我国《刑法》第385条第2款规定:"国家工作人员在经济往来中,违反国家规定,收受各种名义的回扣、手续费,归个人所有的,以受贿罪论处。"程某金的行为符合受贿罪的构成要件,具体分析如下。

（1）受贿罪的行为主体为国家工作人员。《刑法》第93条规定："本法所称国家工作人员是指国家机关中从事公务的人员。国有公司、企业、事业单位、人民团体中从事公务的人员和国家机关、国有公司、企业、事业单位委派到非国有公司、企业、事业单位、社会团体从事公务的人员，以及其他依照法律从事公务的人员，以国家工作人员论。"该案中，程某金为杭州市国有医院的内分泌科科室主任，并且全面负责科室内的事务管理工作，属于上述相关法条中"在国有事业单位中从事公务的人员"的规定，显然符合"国家工作人员"的要件。

（2）受贿罪要求"利用职务上的便利"。利用职务上的便利，是指利用本人职务范围内的权力，即利用自己职务上主管、管理、经营、经手公共财物的权力及其所形成的方便条件，共分为六种情况：①利用本人直接主管、经办和参与某种具体公共事务的职权；②滥用职权所产生的便利条件；③利用自己分管、主管的下属国家工作人员的职权；④利用不属自己分管的下级部门国家工作人员的职权；⑤利用自己居于上级领导机关的地位而形成的对下级部门的制约力；⑥利用自己居于监管地位所形成的对被监管对象（非国家工作人员）的制约力。该案中，程某金可以收受回扣的基础在于其科室主任的身份，以及其全面负责科室内事务管理工作的职权，属于第②种情况，符合"利用职务上的便利"的要件。

（3）受贿罪的行为表现分为五种：①国家工作人员主动索取他人财物并为他人谋取利益的；②国家工作人员非法收受他人财物的；③国家工作人员收受请托人各种名义上的回扣或手续费归个人所有的；④斡旋受贿，即国家工作人员利用职权通过其他国家工作人员职务上的行为,为请托人谋取不正当利益;⑤事后受贿,即国家工作人员在职时为他人谋取利益与其约定好贿赂数额,但在离职后才收取贿赂的。该案中,程某金根据下属医生开具的处方按量向医药代表收取事先约好的固定比例回扣,2007年1月至2008年12月,共暗中收受多个制药公司医药代表的回扣计20万余元,并且将贿赂都存入自己的个人账户,显然构成第③种类型的行为,构成受贿罪。

(4) 受贿罪要求"为他人谋取利益"。最高人民法院下发的《全国法院审理经济犯罪案件工作座谈会纪要》认为:"为他人谋取利益包括承诺、实施和实现三个阶段的行为。只要具有其中一个阶段的行为,如国家工作人员收受他人财物时,根据他人提出的具体请托事项,承诺为他人谋取利益的,就具备了为他人谋取利益的要件。明知他人有具体请托事项而收受财物的,视为承诺为他人谋取利益。"该案中,虽然程某金事实上没有指定其他医师必须使用这些特定的有回扣的药品,但其向医药代表承诺尽量多安排用该药品,且在实际使用中通过向医师具体细致地介绍有回扣的药品的方式来加深医师对该药品的印象,从而提高有回扣药品的使用量,已经符合"为他人谋取利益"的构成要件。

综上所述,程某金作为国家工作人员,利用科室主任的职务便利,根据下属医生开具的处方按量向医药代表收取事先约定好的固定比例的回扣,归个人所有,侵犯了职务的廉洁性,符合受贿罪的基本构成要件,构成国家人员受贿罪。

三十八

吹枕边风，构成受贿罪共犯

李某元是原江苏省政府副秘书长、省体制改革委员会主任、省证管办主任。1997年8月至2000年春节，李某元利用职务之便，为他人谋取利益，伙同妻子张某华多次收受他人贿赂，共计人民币24.57万元。李某元近乎猖狂的敛财也和张某华的教唆有很大关系。在李某元成为高级干部后，张某华就想着怎么凭借丈夫李某元的权势敛财，在遭到李某元批评后张某华依然强词夺理。被抢白多次后，李某元也就放弃了自己的底线，索性听之任之，李某元日后的受贿活动中也少不了张某华的帮助。无锡某公司在股票上市过程中，李某元除表示大力支持外，还南下北上，到处打通关节，使该公司在一年时间内就上了A、B两股。于是该公司送给李某元一万股内部职工股。内部职工股上市抛售后，李某元的一万股获得溢价款11.24万元。公司准备将这笔钱给李某元送去，因对其品行不了解，担心拒收，便决定走"夫人路线"，特地让公司的一名女副总来完成这个任务，张某华果然"豪爽"，伸手就把钱收下了。无独有偶，自1997年起上海某证券公司开始进入江苏市场，并先后做了江苏几家上市公司的主承

第二章 贪污贿赂类犯罪

销商。这些业绩的取得,与李某元对他们的帮助和支持是分不开的,为了表示感谢,公司决定给李某元送10万元人民币。为了使这笔钱能顺利送出,送钱者王某走的也是"夫人路线"。法网恢恢,疏而不漏。李某元、张某华的种种不堪行径最终被曝光在阳光下,被依法惩治。李某元犯受贿罪被判处有期徒刑11年,没收财产人民币5万元;张某华犯受贿罪被判处有期徒刑7年,没收财产人民币2万元;李某元、张某华受贿赃款24.57万元人民币予以追缴,上缴国库。

我国《刑法》第25条规定:"共同犯罪是指二人以上共同故意犯罪。"受贿罪共犯也必须符合这一规定,另据我国《刑法》第382条第3款规定:"与前两款所列人员勾结,伙同贪污的,以共犯论处"。据此国家工作人员配偶教唆或者积极帮助国家工作人员受贿的,以受贿罪的共犯论处。因此,张某华对其丈夫受贿的帮助教唆行为构成受贿罪的共犯。

在这种吹枕边风类型的共同受贿犯罪活动中,国家工作人员的配偶起到了教唆或者帮助的作用,就像张某华用自己激进的教唆刺激,说服丈夫使其产生受贿犯罪的意图,而后又积极地帮助丈夫收受不法财产,为李某元的受贿活动提供帮助。国家工作人员的配偶教唆或帮助国家工作人员实施犯罪的,构成受贿罪的共犯。在此类犯罪中,犯罪主体的认定应当符合下述条件:①行为人必须是二人以上。这是成立共同受贿罪的前提。一个人单独实施受贿犯罪,是不可能构成共同犯罪的。②共同行为人都是自然人,其中必须有一人或一人以上是国家工作人员。③共同犯罪双方都具有相应的刑事责任能力。

在吹枕边风类型的受贿罪共犯的认定中,如果国家工作人员的配偶有以下行为,应以受贿罪的共犯论处:①教唆国家工作人员利用职权为他人谋利并收受他人财物，事后按照国家工作人员的指定接受行贿人给予的财物的；②将他人的请托事项告知国家工作人员，并积极帮助国家工作人员为他人谋取利益，按照国家工作人员的要求接受行贿人给予的财物的；③与国家工作人员共同谋划，利用国家工作人员的职权为他人谋取利益，国家工作人员指定行贿人给予配偶财物。上述行为表明配偶与国家工作人员有共同的受贿故意和共同的受贿行为，符合共同犯罪的特征，因此，双方构成受贿罪的共同犯罪。但是下列情形，不能作为共同受贿处理：①不知事实真相而代为收受他人行贿财物的。此种情形下，由于配偶不知他人行为是向国家工作人员行贿，没有受贿的故意，因此不能作为犯罪处理。②接受他人行贿财物，但要求国家工作人员将收受的财物退回的。配偶虽然接受所送的财物，但由于主观上没有收受的故意，其接受财物不过是过手而已；或者国家工作人员予以收受，没有退还，配偶即使知道，也只是知情不举的问题，不存在与国家工作人员共同受贿的沟通，不能作共同受贿处理。③国家工作人员收受财物时在场的。收受财物时在场，是目击行为，而不是帮助行为，对国家工作人员受贿犯罪没有起到实质上的帮助作用，不构成受贿罪的帮助犯。④隐瞒国家工作人员利用其职务便利向他人索取财物或明知是他人行贿财物而予收受的。配偶虽然有收受财物的行为，但由于欠缺主体身份要件，不能成为受贿的实行犯。其行为符合其他犯罪构成要件的，应以其他犯罪处理。李某元，张某华案件中张某华在在其中教唆并积极地帮助受贿，显然排除了后面的阻却条件，构成了受贿罪的共犯。

然而，与国家工作人员关系密切的人员收受请托人财物，利用国家工作人员的职权和地位，为请托人谋取不正当利益的行为，既可能构成受贿罪的共犯，又可能构成受贿罪。区分的关键在于国家工作人员与特定关系人之间是否存在共同的受贿故意(国家工作人员是否知情)和共同的受贿行为，即通谋。如果存在通谋，属于受贿罪的共同犯罪；如果没有通谋，只是特定关系人利用国家工作人员的地位和职权实施行为，该国家工作人员因为没有犯罪故意和犯罪行为而不构成犯罪，特定关系人不构成受贿罪共犯，应当以利用影响力受贿罪论处。

吹枕边风类型受贿罪共同犯罪与介绍贿赂罪的区别包括：①两者的目的不同。吹枕边风类型受贿罪共犯的目的是通过教唆或帮助国家工作人员收受贿赂中分得利益，属于受贿一方，其目的是从行贿方获得利益。而介绍贿赂罪其目的是通过自己和双方的联系、撮合而促成贿赂结果的实现，其目的是贿赂行为的实现。②两者行为对象不同。介绍贿赂行为的对象是行贿、受贿双方。而该案中张某华的行为是为了让其丈夫收受贿赂，而没有劝说行贿人行贿，所以张某华构成的是受贿罪共犯而不是介绍贿赂罪。

随着受贿案件的不断曝光，细心的人不难发现，大多数受贿官员的背后多多少少有配偶的教唆或者帮助行为，正是因为这些帮助和教唆使得受贿这一社会不良风气得到不断助长，屡禁不止。而张某华、李某元的判决无疑起到了很大的警示作用，告知社会：吹枕边风，构成受贿罪的共犯。切勿以身试法！

三十九

离职"发挥余热",构成受贿

在位时为人谋利,退休后财源滚滚,原上海市房屋土地资源管理局副局长殷某元,可以说是个将自己"在职影响力放到离职后贪污"发挥得淋漓尽致的典型案例。一直穿着朴实的殷某元,被熟悉的人评价为"看上去是位豪爽的长者,有胆识,乐于助人"。殷某元在2005年退休后,担任上海市土地协会会长。他认为在位时法律和制度的制约此时已经对自己无效,便放心大胆地不断索取、收受巨额贿赂。约在1995年前后,51岁的殷某元由南京军区后勤部正师级转业,先是就任上海市土地局副局长,自1995年1月开始就任上海市房地局副局长。1995年至2005年,正是上海市房地产从计划走向市场、从低点走向鼎盛的时间。由于掌握土地审批大权,殷某元在位期间,政府部门通过公开及不公开方式出让的大部分土地,在与土地受让方签订出让合同时,政府方面的代表一般都是殷某元。上海开始实行土地招拍挂制度的2002年,殷某元开始负责拆迁工作,他分管拆迁工作近三年时间,亲身经历了上海大规模的房屋拆迁和房价迅速上涨。据上海市统计局公布的数据,仅上海市10个中心城区,2002年到

2005年四年的拆迁面积分别达到644.53万平方米、584.93万平方米、308.40万平方米、1 222.53万平方米，总量几乎与殷某元上任之前七年（1995年至2001年）的总量相当。土地审批、房屋拆迁，殷某元除了为自己捞取好处之外，还积攒了很高的"人气"。在殷某元退休后，有的房地产开发商甚至不惜以百万年薪抢夺他。2005年退休后，殷某元被选为上海市土地学会的会长，他利用从前积累的资源和人脉关系，帮房地产开发商做"穿针引线"工作，"协助处理"这些开发商的土地疑难问题。当然，这绝对不会只是热心地施以援手，房地产开发商自然深谙投桃报李的"潜规则"。任职上海市土地学会会长后，殷某元成为楼市坚定的唱多者，哪个地产商来找殷某元谈土地的事儿，都要奉上一定的好处费。殷某元就这样以专家的面孔，继续在上海的土地市场上"发挥余热"，利用在职时建立的深厚关系网公然索贿、受贿。仅2005年一年间，殷某元向地产商江某某一人就索贿、受贿2 800余万元，比在位时收受的钱财有过之而无不及。

2008年8月14日，上海市第一中级人民法院宣判了殷某元一案，殷某元涉嫌受贿、滥用职权、巨额财产来源不明、私藏弹药四项罪名。法院就此分别判决如下：以受贿罪判处死刑，缓期两年执行；以滥用职权罪判处有期徒刑6年；以巨额财产来源不明罪判处有期徒刑四年；私藏弹药罪免于处罚；合并执行死刑，缓期2年执行；并处没收个人全部财产。案例中的殷某元第1项罪名就是受贿罪，殷某元当时是已离职的国家工作人员，但当时没有"利用影响力受贿"这条罪名，所以按照受贿罪来定罪论处。

《刑法修正案（七）》正式确定了"利用影响力受贿"。《刑

法》第388条之一第2款规定:"离职的国家工作人员或者其近亲属以及其他与其关系密切的人,利用该离职的国家工作人员原职权或者地位形成的便利条件实施前款行为的,依照前款的规定定罪处罚。"《刑法》第388条之一第1款规定:国家工作人员的近亲属或者其他与该国家工作人员关系密切的人,通过该国家工作人员职务上的行为,或者利用该国家工作人员职权或者地位形成的便利条件,通过其他国家工作人员职务上的行为,为请托人谋取不正当利益,索取请托人财物或者收受请托人财物,数额较大或者有其他较重情节的,处3年以下有期徒刑或者拘役,并处罚金;数额巨大或者有其他严重情节的,处3年以上7年以下有期徒刑,并处罚金;数额特别巨大或者有其他特别严重情节的,处7年以上有期徒刑,并处罚金或者没收财产。

利用影响力受贿罪的犯罪主体有国家工作人员,国家工作人员的近亲属或者其他与该国家工作人员关系密切的人及其已离职的国家工作人员、国家工作人员的近亲属或者其他与该国家工作人员关系密切的人。从法条中可知即使是已离职的国家工作人员在离职以后利用其在位时的影响力来谋取不正当利益,同样构成受贿罪。其客体应该是犯罪主体利用职务行为的正当性来侵犯社会关系。犯罪对象是利用职务行为作为交换所得到利益,其"利益"所指应并不仅是具有财产性的东西,应泛指为犯罪主体所得到的其想得到的利益,如甲本是A市的市委书记,离职后想安排自己的一位亲戚进入公务员系统,便利用自己在位时的关系,把亲戚安排进入了公务员系统,其没有涉及财产性的利益,但是甲利用了自己在位的影响力获得了利益,也应构成"利用影响力受贿罪"。利用影响力受贿罪的主观方面应为直接故意。其客观方面应是"影响力",应属于非权力性的影响力,是基于行为人与国家工作人员之间的亲缘关系、情感关系、利益关系等而衍生的与他人之间的利益关系。案例中的犯罪主体殷某元定位为离职国家工作人员,主观方面系直接故意的,犯罪客体即是离职后利用影响力所获取的一切不正当利益,客观方面是与他人的利益关系。

离职的国家工作人员作为一群特殊群体,在离职后,收受或索取他人财物的行为分为3种:(1)事先约定,离职后受财型。(2)事先无约定,离职后受财型;(3)离职后斡旋受财型。第(1)种应认定为受贿罪,如甲系国家工作人员,在位期间利用职务上的便利为他人谋取利益,约定甲离职以后再收取"好处费",构成受贿罪;第(2)种应认定为受贿行为,如甲系国家工作人员,在位期间利用职务上的便利为他人谋取利益,但并没有与请托人进行约定,在离职收受财物时也不具有国家工作人员的身份,因此事先无预定,离职后受贿行为,不符合我国刑法中的受贿罪的构成,但如果行为人在职期间有违背职务要求为他人谋取利益构成了其他犯罪(如滥用职权罪),则可以依照法律规定的其他犯罪进行追究。第(1)种、第(2)种类型通俗地来说属于"事后受贿",第(3)种类型属于利用影响力受贿。案例上所提的就是属于第(3)种类型,在离职后利用在位的影响力,谋取利益,索取或收受请托人财物。

无论是在位的国家工作人员,还是已离职的国家工作人员,利用其权力(影响力)来获取不正当的利益,都是犯罪,违反了法律的规定,等待着他们的必然是法律的严惩。

四十

使用递延的权力谋利，也构成犯罪

44岁的尚某在2008年6月至2011年11月，被聘为马鞍山市纪委原主要领导的专职司机，后在马鞍山市博望区交通运输局工作。2010年4月，马鞍山市围屏建安公司与太平建安公司因涉嫌串标被查处，两家公司的法定代表人通过承揽工程的个体施工者李某找到尚某，请其出面摆平此事，并允诺给好处费。尚某接受请托后，找到负责处理此事的时任市建管处总工程师赵某，表明了身份和来意。随后，在赵某的关照下，本应被处以严重不良行为记录的两家公司，被改成一般不良行为记录。事成之后，尚某收受好处费5万元。时隔两个月，李某等人挂靠的围屏建安公司又被举报存在违反投标规定的行为，轻车熟路的李某再次向尚某求助，后通过其得到马鞍山市招标采购监督管理局负责处理投诉工作的陆某指点，私下与投诉方协商解决此事，尚某又获得好处费7万元。尚某利用领导的影响力为请托人谋取不正当利益，构成利用影响力受贿罪。

我国《刑法》第388条之一第1款规定："国家工作人员的近亲属或者其他与该国家工作人员关系密切的人，通过该国家工作人员职务行为，或者利用该国家工作人员职权或者地位形成的便利条件，通过其他国家工作人员职务行为，为请托人谋取不正当利益，索取请托人财物或者收受请托人财物，数额较大或者有其他较重情节的，处3年以下有期徒刑或者拘役，并处罚金；数额巨大或者有其他严重情节的，处3年以上7年以下有期徒刑，并处罚金或者没收财产；数额特别巨大或者有其他特别严重情节的，处7年以上有期徒刑，并处罚金或者没收财产。"《最高人民法院，最高人民检察院关于执行〈中华人民共和国刑法〉确定罪名的补充规定（四）》将该条罪名确定为"利用影响力受贿罪"。以行为主体为标准，可以将利用影响力受贿罪分为三类：①行为主体是国家工作人员的近亲属或者其他与国家工作人员关系密切的人。具体行为内容包括直接通过该国家工作人员职务上的行为，为请托人谋取不正当利益，索取、收受贿赂，以及通过国家工作人员对其他国家工作人员的斡旋行为，为请托人谋取不正当利益，索取、收受贿赂。②行为主体是离职的国家工作人员。具体行为内容包括直接利用其原职权或者地位形成的便利条件为请托人谋取不正当利益，索取、收受贿赂，以及利用原职权或者地位形成的便利条件通过对其他国家工作人员的斡旋行为，为请托人谋取不正当利益，索取、收受贿赂。③行为主体是离职国家工作人员的近亲属或者其他与离职国家工作人员关系密切的人员。具体行为内容包括直接通过该离职的工作人员职权地位，为请托人谋取不正当利益，索取、收受贿赂，以及通过离职的国家工作人员对其他国家工作人员的斡旋行为，为请托人谋取不正当利益，索取、收受贿赂。

关于近亲属的范围，我国婚姻法和刑事诉讼法中都有明确规定。有密切关系的人一般指与国家工作人员或者离职的国家工作人员具有共同利益关系的人,其中的共同利益关系不仅包括物质利益,而且包括其他方面的利益。例如,情人关系、恋人关系、前妻前夫关系、密切的上下级关系(如国家工作人员的秘书、司机等)、密切的姻亲或血亲关系等。国家工作人员的近亲属以及和国家工作人员有密切关系的人都有可能构成利用影响力受贿罪。

认定利用影响力受贿罪需要满足两个条件:一是数额;二是情节,即索取或者收受贿赂数额较大或者有其他严重情节的行为。收受数额较大财物的行为可以认定本罪;对于收受数额虽未达到较大,但是具有其他严重情节的,也可以定本罪。

利用影响力受贿罪和受贿罪是有区别的。受贿罪是指国家工作人员利用本人职权或者地位形成的便利条件,通过其他国家工作人员职务上的行为,为请托人谋取不正当利益,索取或者收受请托人财物的行为。受贿的条件包括:①行为人利用的是其他国家工作人员的职务行为;②行为人利用了本人职权或者地位形成的便利条件;③必须是为请托人谋取不正当利益;④索取了请托人财物或者收受了请托人财物。利用影响力受贿罪是指国家工作人员的近亲属或者其他与该国家工作人员关系密切的人,通过该国家工作人员职务上的行为,或者利用该国家工作人员职权或地位形成的便利条件,通过其他国家工作人员职务上的行为,为请托人谋取不正当利益,索取或者收受请托人财物,数额较大或者有其他较重情节的行为。两者都是间接受贿,不同之处在于主体不同:利用影响力受贿罪的犯罪主体是国家工作人员的近亲属或者其他与该国家工作人员关系密切的人,而受贿罪的犯罪主体是国家工作人员本人。

第二章 贪污贿赂类犯罪

无论是国家工作人员利用自己职位的方便,还是和国家工作人员有密切关系的人利用国家工作人员职位影响力,索取、收受贿赂的,都会助长社会上的不良之风,等待他们的将是法律的严惩。

四十一

领导身边人受贿的刑责

李某是萍乡市国土资源局职工。2007年10月24日，时任南昌矿业权交易服务中心主任的刘某春被江西省国土资源局任命为萍乡市国土资源局党组副书记、局长，次日李某随刘某春一并调入萍乡市国土资源局，一直任刘某春的司机。2008年9月27日，蓝波湾酒店因违法用地被萍乡市国土资源局行政处罚罚款1 177 060元。蓝波湾酒店副总经理邓某为减少罚款找到市国土资源局法规科科长石某红帮忙。石某红认为李某是刘某春局长从南昌带过来的人，可在该事中可帮忙，便于2009年2月的一天，介绍蓝波湾酒店上属母公司的副总经理李某、蓝波湾酒店副总经理邓某与李某认识，并请李某帮忙处理蓝波湾酒店土地违法罚款的事。在多次见面后，李某表示会尽力帮忙。同年3月的一天晚上，石某红邀请李某到帝欧咖啡厅与邓某、李某见面商量蓝波湾酒店土地违法罚款的事，邓某等人提出拿10万元人民币给李某，让其帮忙处理蓝波湾酒店土地违法罚款的事，李某默认。同年4月23日下午，邓某打电话给李某，说10万元钱已准备好，李某和其朋友姚某明按约定来到该市安源区金典城旁边的大红袍茶楼，并借故离开，让其朋友姚某明代其收取邓某所送的人民币10万元。随后，李某从姚某明手中拿到这10万元用于房屋装修等个人支出。后李某称蓝波湾酒店找了自己及省纪委其叔叔的战友，要萍乡市国土资源局刘某春局长对蓝波湾酒店少罚点款。2009年6月26日，萍乡市国土局以蓝波湾酒店违法用地行政处罚罚款390 797元。2010年1月12日，李某到萍乡市安源区检察院投案，并如实供述，同年2月2日，李某在上海将人民币10万元退回给邓某。一审法院认为，被告人李某通过与其关系密切的国家工作人员职务上的行为，为请托人谋取不正当利益，收受请托人财物，其行为已构成利用影响力受贿罪，有自首情节，且已全部退清赃款，可对其从轻处罚。

该案中李某是刘某春的司机，而刘某春是国家工作人员，李某通过刘某春国家工作人员职务上的行为，为请托人谋取不正当利益，索取请托人财物或者收受请托人财物，构成了《刑法修正案（七）》中规定的"利用影响力受贿罪"。

利用影响力受贿罪的构成要件包括主体、客体、主观方面三个方面。其中主体是指国家工作人员的近亲属或者其他与该国家工作人员关系密切的人。《刑事诉讼法》第106条第1款第6项根据规定，近亲属包括夫、妻、父、母、子、女、同胞兄弟姐妹。只要与该国家工作人员存在上述关系的，就可以界定为其近亲属；基于学习、工作产生的关系，如同学、师生、校友、同事关系；基于地缘产生的关系，如同乡；基于感情产生的关系，如朋友、恋人、情人关系等都属于关系密切的人的范围。该案中刘某春是国家工作人员，李某是刘某春的司机，与刘某春关系密切。李某属于利用影响力受贿罪的主体。主观方面应当是直接故意，表现为该行为人认识到自己是某国家工作人员的关系密切

人，与该国家工作人员有着特殊的关系，足以让第三人相信其能够利用该国家工作人员的职务行为或该国家工作人员职权或地位形成的便利条件，通过其他国家工作人员职务上的行为谋取不正当利益。李某在明知邓某等人是为了利用他跟刘某春的关系少交罚款，仍然去见他们，并且让其好友姚某明代为收取邓某所送的人民币10万元。随后，李某又从姚某明手中拿到这10万元用于房屋装修等个人支出。李某的这一行为在主观方面属于直接故意。

在了解利用影响力受贿罪时，要注意利用影响力受贿罪与受贿罪的区别：两者在利用国家工作人员职务便利为第三人谋取利益，收受或索取第三人财物方面相似，但两者之间也存在着巨大差别。以利用影响力受贿罪与斡旋受贿为例，两者存在的差别主要有以下两点：一是两罪的犯罪身份不同：利用影响力受贿罪的主体是国家工作人员的关系密切人、离职的国家工作人员及其关系密切人，而斡旋受贿形态的主体直接为国家工作人员自己。二是客观方面不同：利用影响力受贿罪中行为人先是利用与其关系密切的国家工作人员的职权或地位形成的便利条件，再通过其他国家工作人员职务上的行为去受贿，而斡旋受贿中是国家工作人员直接利用自己的职权或地位形成的便利条件，再通过其他国家工作人员职务上的行为去受贿。即在这里他们所依靠的职权或地位形成的便利条件的主体不同，前者为与行为人关系密切的国家工作人员，后者直接为该国家工作人员。

利用影响力受贿罪是惩戒领导身边人的受贿行为。现在，领导人身边的人利用其影响力受贿的情况时有发生，我国虽然增加了这一罪名，但是有关该罪名的其他问题还是有待解决。领导人也应该约束自己身边的人，不让他们利用自己的权力来受贿。

四十二

单位也可构成受贿罪

对于受贿这个词大家并不陌生,我们在生活中经常会看到、用到。我们形成了这样一种认识,受贿的都是个人,其实在刑法中不仅个人,单位也可构成受贿罪。

2006年7月4日,经新疆维吾尔自治区昌吉州检察院依法提起公诉,乌鲁木齐铁路运输中级人民法院涉嫌单位受贿案在昌吉州中级人民法院开庭审理。乌鲁木齐铁路运输中级人民法院院长杨某明、执行局局长蔡某军和办公室会计王某梅出庭受审。

检察机关指控,2001年1月,杨某明接受乌鲁木齐某拍卖公司总经理提议,将乌鲁木齐铁路运输中级人民法院的拍卖业务交由该公司独揽,所得佣金法院分三成。随后,杨某明安排一位副院长以该院法官协会的名义与这家拍卖公司签订了一份协议,法院执行局局长蔡某军负责具体协调,从2001年至2005年7月,该院共收取这家拍卖公司给付的"分成"人民币94万多元。2000年下半年,杨某明亲自召集某价格事务所负责人和其他中介机构负责人开会研究,提出涉案标的物评估作价费由法院和价格事务所四六分成。价格事务所同意后,杨某明安排蔡某军具体操办，5年间，该院共收取该价格事务所给付的"分成"284万多元。另外，该院受理乌鲁木齐某投资咨询有限公司申请执行的案件时，多次收受该公司的"感谢费"72万元。

检察机关认为，乌鲁木齐铁路运输中级人民法院接受他人请托，索取、收受贿赂450多万元，构成单位受贿罪，应当追究该院的刑事责任。同时，杨某明、蔡某军、王某梅也应被追究刑事责任。

根据《刑法》第387条规定，"国家机关、国有公司、企业、事业单位、人民团体，索取、非法收受他人财物，为他人谋取利益，情节严重的，对单位判处罚金，并对其直接负责的主管人员和其他直接责任人员，处五年以下有期徒刑或者拘役。前款所列单位，在经济往来中，在账外暗中收受各种名义的回扣、手续费的，以受贿论，依照前款的规定处罚。"

从法条可以看出：首先，单位受贿罪的主体是单位，单位主要包括以下几种：①国家机关，指从事国家管理和行使国家权利的机关，包括政府、法院、检察院等；②国有公司、企业，指由政府投资或参与控股的企业，如中石油、中石化等；③国有事业单位，指以国家财政为主要来源，从事社会服务的单位，最典型的是公立学校、医院；④人民团体，指民间群众性组织，如工会、妇联、学生会。从投资主体和所有制形态上来看，这些单位都属于国有单位。

乌鲁木齐铁路运输局中级人民法院作为国家审判机关，是具有独立资格的国家机关，具备了被告单位的资格要求。可是作为审判机关的法院却成了被告，不得不使我们考虑其所造成的社会影响。

其次，要索取、非法收受他人财物，为他人谋取利益。该案

第二章 贪污贿赂类犯罪

中：①杨某明接受乌鲁木齐某拍卖公司总经理提议，将乌鲁木齐铁路运输中级人民法院的拍卖业务交由该公司独揽，所得佣金法院分三成。②2000年下半年，杨某明亲自召集某价格事务所负责人和其他中介机构负责人开会研究，提出涉案标的物评估作价费由法院和价格事务所四六分成。③在受理乌鲁木齐某投资咨询有限公司申请执行的案件时，多次收受该公司的"感谢费"72万元。这三个行为符合索取、非法收受他人财物，为他人谋取利益。

再次，情节严重，根据《最高人民检察院关于人民检察院直接受理立案侦查案件立案标准的规定（试行）》第1条第（4）款"单位受贿案（第387条）"中规定："涉嫌下列情形之一的，应予立案：1.单位受贿数额在10万元以上的；2.单位受贿数额不满10万元，但具有下列情形之一的：（1）故意刁难、要挟有关单位、个人，造成恶劣影响的；（2）强行索取财物的；（3）致使国家或者社会利益遭受重大损失的。"上述三个行为无论是从影响还是数额方面都符合单位受贿罪的立案标准。

最后，也是最重要的一个要件，在主观方面表现为直接故意，即国有公司、企业、事业单位、机关、团体具有索取或者收受贿赂，为他人谋取利益的动机、目的。单位受贿罪的这种故意，是经单位决策机构的授权或同意，由其直接负责的主管人员和其他负责人员故意收受或索取贿赂的行为表现出来的，是法人整体意志的体现。该案中杨某明的行为是以法院的名义实行的，且有其他直接负责的主管人员和其他负责人员参与，符合这个要件。

单位受贿罪和个人受贿罪的区别是：①主体不同；②个人受贿的目的是将索取或者非法收受的他人财物归为个人所有，单位

— 167 —

受贿的目的是将贿赂收归单位占有，为单位谋取利益；③个人受贿不以情节严重为构成要件，但单位受贿以情节严重为构成要件，单位情节较轻的受贿行为不能认定为犯罪；④个人受贿的行为中，行为人索取他人财产不以为他人谋取利益为要件，而在单位受贿罪中，无论是索取他人财物还是非法收受他人财物，均以为他人谋取利益为要件。

司法实践中，单位的意志是由主要领导决定形成的，只要该领导者决定后实施的受贿行为是以单位名义进行的，并且非法利益也归单位，就应认定为单位受贿罪。如果是单位成员（主要是领导）假借单位名义索取、收受他人财物，但把财物占为己有的，则应按个人受贿罪处理。

单位受贿罪的犯罪主体是单位，且单位受贿的目的是为了单位"公共"利益，但最后被追究刑事责任的一般都是单位直接负责的主管人员和其他直接负责人员。

四十三

花钱办事，构成行贿罪

2003年4月财政局公开招录一名公务员，郑某考试成绩名列前三位，后郑某为了成功被财政局录取，在录取前给时任财政局副局长的王某送去2万元现金，后郑某成功进入财政局。2007年，郑某为了在升职竞争中获得股长的职位，又一次向王某送去5万元现金，在王某的帮助下，郑某顺利成为财政局基建股股长。2009年6月，王某的爱人魏某在北京中日友好医院住院做手术，郑某为了让时任财政局局长的王某安排女儿工作，到医院看望魏某并送上现金10万元。2012年检察院介入调查时发现上述问题，郑某因涉嫌行贿而受审。

根据《刑法》第389条之规定："为谋取不正当利益，给予国家工作人员以财物的，是行贿罪。在经济往来中，违反国家规定，给予国家工作人员以财物，数额较大的，或者违反国家规定，给予国家工作人员以各种名义的回扣、手续费的，以行贿论处。"

认定行贿罪的关键在于行为人给予国家工作人员财物的目的是为了谋取不正当利益。所谓"谋取不正当利益"，是指行贿人谋取的利益违反法律、法规、规章、政策规定,或者要求国家工作人员违反法律、法规、规章、政策、行业规范的规定,为自己提供帮助或者方便条件。

该案中,郑某为了确保进入国家机关给予王某2万元现金,之后又为了晋升自己的职位而给予王某5万元现金,最后为给女儿安排工作又给予王某10万元现金。郑某的所作所为均是为了谋取不正当利益,这是当今社会中典型的"花钱办事"。

所谓"花钱办事",就是行为人为了获取利益而给予国家工作人员或其他相关人员财物的行为。"花钱办事"行为的主要特征有:一是主动性。即行为人为实现其所谋利益而积极主动地向国家工作人员及其他相关人员行送财物;二是腐蚀性。花钱办事是"以利换权"的犯罪,行为人为实现其非分之想,用财物引诱掌握某种职权的国家工作人员及其他相关人员,从而为自己谋取利益,对国家工作人员的腐蚀性显而易见;三是传染性。行为人用财物收买国家工作人员及其他相关人员后,得到了本不应得到或不能得到的利益,从而使一些贪利分子纷纷效仿,任其发展下去,势必败坏社会风气,造成恶劣的社会影响。由此可见,"花钱办事"往往构成行贿罪,是行贿的主要方式。

行贿罪是指行为人为了谋取不正当利益而给予国家工作人员财物的行为。认定本罪必须注意以下几点:(1)本罪的客观方面表现为谋取不正当利益,给予国家工作人员以财物,或者在经济往来中,给予国家工作人员以各种名义的回扣、手续费的行为。符合下列要求的可以立案,第一,行贿数额在1万元以上的;第二,行贿数额不满1万元,但具有下列情形之一的:①为谋取非法利益而行贿的;②向3人以上行贿的;③向党政领导、司法工作人员、行政执法人员行贿的;④致使国家或者社会利益遭受重大损失的，也应立案。(2) 在主观方面，要求行为人对于给予国家工作人员财物的行为是明知的，同时应具有谋取不正当利益的目的。此处的"不正当利益"，应该指获得的利益本身不正当，以及通过违反法规谋取的不确定利益。不确定利益指需要通过竞争获得的利益，是否正当取决于程序是否正当。即谋取任何性质、任何形式的不正当利益都属于"谋取不正当利益"。

但是并不是所有的花钱办事都构成行贿罪。如果行为人谋取的是正当利益，即不违反法律、法规、规章、政策规定，或者没有要求国家工作人员违反法律、法规、规章、政策、行业规范的规定，为自己提供帮助或者方便条件，就不构成行贿罪。例如某建筑公司老板蔡某与某国有公司合作建成一栋大楼后，蔡某为了能够今后与该国有公司继续发展业务，在一高档消费场所招待该公司主要负责人陈某等 8 人。在此过程中，蔡某给予陈某等 8 人每人 2 000 元现金。在这个案例中，蔡某不构成行贿罪。因为蔡某给予陈某等国家工作人员财物是正常经济交往中的馈赠行为，没有谋取不正当利益的目的。蔡某的行为不符合我国刑法规定的行贿罪的构成要件，因此蔡某的行为就不构成行贿罪。

花钱办事不仅严重扰乱了社会经济和生活秩序，也直接侵害了国家工作人员公务的廉洁性，危害了社会公正的司法环境。"办事就要花钱"，已经成了社会的一种潜规则，这种规则严重腐蚀了社会风气，也助长了一些国家工作人员不拿好处不办事的心态。"办事"是公职人员为人民服务的宗旨决定的，应当而且必须是无偿的。"花钱办事"轻则是不良之风，重则构成犯罪，应当让"办事不花钱"成为一种新常态。

四十四

单位公款行贿，也要构成犯罪

2008年6月，被告甲市义平国有公司在开发甲市荣华小区工程期间，为了不缴、少缴税款，在总经理王某的安排下，被告人王某向甲市地税局直属局征收二科科长李某栋和甲市地税局发票局副局长孟某行贿位于甲市荣华小区价值49万元复式楼一栋，致使被告单位义平国有公司偷逃税款153.98万元，案发后被告单位已将税款全部补缴。法院认为，被告单位甲市义平国有公司为谋取不正当利益向国家工作人员行贿复式楼一套，价值49万元，被告人王某作为单位直接责任人员，具体实施行贿行为，应当承担刑事责任。被告单位甲市义平国有公司和被告人已构成单位行贿罪，公诉机关指控罪名和事实成立，予以支持。被告人王某认罪、悔罪，酌情可从轻处罚。根据被告单位和被告人王某犯罪的事实，犯罪的性质、情节，依照刑法之规定，判决如下：被告单位甲市义平国有公司犯单位行贿罪，判处罚金4万元；被告人王某构成单位行贿罪，判处有期徒刑一年。

单位行贿罪，是指单位为谋取不正当利益而行贿，或者违反国家规定，给予国家工作人员以回扣、手续费，情节严重的，对单位判处罚金,并对其直接负责的主管人员和其他直接责任人员,处 5 年以下有期徒刑或者拘役。

单位行贿罪的主体是单位,主观方面的表现是直接故意,该罪的犯罪对象是财物和财产性利益。该财物一般是公司、企业、事业单位、机关、团体的财物。同时,也包括一些具有财产性质的利益,如国内外旅游,公款吃喝,用公款为个人买礼物等。司法实践中常见的单位行贿的行为有:①经单位研究决定的由有关人员实施的行贿行为;②经单位主管人员批准,由有关人员实施的行贿行为;③单位主管人员以法定代表人的身份实施的行贿行为。

单位行贿罪侵犯的客体,主要是国家机关、公司、企业、事业单位和团体的正常管理活动和职能活动及声誉。

该罪的犯罪对象是财物和财产性利益。该财物一般是公司、企业、事业单位、机关、团体的财物,而非某个人的财物。同时,也包括一些具有财产性质的利益,如国内外旅游等。

单位行贿罪在客观方面表现为公司、企业、事业单位、机关、团体,为了谋取不正当利益,给予国家工作人员以财物,数额较大的,或者违反国家规定,给予上述人员以回扣、手续费,情节严重的行为。

根据《最高人民检察院关于人民检察院直接受理立案侦查案件立案标准的规定(试行)》第 1 条第(8)款中规定,涉嫌下列情形之一的,应予立案调查:(1)单位行贿数额在 20 万元以上的;(2)单位为谋取不正当利益而行贿,数额在 10 万元以上不满 20 万元,但具有下列情形之一的:①为谋取非法利益而行贿的;②向 3 人以上行贿的;③向党政领导、司法工作人员、行政执法人员行贿的;④致使国家或者社会利益遭受重大损失的。在该案中,王某将少交的税款据为己有,根据刑法的有关规定,因在单位行贿取得的违法所得归个人所有的,按照个人行贿罪处罚。

单位行贿罪和个人行贿罪的主要区别是:

(1) 主体不同。个人行贿罪的主体是自然人,其是一种钱权交易的对向性犯罪,即交易的主体双方具有对向性、同一性,在二者之间,一般不介入其他主体,因此,个人行贿罪具有两个核心要件:一是所谋取的不正当利益,必须是直接归属于自然人;二是所行贿的财物,必须是属于自然人所有并归其支配。而单位行贿罪的犯罪主体必须是单位。这里所讲的单位,根据《刑法》第30条的规定,应指公司、企业、事业单位、机关、团体。而根据《最高人民法院关于审理单位犯罪案件具体应用法律有关问题的解释》,公司、企业、事业单位。既包括国有、集体所有的公司、企业、事业单位,也包括依法设立的合资经营、合作经营企业和具有法人资格的独资、私营等公司、企业、事业单位。

(2) 归向不同。根据刑法的有关规定,单位行贿罪行贿行为的违法所得必须归单位所有,如果归个人所有,应以自然人的个人行贿罪论处。《最高人民法院关于审理单位犯罪案件具体应用法律有关问题的解释》第2条、第3条分别规定:"个人为进行违法犯罪活动而设立的公司、企业、事业单位实施犯罪的,或者公司、企业、事业单位设立后,以实施犯罪为主要活动的,不以单位犯罪论处;盗用单位名义实施犯罪,违法所得由实施犯罪的个人私分的,依照刑法有关自然人犯罪的规定定罪处罚。"

(3) 情节标准不同。"情节严重"是构成单位行贿罪的必要条件之一,也是与个人行贿罪相区别的一个重要标志。至于如何认定该罪的"情节严重",则应从主、客观两方面,即主观上的罪过程度与客观上造成的社会危害程度来确定。根据《最高人民检察院关于人民检察院直接受理立案侦查案件立案标准的规定(试行)》中的有关规定,单位行贿数额在20万元以上的,应予立案。而个人行贿罪的追究数额起点是1万元。自然人行贿10万元以上不满30万元的属于"情节严重",应判处5年以上10年以下有期徒刑,而单位行贿数额在20万元以上的,才属于"情节严重"的立案标准。

因此,不仅个人行贿构成行贿罪,单位行贿也构成单位行贿罪。个人用个人财物行贿构成行贿,用单位财物行贿也构成行贿。无论是为了谋取个人的不正当利益或单位的不正当利益行贿,个人都需要承担刑事责任。

四十五

帮人促成"好事",自己构成犯罪

王某是某大型国有企业总经理李总家的保姆。某建筑公司老总黄某为了能承建该国有企业投资的金星花园小区,意欲向李总行贿,但每次给的现金、烟酒等都被李总拒绝。黄某遂许以5 000元好处费向王某了解李总喜好,王某向黄总透露:李总别无他好,唯独嗜爱古董。黄总于是买了价值50万元的古董贿赂李总。李总收下古董后,黄总如愿取得了金星花园小区的承建权。而王某也从黄总处得到了好处费5 000元,构成介绍贿赂罪。

一般认为,构成本罪的行为是,在行贿人与国家人员之间进行引见、沟通、撮合,促使行贿与受贿得以实现。但是应该注意的是,如果是向非国家工作人员介绍贿赂或者向单位介绍贿赂则不成立介绍贿赂罪,也就是说介绍贿赂罪所介绍的一方必须是国家工作人员,行贿者则不做要求。至于行为人出于何种动机,是否因介绍贿赂而从行贿方或者受贿方得到某种利益则不影响本罪的成立。

(1)具备刑事责任能力的自然人都可以作为介绍贿赂罪的犯罪主体。在该案中,犯介绍贿赂罪的是王某,是受贿者的保

第二章 贪污贿赂类犯罪

姆，与受贿者比较亲近。从受贿者这一方面论，犯罪主体是与受贿者比较亲近的人，即比较了解受贿者的习惯、爱好的人，也就包括受贿者的配偶、子女、秘书、保姆、司机等。从行贿者这方面论，犯罪主体一般为行贿人的亲属、朋友、同事、同学等，当然也不排除与行贿者和受贿者都认识的人。其中，犯罪主体必须具有刑事责任能力。由此可知，介绍贿赂罪的犯罪主体为一般主体，即任何达到刑事责任年龄、具有刑事责任能力的人均可以成为本罪主体。在实践中，受贿者的家属作为中间人帮助行贿是当前司法实践中尤为突出的问题，他们了解受贿者的习性、喜好、作息，在受贿的过程中加以言语劝说，受贿的成功率比较高。

（2）介绍贿赂罪在主观上表现为直接故意。该案中王某从黄总处得到了好处费 5 000 元，将李总的生活习惯及爱好告诉黄总，在黄总的行贿与李总的受贿过程中搭了线。王某在主观上表现为直接故意，即行为人明知自己是为行贿、受贿双方进行沟通、联系和撮合，并且希望通过自己的行为使贿赂得以形成。

（3）介绍贿赂罪侵害的客体应该是国家机关、国有公司、企事业单位、人民团体的正常管理活动及国家工作人员职务行为的廉洁性。王某向黄总透露李总唯独嗜爱古董，促使贿赂得以形成。李总作为一大型国企的总经理，这种做法干扰了李总的正常管理活动和管理秩序，虽使黄总如愿以偿，却使李总在其岗位上的威信降低。李总本就知道黄总贿赂自己是为了能承建该国企投资的金星花园小区，之前拒绝黄总是由于黄总送的物品为现金、烟酒，这些并非自己所好。当黄总送了李总喜好的古董后，李总就接受了。在法律意义上，王某的介绍行为间接促成李总的受贿罪。不论贿赂结果是否产生，像王某这种介绍贿赂的行为都影响和干扰了国家机关这一类企业正常管理活动和管理秩序，同时也使国家工作人员威信降低，间接侵害了国家工作人员职务行为的廉洁性。所以，介绍贿赂罪侵害的客体应该是国家机关、国有公司、企事业单位、人民团体的正常管理活动及国家工作人员职务行为的廉洁性。

（4）介绍贿赂行为，是贿赂犯罪的居间中介行为，是指为行贿人和作为行贿对象的国家工作人员之间进行引见、沟通和撮合，促使行贿与受贿得以实现，并且情节严重的行为。我国《刑法》第392条第1款规定："向国家工作人员介绍贿赂，情节严重的，处3年以下有期徒刑或者拘役罚金"，按照该条款的字面意思理解，介绍贿赂罪应仅理解为向国家工作人员介绍贿赂，介绍贿赂包括介绍行贿，也包括介绍受贿。介绍贿赂行为只有情节严重的才构成犯罪。如果只是口头表明引见，并没有具体实施撮合行为，或者已经使行贿、受贿双方见面，由于某种原因，贿赂行为未进行的，均不能构成介绍贿赂罪。介绍贿赂罪虽然是属于直接故意犯罪，但是各个介绍人背后的动机和目的却各不相同。有的是出于对行贿者的同情，有的是碍于朋友或亲戚的情面，有的则是出于获取非法利益的目的。介绍人非法所得额的多少并不影响介绍贿赂罪的成立，但可以作为一个量刑情节进行适当考虑。

（5）介绍贿赂罪与行贿、受贿的帮助行为极为相似。该案中，王某只是告诉了黄总李总的爱好，在李总和黄总的贿赂过程是一个传递信息的工具，既没有特别地帮助黄总，也没有偏向李总一方，只是单纯地为了自己的利益而转达信息。假如王某在整个贿赂过程中怂恿黄总才促成贿赂的形成，那么王某就构成了另外一种犯罪，即贿赂罪的帮助犯，不再以介绍贿赂罪论处。

我国刑法对贿赂犯罪的惩治不仅针对行贿者和受贿者,行贿与受贿之间的"掮客"也要受到刑罚的处罚,所以对于广大公民来说,不要以为自己不是国家工作人员就可以事不关己、漠不关心。殊不知,有时会为别人"办好事"而被追究刑责。

四十六

来源不明,怀璧有罪

2007年12月14日,天水市人民检察院指控被告人任某宏犯受贿罪、巨额财产来源不明罪,向天水市中级人民法院提起公诉。在检察机关的指控中,任某宏自2002年年初至2007年年初在陇南市礼县任县长、县委书记及任陇南市政协副主席期间,利用职务之便,为他人谋利,先后多次非法收受16人所送的款物共计人民币137.9万元,其中现金49.5万元,商品住宅房两套(价值88.4815万元)。同时还查明其有巨额财产来源不明(134.35万元及土制金条2根、千禧金条1根、土制金元宝1个,被告不能说明合法来源)。在该案中,被告人任某宏作为国家工作人员利用职务之便收受了他人钱物的行为已经触及了《刑法》第388条之规定,构成受贿罪。任某宏作为国家工作人员,其财产明显超过合法收入,差额巨大,本人不能说明该部分财产来源是合法的,根据《刑法》第395条,其行为构成巨额财产来源不明罪。

依据我国《刑法》第395条之规定,巨额财产来源不明罪是指国家工作人员的财产、支出明显超过合法收入,差额巨大的,可以责令该国家工作人员说明来源,不能说明来源的,差额部分以非法所得论。犯巨额财产来源不明罪的，处5年以下有期徒刑或者拘役，差额特别巨大的，处5年以上10年以下有期徒刑。财产的差额部分予以追缴。本罪条款中的"不能说明"应包括以下情况：①有条件说明而拒不说明。对此种情况，检察机关无须调查取证即可认定为"不能说明"。②行为人明知真实来源而故意作虚假说明。比较常见的手法就是称该财产为已故父母的遗产或海外亲友赠与，检察机关应调查其已故父母生前的经济状况，是否有可能留下遗产，是否有海外亲友，如果查实其父母生前贫困，不可能有巨额遗产或其根本没有海外亲友，即可确定其"说明"虚假，认定其"不能说明"。③行为人无法说明财产的具体来源。④行为人说明了财产的来源，但其中部分经查属实，而另一部分既不能找到证据否定行为人的"说明"，又不能确证"说明"真实，这种情况不能作为"不能说明"处理，因为举证责任的主体是检察机关，他们必须提供"说明"不真实的确凿证据，证明行为人提出的财产来源是虚假的，否则，应视为"能够说明"。如张某"说明"其财产中有20万元是其朋友支付的借款利息，并提供了这些人的姓名，经核查，得到了其中5人的证实，但其他多名证人因外出做生意等暂时无法核实，因此现有证据材料不能排除张某有获取此笔财产的可能，这种情形，我们不能认为是行为人未能说明财产来源，而只能认为其"已经说明"，作无罪处理。

　　本罪的主体是国家工作人员。国家工作人员，是指国家机关中从事公务的人员。包括在国家机关、国有公司企业、事业单位、人民团体中从事公务的人员和国家机关、国有公司企业、事业单位委派到非国有公司、企业、事业单位、社会团体从事公务的人员，以及其他依照法律从事公务的人员。本罪在主观上是故意，即行为人明知财产不合法而故意占有，案发后又故意拒不说明财产的真正来源，或者有意编造财产来源的合法途径。

要认定巨额财产来源不明罪，首先，行为人必须拥有巨额财产，本人说明了其合法来源的，不能认定为犯罪，如果说明了其非法来源，并查证属实的，就按其行为性质认定犯罪，不认定为本罪。行为人拥有巨额财产，本人不能说明其合法来源的，人民法院判决成立本罪；但司法机关后来查清了该巨额财产的来源，如果来源是合法的，原来的判决必须维持，不能更改；如果来源是非法的，则按非法来源的性质再次定罪，也不能推翻原来的判决。其次，若夫妻双方均为国家工作人员，而其家庭财产明显超过合法收入，差额巨大时，有关机关责令双方说明来源，但是否构成巨额财产来源不明罪，不能一概而论，仍应区别情况，作出不同的处理。但只要认定夫妻双方都拥有超出合法收入的巨额财产，而且夫妻双方都不能说明财产来源，均认定为本罪。例如宋某夫妇均为国家工作人员，丈夫宋某平时从不过问家庭事务，本人的收入均交由妻子保管使用，对妻子的收入也不关心。当司法机关发现其家庭财产和支出明显超过合法收入时，不仅宋某有义务说明其交给妻子保管的收入的来源，其妻也有义务向司法机关说明其本人的收入来源及家庭支出情况。妻子能够说明其收入来源合法，但不能说明丈夫交其保管的财产来源的，不能认定妻子有罪；反之，妻子不能说明自己收入来源的或拒不说明其应知的家庭收入来源的，应认为其构成巨额财产来源不明罪。

关于犯罪数额的认定，实践中计算巨额财产来源不明罪的犯罪数额时，可将犯罪嫌疑人的现有全部财产与以往所有支出的总和减去已认定的犯罪所得（如贪污、受贿数额）及合法收入，剩余的就是来源不明的财产。在具体计算方法上，应注意以下问题：①应把国家工作人员个人财产和与其共同生活的家庭成员的财产、支出等一并计算，而且一并减去他们所有的合法收入。②如果遇到难以计算的情况，计算犯罪嫌疑人合法收入时要采取就高不就低的原则，计算支出时要采取就低不就高原则，即采取有利于犯罪嫌疑人的原则。③为了便于计算犯罪数额，对于犯罪嫌疑人的财产和合法收入，一般可以从犯罪嫌疑人有比较确定的收入和财产时开始计算。

巨额财产来源不明罪与贪污罪、受贿罪是有区别的，巨额财产来源不明罪与贪污罪、受贿罪有着密切的联系，很多巨额财产来源不明就是没有被查明证实的贪污罪和受贿罪。但巨额财产来源不明罪作为一个独立的罪名有着自己的犯罪构成。首先，贪污罪和受贿罪的犯罪主体的范围要比巨额财产来源不明罪大一些，除国家机关工作人员，还包括国有公司、企业、事业单位其他经手管理公共财产的人员和其他依法从事公务的人员。

在犯罪的客观方面，巨额财产来源不明罪只要求行为人拥有超过合法收入的巨额财产，而且行为人不能说明、司法机关又不能查明其来源的即可。也就是说，行为人拥有的来源不明的巨额财产既可能是来自贪污、受贿，也可能是来自走私、贩毒、盗窃、诈骗等行为，这些都不影响构成巨额财产来源不明罪。

君子无罪，怀璧有罪，本意是指百姓没有罪，因身藏璧玉而获罪。原指财宝能致祸，通常是统治者非法获取财物的一种托词，一种强盗逻辑。然而在现实社会中，对于老百姓来说，拥有巨额财产肯定是无罪的。对于国家工作人员来说，其拥有的与其职务不相称的财产若是非法所得，且数额达到标准的，构成犯罪。这并不是要剥夺国家工作人员的财产，而拥有与其职务不相称的非法所得的财产的行为是对国家工作人员职务行为的廉洁性的亵渎。

四十七

挪用公款搞装修，还了也要被追究

2008年2月，遂平县新余乡党委、政府决定由时任新余乡副乡长的赵某负责建设新余乡农贸市场。2008年10月，原新余乡副乡长赵某因家中新房建成，急需一笔资金装修房屋。10月23日，在领取乡政府拨给新余乡建设农贸市场的15万元基建款后，赵某拿出其中的2万元用于自家新房装修。2009年6月，遂平县人民检察院以被告人赵某利用职务之便，采取侵吞的手段，贪污公款2万元，且没有归还，数额较大，其行为构成贪污罪，依法提起公诉。在法院审理案件的过程中，赵某主动将2万元公款全部归还给新余乡政府。遂平县人民法院经公开审理查明：遂平县人民检察院指控被告人赵某的犯罪事实清楚，证据充分，但指控其行为构成贪污罪的定性不准。赵某客观上没有采取隐瞒、掩盖事实真相的方法侵吞、窃取、骗取公款，而是采用挪用的手段占用公款。主观上赵某多次供述没有占有此款的故意，且在案件审理过程中主动归还全部钱款2万元。因此赵某的行为不符合贪污罪的构成要件而符合挪用公款罪的主、客观构成要件，被告人赵某私用公款2万元的行为应按挪用公款罪定罪处罚。遂平县人民法院在查明事实的基础上,作出如下判决:赵某犯挪用公款罪,判处有期徒刑1年,缓刑2年。

根据《刑法》第384条之规定,"国家工作人员利用职务上的便利,挪用公款归个人使用,进行非法活动的,或者挪用公款数额较大、进行营利活动的,或者挪用公款数额较大、超过3个月未还的,是挪用公款罪,处5年以下有期徒刑或者拘役;情节严重的,处5年以上有期徒刑。挪用公款数额巨大不退还的,处10年以上有期徒刑或者无期徒刑。挪用用于救灾、抢险、防汛、优抚、扶贫、移民、救济款物归个人使用的,从重处罚。"

在该案中,检察院认为被告人赵某利用职务上的便利,采取侵吞的手段,非法占有公款2万元,其行为构成贪污罪。而法院则认定被告人赵某在客观上没有采取隐瞒、掩盖事实真相的方法侵吞、窃取、骗取公款,而是采用挪用的手段占用公款2万元。赵某没有占有此款的故意,且在案发前主动退还全部钱款,故其行为构成挪用公款罪。为何检察院与法院对赵某的行为所认定的罪名不一样呢?从贪污罪与挪用公款罪的区别来看:①前者在主观方面是直接故意,即行为人明知是公款而挪用,但不具有非法占有的目的,而是以后准备归还;而后者在主观方面是直接故意,并且具有非法占有且不退还的目的。②前者在客观方面表现为利用职务上的便利,挪用公款归个人使用,进行非法活动,或者挪用公款数额较大,进行营利活动,或者挪用公款数额较大,超过3个月未还的行为;而后者在客观方面表现为国家工作人员,利用职务上的便利,侵吞、窃取、骗取或者其他手段非法占有公共财物的行为。

因此,正确认定赵某行为的性质,关键在于解决两个问题:一是赵某主观上是否有占有该款的故意;二是赵某客观上实施了哪些行为。第一，赵某在占有2万元公款时，没有采用侵吞、骗取、窃取的手段占有公款，而是利用经手管理的职务之便，挪给自己使用，在账面或他人面前留有"挪用"的痕迹，并没有平账，一查便可知公款被其挪用。故赵某客观实施的是挪用的行为而非永久占有的行为。第二，赵某主观上没有永久占有公款不归还的主观故意，只是存在侥幸心理。在没有平账的情况下，挪用公款，归个人使用，被人告发时就立即归还，故不能因其案发前没有归还就认定其有贪污的故意。而案发后，被告人赵某如数退还全部钱款也说明了这一点。综上所述，被告人赵某客观上实施的是挪用公款归个人使用的行为，主观上没有永久占有不归还的故意。故人民法院认定的赵某的行为属于挪用公款罪是完全符合刑法规定的。

根据《最高人民法院关于审理挪用公款案件具体应用法律若干问题的解释》第2条第1款之规定，挪用公款归个人使用，数额较大，超过3个月未还但在案发前全部归还的，可以从轻处罚或免除处罚。因此，笔者认为，在该案中，赵某主动将2万元公款全部归还给新余乡政府应当属于在案发前全部归还的条件，完全可以将此作为一个从轻处罚或免除处罚的量刑情节，而绝对不可以作为挪用公款罪的免罪条件。

关于行为人挪用公款是否退还在定罪方面的问题，现有两种不同的观点。一种观点认为如果行为人将所挪用的公款全部退还，其行为以挪用公款罪定罪处罚；另一种观点则认为如果行为人拒不退还其所挪用的全部公款，其行为则应该以贪污罪定罪处罚。笔者认为，无论行为人是否将其挪用的公款全部退还，都应当构成挪用公款罪而绝非贪污罪。具体包括以下三种情况：

第一种，行为人将其所挪用的公款用于进行赌博、走私等非法活动的,即使将公款全部退还,不管时间是否超过3个月,构成挪用公款罪。

第二种,行为人挪用的公款数额较大,用于进行营利活动的,行为人确因经营失败没有偿还能力,而未退还公款的,不管时间是否超过3个月,以及事后是否退还公款,构成挪用公款罪。

第三种,行为人将公款归个人使用(进行其他活动),数额较大,3个月后未退还公款。行为人有能力偿还,但在案发后,却没有退还的,也构成挪用公款罪。

行为人挪用公款,即使事后不退还,也不能认定为贪污罪。而对于下列的几种挪用公款的行为,应当以贪污罪论处:①携带挪用的公款潜逃的;②挪用公款后采取虚假发票平账、销毁有关账目等手段,使所挪用的公款已难以反映在财务账目上,且没有归还行为的;③截取单位收入不入账,非法占有,使所占用的公款难以反映在财务账目上,且没有归还行为的;④有证据证明行为人有能力归还所挪用公款而拒不退还,并隐瞒挪用的公款去向的。

挪用公款搞装修,用的是国家的钱,办的却是自家的事。无论其所挪用的公款在事后是否退还,都应当构成挪用公款罪,也必将受到法律的追究。挪用公款还了也要被追究,即"还钱"也不可免罪。原新余乡副乡长赵某挪用公款装修自家新房的行为,严重侵犯了公款的占有权、使用权与收益权以及职务行为的廉洁性,违反了国家的法律,理应受到刑事处罚。

四十八

私分小金库，该当何罪

曾主持筹建我国首条跨海铁路——粤海铁路的粤海铁路有限责任公司 5 名原领导班子成员因私分国有资产罪被提起公诉。这 5 人分别是粤海铁路公司原总经理唐某伟、原党委书记张某金及 3 名原副总经理朴某元、杜某荣、李某。国家审计署深圳特派办事处（以下简称"深圳特派办"）在审计粤海铁路通道建设项目的预算执行情况时发现，截至 2000 年年底，粤海铁路公司违规挪用建设资金给所属团体作为经费开支和兴办经济实体，而且利用这些违规资金来发放奖励和福利。深圳特派办责成粤海铁路公司将违规发给该公司中层以上干部的奖金悉数追回，并上缴铁道部。为解决所须清退的奖金款问题，唐某伟、张某、朴某元、杜某荣经过开会研究决定，与中铁某局某项目部邢某编制虚假的大型临时工程，然后粤海铁路公司拨出 200 万元工程款给中铁某局某项目部，再从 200 万元工程款中按要退缴的违规奖金数额领取现金共计 120 余万元后，以个人名义上缴粤海铁路公司财务部作为退缴奖金款。2002 年 4 月，广铁集团公司审计中心发现粤海铁路公司在深圳特派办审计后继续滥发奖金，于是要求粤海铁路公司领导班子成员全额退回在深圳特派办审计后的2001年4月至2002年3月领取的违规奖金共计45.045万元。5人随后开会决定，先由各人自筹资金退缴奖金款。其后，经朴某元联系，又从上次违规拨付中铁某局某项目部的200万元工程款中提取45.045万元。2002年11月，深圳特派办来函要求，粤海铁路公司中层干部必须清退违规领取的奖金。唐某伟、张某金、朴某元、杜某荣、李某5人召开全体中层干部大会，由有困难的中层干部提出由公司代为清退违规奖金的申请。随后，唐某伟确定给南昌铁路某公司虚增500多万元的工程项目，让粤海铁路公司预付500万元工程款给南昌公司，并分五次从中提取现金492.1716万元存入粤海铁路公司账户。随后，唐某伟等人安排粤海铁路公司中层领导在公司财务部已做好的交款单上签字，进行虚假退缴。虚拟工程私分120万元，故伎重施再分45万元，替中层假退492万元，粤海铁路公司五名官员因涉嫌私分657万元国有资产而受审。

依照我国《刑法》第396条之规定，国家机关、国有公司、企业、事业单位、人民团体，违反国家规定，以单位名义将国有资产集体私分给个人，数额较大的，对其直接负责的主管人员和其他直接责任人员，处3年以下有期徒刑或者拘役，并处或者单处罚金；数额巨大的处3年以上7年以下有期徒刑，并处罚金。

私分国有资产罪是属于单位犯罪，犯罪主体是国家机关、国有公司、企业、事业单位、人民团体。虽然本罪主体是单位，但是承担刑事责任的主体，即刑法规定的处罚对象，则仅是个人而不包括单位，即不实行"双罚制"，只对单位直接负责的主管人员和其他直接责任人员，给予刑罚处罚。犯罪对象是国有资产，国有资产包括属于国家所有的财产和债权，既包括国家用各种方式投资在各领域、各部门、各地区和境外形成的经营性和非经营性的资产，也包括属于国家所有的土地、矿产等自然资源和权利归国家所有的版权、商标权等无形资产和历史文化遗产。但作为本罪对象的国有资产主要是指国家机关、国有公司、企业、事业单位、人民团体使用管理的固定资产、流动资金和金融性资产，并不涵盖国有资产的全部类型。在客观方面表现为违反国家规定，集体私分国有资产给个人，并且累计数额达到10万元。"违反国家规定"是指违反全国人民代表大会及其常务委员会和国务院制定的有关管理、使用和保护国有资产方面的法律、行政法规的规定。单位负责人或单位决策机构集体讨论决定分给单位的所有职工或者绝大多数职工，具有在广大职工中公开的特点。例如，违反国家规定，超越权限，擅自提高补贴标准奖金或者擅自将企业生产的产品或者购置的物品分给个人等。如果不是分给所有职工，而是几个负责人暗中私分或者在少数单位员工中暗中私分的，应以贪污罪追究私分者的刑事责任。私分国有资产罪是单位集体意志支配之下的故意。唐某伟、张某金、朴某元、杜某荣、李某三次私分国有财产并不是个人的意志表现，而是以单位全体的名义展开，不正当的利益也是分给单位的大多数人。

　　认定私分国有资产罪，首先，应注意区分国有资产罪与企业合理分配利润的关系。国有公司、企业在依法上缴税金以后，在国家规定的限度内将其所获利润用于发放奖金等是正常合法行为。但是国有公司、企业向职工发放奖金，并不是无限度的，国家对企业利润如何使用有明确规定，对发放奖金的条件、发放奖金的额度等，有专门的规定，关键在于看行为是不是违反了国家有关规定。粤海铁路公司违规挪用的建设资金，并不是该公司所获利润。其次，应正确区分私分国有资产罪与私分国有资产违法行为的界限。根据《刑法》第396条第1款的规定，私分国有资产罪是结果犯，构成本罪必须达到数额较大即私分国有资产累计金额达到10万元。如果国家机关、国有公司、企业、事业单位、人民团体，将国有财产以集体名义私分，但未达到数额较大的，不构成犯罪，只能以一般违法行为来认定。

私分国有资产罪应与共同贪污相区别。共同贪污是指单位负责人或者直接责任人员，擅自将国有财产分给个人或有关人员，而不是按照统一的分配方案公开分给本单位所有职工，少数人中饱私囊，将公共财产共同占为己有的行为。私分国有资产罪是单位负责人或有关责任人集体商议决定以各种名目将国有资产在本单位范围内公开集体私分给所有职工。共同贪污的主体是国家机关工作人员，而私分国有资产罪的犯罪主体则是单位；前者通过侵吞、窃取、骗取或者以其他手段非法占有公共财物，即所谓的暗箱操作；后者是以单位名义经单位领导或者单位决策机构集体研究决定将国有财产分给单位全体人员或绝大多数人员，可谓"阳光透明，人人有份"。正因如此，共同贪污罪与私分国有资产罪都具有严重的危害性。同时私分国有资产罪应与私分罚没财物罪相区别。私分罚没财物罪是指司法机关、行政执法机关违反国家规定，将应当上缴国家的罚没款物以单位名义集体分给个人且数额较大的行为。它与私分资产罪的主要区别在于犯罪对象不同：私分国有资产罪的犯罪对象是国有资产，包括单位在经销活动过程中收取的手续费回扣或者其他物品，单位应当上缴的经营利润、其他收入等；私分罚没财物罪的犯罪对象是司法机关、行政执法机关在履行职责过程中收缴的各种财物。应当注意的是，不论是共同贪污还是私分国有资产、私分罚没财物，都严重侵犯了其职责的廉洁性，是贪污腐化的最直接表现。实践证明，凡有私分国有资产罪的单位往往也存在共同贪污的犯罪行为。

　　私分小金库分的就是国有资产。粤海铁路公司违规挪用建设资金来发放"奖励"和"福利",不但没有为大家造福,反而背负着"国家的蛀虫"之名,违反了法律规定,等待他们的必然是法律的严惩。

四十九

境外存款，必须申报

张某权在担任广东省新兴县县长、县委书记并兼任新兴县公路建设指挥部总指挥期间利用职务便利多次以各种名义收受贿赂，共计港币 80 万元、人民币 24 万余元。同时，还超越职权批准从新兴县公路指挥部专项基金中借给 3 家公司共 1 030 万元，后因 3 家公司经营不善，造成 894.4 万元无法追回的严重后果。此外，张某权还对其在国外的 72 万元存款未依照国家规定申报，对其个人的 50 万余元巨额财产不能说明合法来源。法院最终以受贿罪、巨额财产来源不明罪、隐瞒境外存款罪、滥用职权罪判处其有期徒刑 12 年，并没收个人全部财产。

张某明曾是上海市嘉定区供销合作总社主任，他多次利用职务便利，伙同他人侵吞公款 199 万多元，并接受贿赂 352 万多元，且还有银行存款、房产、股票等巨额财产 1 300 多万元不能说明合法来源。另外，他以妻子的名义在香港汇丰银行设立账户，存入巨额外币存款，未按照国家规定向主管部门如实申报，后又转汇至美国，隐瞒了境外存款事实。案发后，检察机关从境外账户查获折合人民币 344 多万元的港币及美元存款。经法院审

理认定，张某明构成受贿罪、隐瞒境外存款罪，决定数罪并罚，判处其有期徒刑20年。

不是所有人的境外存款都必须申报，需要申报的是国家工作人员。根据《刑法》第93条的规定，国家工作人员是指在国家机关中从事公务的人员，国有公司、企业、事业单位，人民团体中从事公务的人员和国家机关、国有公司、企业、事业单位委派到非国有公司、企业、事业单位、社会团体从事公务的人员。上述两个案例中，张某权为广东省新兴县县长、县委书记并兼任新兴县公路建设指挥部总指挥，他是国家工作人员中的国家机关工作人员；张某明为上海市嘉定区供销合作总社主任，他是国家工作人员中的国有公司工作人员。张某权和张某明都为国家工作人员，利用自己的职务便利多次进行贪污、受贿，并把自己贪污受贿所得的巨额财产通过不同的途径存入境外的银行。

国家工作人员的收入应该是透明的，国家工作人员在境内的存款应该及时汇报接受广大人民群众的监督。从古到今，权和钱都是紧密联系在一起的。如果不对国家工作人员的收入采取一定的监督和申报制度，就难保不会发生权钱交易的腐败行为。所以，国家工作人员在境外银行的存款必须申报。对于隐瞒的境外存款，并不一定只有是贪污、贿赂和其他非法所得才能构成隐瞒境外存款罪。即使该存款的来源是合法的，只要该国家工作人员没有依照规定申报，也一样构成隐瞒境外存款罪。这是因为隐瞒境外存款罪是针对境外存款的监督，而不在于追究其财产来源是否合法。张某权和张某明都有对境外存款申报的义务，但是他们却利用自己的职务便利进行权钱交易的腐败行为，并把贪污、受贿所得通过不同的手段存入境外，隐瞒不报。

国家工作人员在境外的存款就必须要申报，不申报就构成隐瞒境外存款罪。那么对构成此罪的"存款"有没有数额上的要求呢？是不论境外存款多少，只要没有申报就构成该罪？还是境外存款只有达到一定的数额隐瞒不报才构成该罪呢？刑法上的规定是"数额较大"，即隐瞒的境外存款折合人民币数额在30万元以上。上述案例中的张某权和张某明在境外的存款都远远地超过了30万元，都属于数额特别巨大。

结合上面这两个案例，我们可以发现，张某权和张某明他们两个并不是单独地只构成隐瞒境外存款罪，而是和受贿罪、巨额财产来源不明罪等罪实行数罪并罚。在整个司法实践中到目前为止也没有一个案件是单独以隐瞒境外存款罪定罪处罚的，那这又是为什么呢？原因之一是隐瞒境外存款罪与巨额财产来源不明罪存在并生的现象。如果一个国家工作人员在境外有100万元存款，没有依法申报，那他就构成隐瞒境外存款罪；但是如果他对国外的存款不能说明其来源的，则不应该用隐瞒境外存款罪来处罚了，应该用巨额财产来源不明罪来定罪处罚。原因之二是想要认定隐瞒境外存款罪是非常困难的，在海外取证难，再加上我国的国家工作人员的财产申报制度也不完善等，最终造成了隐瞒境外存款罪单独适用难的问题。

经过上面的介绍和分析，可知国家工作人员境外存款必须申报在一定程度上可以扼制国家工作人员贪污、受贿等贪利性犯罪，保障国家工作人员和政府的廉洁性。由此也说明了国家工作人员境外存款必须申报的重要性，我国应该大力完善国家工作人员境外存款申报制度，明确怎么申报，向谁申报等具体性问题。

五十

罚没财物，一律上缴

2001年3月19日，被告赵某勇被任命为万宁市交通规费征稽所所长。从2002年3月至2003年3月仅一年的时间，该所共收取罚没款126万余元，赵某勇以万宁市政府同意从万宁市征稽所罚没款中返还60%作单位经费为由，将这笔钱存入了单位的"小金库"。不久，赵某勇又以发放各种补助的名义将其中的109万元私分给该所职工。此外，赵某勇在2003年元旦期间，以送礼、请客为由，从"小金库"中支出公款2万元。事发后，他立即退还了2万元。2003年3月16日，赵某勇主动向万宁市人民检察院投案。同年7月4日，万宁市检察院对赵某勇提起公诉。

2003年9月，万宁市人民法院作出一审判决。以私分罚没财物罪和贪污罪，判处赵某勇有期徒刑4年。赵某勇不服，提起上诉。2004年7月27日，海南省海南中级人民法院对该案进行二审。海南中级人民法院认为赵某勇身为国家行政执法单位主要负责人，不履行财政部、监察部、国家发展计划委员会、审计署、中国人民银行研究制定的《行政事业性收费和罚没收入实行"收支两条线"管理的若干规定》，及国务院发布的《罚款决定与罚款收缴分离实施办法》的规定，擅自将应当上缴国库的罚没款进行截留存入单位私自设立的"小金库"，脱离财政部门的监督，并以生活补助、节日补助、旅游费、举报协查费等名义私分给单位个人，数额巨大，其行为已构成私分罚没财物罪。依照《刑法》第396条第2款判决维持原判。

1997年修订的《刑法》第369条第2款规定："司法机关、行政执法机关违反国家规定，将应当上缴国家的罚没财物，以单位名义集体私分给个人的"，是私分罚没财物罪。该罪的设立，从一开始就充满争议，主要是因为本罪与贪污罪、私分国有资产罪打击的犯罪主体、客体高度类似。

另外，自私分罚没财物罪设立以来，与该罪名有关的案件极少，因此学界有不少人建议将该罪废除或与它罪合并。引言中提及的赵某勇案是十多年来较为知名的案例，该案对私分罚没财物罪的法律适用具有典型意义。该案中主要体现了三个问题：

（1）赵某勇将私自截留的罚没款物作为单位活动经费的行为是否构成违法？

我国财政管理强调"收支两条线"，即各级机关财政拨款与收入彼此独立，互不干涉。早在国务院1990年下发的《关于坚决制止乱收费、乱罚款和各种摊派的决定》和1993年下发的《关于转发财政部〈关于对行政性收费、罚没收入实行预算管理的规定〉的通知》中，我国就严格规定国家财政必须严格执行"收支两条线"。国务院于1998年下发的《罚款决定与罚款收缴分离实施办法》在第4条更是进一步对罚没财物的管理作出了明文规定："罚款必须全部上缴国库，任何行政机关、组织或者个人不得以任何形式截留、私分或者变相私分。行政机关执法所需经费的拨付，按照国家有关规定执行。"因此，司法机关和行政执法机关私自截留罚没财物并私分以抵扣财政拨款的行为，一方面是对国家强制性规定的侵犯，另一方面也破坏了我国的财政秩序，于法不容。

笔者认为这种定性不是绝对的，在某些特殊的情况下，私分罚没财物的行为可以不被认定为犯罪。例如，在财政拨款不到位的情况下，司法机关和行政执法机关截留罚没财物，并作为工资向单位员工发放。笔者认为，这种行为不能追究刑事责任。从单位角度看，财政拨款不到位意味着单位的正常运转将受到影响；从单位员工角度看，财政拨款不到位意味着工资被拖欠；从社会角度出发，财政拨款不到位就会影响人民的正常活动，危害政府公信力。这三者实际上都折射出一个事实，那就是一旦财政资金出现不到位的情况，单位、个人乃至社会的合法权益都会面临受损的可能，此种情况下挪用罚没财产应被视为违反财政纪律的行为，而不是触犯刑律的行为。只要事后能够及时返还被挪用的罚没财物，不至于对国家财政造成重大损失，就不应当成立犯罪。

（2）从私分罚没财物行为中受益的个人是否也应构成该案的犯罪主体？

笔者认为，参与私分罚没财物的个人不应当被认定为犯罪主体。本罪属于单位犯罪，《刑法》第31条规定："单位犯罪的，对单位判处罚金，并对其直接负责的主管人员和其他直接责任人员判处刑罚。本法分则和其他法律另有规定的，依照规定。"该案中参与私分罚没财物罪的人员虽然较多，但是大多数人是依照单位意志，也就是赵某勇和其他直接负责人的决定参与至私分罚没财物的行为之中，很多人甚至对自己分到了不该分的钱这件事毫不知情。如果据此来处罚全部参与私分行为的人员显失公平，而且从实际角度出发，将所有人都列为犯罪主体将难以区别个人应当分担的刑事责任。因此，从本罪中受益的个人不宜被认作是犯罪主体，更不宜加以处罚。当然，不处罚并不意味着他们不需要赔偿国家的损失，参与了私分罚没财物的人应当返还私分的财物，或者将相应金额从他们的工资中扣除。

（3）该案中万宁市政府与万宁市征稽所之间的协议能否成为免责的理由？

如前文所述，我国财政管理强调"收支两条线"，各级机关的财政拨款与收入相互独立。尽管该案中万宁市政府和万宁市征稽所之间达成返还60%所上缴罚没财物作单位经费的协议，但是这并不意味着万宁市征稽所有权截留罚没财物。而是应当严格按照规定，将经手的罚没财物悉数上缴国家财政，之后再由万宁市政府按照比例，额外调拨一部分财政预算给万宁市征稽所。换句话说，财政拨款只能由财政部门管理和发放。因此，所谓的返还协议不能作为免责的事由。

尽管争议不断，而且在司法实践中的实用性显得略差，但不可否认的是，私分罚没财物罪在改革开放后曾有力地打击了数量激增的经济类犯罪，保护了国家的正常财政秩序，维护了国家对国有资产的所有权、管理权，保障了国家工作人员自身的廉洁性，并为国家机关的财政管理提供指导和借鉴。在未来一定时间内，私分罚没财物罪在维护我国正常的社会秩序方面继续将发挥它的价值。

五十一

俸禄之外，皆为非法

　　安徽省原副省长倪某科受贿、巨额财产来源不明一案，由山东省东营市人民检察院提起公诉。2000年至2012年，被告人倪某科利用其担任安徽省六安地区行署专员、六安市人民政府市长、中共六安市委书记、安徽省人民政府副省长等职务上的便利，为多家单位谋取利益，非法收受财物共计折合人民币1 348.282 71万元。截至案发前，被告人倪某科及其家中有现金、银行存款、房产、玉石、字画等财产共计折合人民币1 730.504 631万元，其个人及家庭在购买房产、投资理财等方面的支出为人民币988.870 945万元，以上财产和支出共计人民币2 719.375 576万元。其中能够说明来源的财产为人民币2 138.693 957万元，倪某科对折合人民币580.681 619万元的财产不能说明来源。被告人倪某科身为国家工作人员，其家庭财产和支出明显超过合法收入，对共计折合人民币580.681 619万元的财产不能说明来源，其行为触犯了《刑法》第395条第1款，犯罪事实清楚，证据确实、充分，应当以巨额财产来源不明罪追究其刑事责任。2015年2月28日，东营市中级人民法院作出一审判决，对东营市人民检察院《起诉书》和《公诉意见书》认定的倪某科的全部犯罪事实予以采信，以受贿罪判处其有期徒刑 15 年，并处没收个人财产 100 万元；以巨额财产来源不明罪判处其有期徒刑 4 年。决定执行有期徒刑 17 年，并处没收个人财产人民币 100 万元。

《刑法》第 395 条规定："国家工作人员的财产、支出明显超过合法收入，差额巨大的，可以责令该国家工作人员说明来源，不能说明来源的，差额部分以非法所得论，处 5 年以下有期徒刑或者拘役；差额特别巨大的，处 5 年以上 10 年以下有期徒刑。财产的差额部分予以追缴。"

巨额财产来源不明罪的犯罪主体是特殊主体，即国家工作人员。根据我国《刑法》第 93 条的规定，国家工作人员是指国家机关中从事公务的人员。国有公司、企业、事业单位、人民团体中从事公务的人员和国家机关、国有公司、企业、事业单位委派到非国有公司、企业、事业单位、社会团体从事公务的人员，以及其他依照法律从事公务的人员，以国家工作人员论。被告人倪某科曾任安徽省六安地区行署专员、六安市人民政府市长、中共六安市委书记、安徽省人民政府副省长，即国家工作人员。

国家工作人员的合法收入是计算非法所得的基础。国家工作人员的合法收入包括工资、奖金、稿酬、继承等法律和政策允许的各种收入。根据公务员法，国家公务员禁止从事或者参与营利性活动，禁止在企业或者其他营利性组织中兼任职务。"俸禄之外，皆为非法"。即国家工作人员除薪水奖金外从事第二职业或经营其他活动所得收入皆为非法，但非法不一定犯罪，只有非法所得收入数额在 30 万元以上才构成犯罪。非法所得数额应以国家工作人员的财产或者支出与其合法收入的差额部分计算。在计算时应注意以下问题：第一，应把国家工作人员个人财产和与其

共同生活的家庭成员的财产、支出等一并计算，而且一并减去他们所有的合法收入以及确实属于与其共同生活的家庭成员的非法收入。第二，行为人所有的财产包括房产、家具、生活用品、学习用品及股票、债券、存款等不动产和动产；行为人的支出包括合法支出和不合法支出，包括日常生活、工作、学习费用、罚款及向他人行贿的财物等。第三，为了便于计算犯罪数额，对于行为人的财产和合法收入，一般可以从行为人有比较确定的收入和财产时开始计算。

本罪的客观行为表现为当财产、支出明显超过合法收入，差额巨大，在有关机关责令行为人说明来源时，行为人不能说明其来源。"行为人说明来源"是其义务，"行为人不能说明其来源"是不作为的表现，所以本罪是真正不作为犯。行为人"不能说明来源"包括：①行为人拒不说明财产来源；②行为人无法说明财产的具体来源；③行为人所说明的财产来源经司法机关查证并不属实；④行为人所说的财产来源因线索不具体等原因，司法机关无法查实，但能排除存在来源合法的可能性和合理性的。在该案中，倪某科对 580.681619 万元的财产不能说明来源，该数额已远远超过了 30 万元，显然构成了巨额财产来源不明罪。

如果行为人能够说明财产的来源是合法的，并经查证属实的，应作为本人的合法收入；如果行为人说明了其他非法来源，比如说贪污、受贿所得，经查证属实的也不能认定为本罪。巨额财产来源不明罪与贪污罪、受贿罪等属于同一类犯罪，在各方面都有相似之处，而且很多来源不明的巨额财产就是通过贪污、受贿等犯罪行为获得的，因而它们之间有十分密切的联系，但又有所不同。巨额财产来源不明罪只要求国家工作人员拥有超过合法收入的巨额财产达到 30 万元，而且行为人又不能说明，司法机关也不能查明其来源。而贪污、受贿罪要求国家工作人员必须利用职务之便实施了贪污、受贿的行为，司法机关已经收集到行为人实施贪污、受贿犯罪活动的相关证据，且犯罪数额较大。因此，对于行为人的巨额财产若能够查明是贪污、受贿所得，即应以贪污罪、受贿罪定罪，而不应以巨额财产来源不明罪定罪；若行为构成数罪则实行数罪并罚。在该案中倪某科非法收受财物共计折合人民币 1 348.282 71 万元构成受贿罪，对其不能说明来源的 580.681 619 万元认定为巨额财产来源不明罪，构成数罪，应实行数罪并罚。

国家工作人员代表国家行使管理国家的权力，应当一切从国家和人民的利益出发，廉洁自律，克己奉公，为谋取私利而进行违法犯罪活动必将受到法律的严惩。巨额财产来源不明罪的设立完善了惩治贪污贿赂犯罪的立法体系，对保障国家机关的正常活动，维护社会秩序，预防国家工作人员职务犯罪具有十分重要的意义。

五十二

单位借款行为可以构成挪用公款罪

某国有房产开发公司共有职工24人,其中中层以上干部9人。2006年3月,总经理刘某召集公司中层以上干部开会,会上刘某提出由9个中层以上领导合伙成立一个物业管理公司,所需注册资金50万元无须个人支付,借用房产开发公司账上50万元,待注册成功后即将50万元返回房产公司账上。与会者均同意刘某意见,并表示同意入股,并约定物业管理公司一共12股,其中刘某3股,副经理张某2股,其他7人每人1股。后经过运作,从房产开发公司账上借用了50万元到物业管理公司注册银行账户,并将这50万元划分到刘某等9人名下,在验资文件和公司章程中,均注明刘某出资15万元,张某出资10万元,其他7人每人出资5万元。物业管理公司成立后,从2006年起,刘某等9人每年都分得红利每股1 200元。2008年,房产开发公司其他职工获悉此事后,认为房产开发公司领导以权谋私,不断上访告状,要求处理。检察院以刘某等人构成挪用公款罪,向法院提起公诉。

挪用公款罪是指国家工作人员,利用职务上的便利,挪用公款归个人使用，进行非法活动的；或者挪用公款数额较大，进行营利活动的；或者挪用数额较大，超过3个月未还的行为。一般的挪用公款罪，其主体相对于集体来说是少数人，参与并了解详情的人不多。该案中，刘某召集公司中层以上干部讨论挪用公款，单位的大部分领导都参与并一致决定将公款借给物业管理公司，参与了解详情的人多。物业公司是房产公司领导合伙成立的，物业公司的盈利与房产公司领导之间有密切关系。物业管理公司成立后，每年都分得红利每股1 200元，九人均获得利益。利益归属是结果认定标准，具有决定性作用。因此房产公司没有因为借出的50万元获得利益，九人的共同行为只是为自己谋取了利益，房产单位没有获利，刘某等人的行为构成挪用公款罪。

挪用公款归个人使包括以下三种情况：①将公款供本人、亲友或者其他自然人使用的。②以个人名义将公款供其他单位使用的。③个人决定以单位名义将公款供其他单位使用，谋取个人利益的。其中"个人决定"既包括行为人在职权范围内决定，也包括超越职权范围决定。"个人"并不限于一个人，而是相对单位、集体而言。没有经过单位领导的集体研究，只是由其中的少数领导违反决策程序决定将公款供其他单位使用的，属于"个人决定"。该案中，挪用公款的行为不是国有房产公司的全部领导集体研究作出的，而是由9个中层以上干部领导讨论研究作出的，他们同时获得了个人利益，刘某等人的行为看似集体研究，实际上是刘某个人决定的。"名义"的一般意义是指做某事时用来作为依据的名称或称号，"个人名义"和"单位名义"是相对的两个概念。用"单位名义"实施的行为，即为单位行为，单位行为包括两种情况：一是由单位的负责人员集体研究决定，代表单位的意志，或是单位的主管人员代表单位的意志对单位事务作出的决定；二是行为目的是为单位谋取利益，主观上没有谋取个人利益的意图。除此之外，凡是不具有单位行为的特征，就应认定为"以个人名义"进行的个人行为。因此，对于将公款供其他单位使用的是否认定"以个人名义"，不能只看形式，而要从实质上分析是单位行为还是个人行为。总经理刘某召集公司中层以上干部开会，中层以上干部中包含了房产公司的负责人员，开会作出借出 50 万元的决定，代表了单位的意志，即刘某等人是用单位名义实施的行为。因此，刘某等人的行为是挪用公款归个人使用中的"个人决定以单位名义将公款供其他单位使用的，谋取个人利益的"。

《全国人民代表大会常务委员会关于〈中华人民共和国刑法〉第三百八十四条第一款的解释》将挪有公款"归个人使用"解释为三种情形，从中可知挪用的公款必须与挪用者本人有利益或者名义上的关系，否则不成立挪用公款罪。利益关系是挪用公款者通过挪用公款可以获得利益。关于"个人决定以单位名义将公款供其他单位使用，谋取个人利益的"的规定，更是说明了挪用者如果和借款没有名义或者利益上的关系，就不构成挪用公款罪。换言之，个人决定以单位名义将公款供其他单位使用，如果没有谋取个人利益，则不构成挪用公款罪。刘某等人挪用公款的行为谋取了个人利益，构成挪用公款罪。

挪用公款罪是将公款私用，侵犯公款的专用权，并有损职权廉洁性的职务犯罪。该案中，刘某假借集体研究之名，借公款牟私利。行为虽具有欺骗性，但仍逃不出纪检司法人员的法眼。

五十三

单位之间的拆借构成挪用公款

2013年4月，任某时任平泉县国土资源局地勘股股长，受其局长陈某甲的委托，在为国有企业平泉县金源盛矿业有限公司去河北省国土资源厅办理探矿权许可证的过程中，利用职务之便，以泉县国土资源局借差旅费的名义于2013年4月18日从平泉县金源盛矿业有限公司借款13万元，因此款到省国土资源厅没有用到，被告人任某回来后没有及时还款，而是将此款分几次用于其与他人合伙开办的百兴园林绿化有限公司的生产经营活动。2013年6月14日任某将挪用的款项全部归还。被告人任某作为国家工作人员，利用职务上的便利，挪用公款用于自己公司的营利活动，数额较大，其行为构成挪用公款罪。

《刑法》第384条规定：国家工作人员利用职务上的便利，挪用公款归个人使用，进行非法活动的；或者挪用公款数额较大，超过3个月未还的，构成挪用公款罪。任某以所在单位的名义及事由向其他单位挪借款项，最后用于个人营利，将此款分几次用于其与他人合伙开办的百兴园林绿化有限公司的生产经营活动，明显符合了挪用公款罪的构成要件。《全国人民代表大会常

务委员会关于〈中华人民共和国刑法〉第三百八十四条第一款的解释》中对挪用公款归个人使用作出了专门解释:"(一)挪用公款供本人、亲友或者其他自然人使用的;(二)以个人名义将公款供其他单位使用的;(三)个人决定以单位名义将公款供其他单位使用,谋取个人利益的。"该案任某的行为形式上看起来是其将公款以个人名义拆借给其他单位,但实质上他是该单位的开办合伙人,将此款用于该单位经营实际上用于个人盈利,仍然是符合该解释中的"(一)挪用公款供本人、亲友或者其他自然人使用",需要说明的是,该解释中第(二)、第(三)种情形,若出借单位的经手人以个人名义将公款借给他人,或以单位名义借给其他单位谋取个人利益的,以挪用公款罪论处;若出借单位是以单位名义出借,且无人从中获取利益,不构成挪用公款罪。该案中任某虽然表面上看是在从单位的拆借上做文章,实质上仍然构成了挪用公款罪。

该案中任某的行为符合《全国人民代表大会常务委员会关于〈中华人民共和国刑法〉第三百八十四条第一款的解释》中的第(一)种情形:挪用公款供本人、亲友或者其他自然人使用。但是我们不能忽视该解释中的第(二)和第(三)种情形中挪用公款归个人使用的情况。郑州市糖业烟酒总公司西苑副食品商场(以下简称"西苑商场")系国有郑州市糖业烟酒总公司的分支机构,属于国有企业的分支机构(非法人)。蒋某华系西苑商场经理,王某成系西苑商场党支部书记兼副经理,邵某于2000年7月后担任西苑商场出纳。2009年8月,蒋某华在担任西苑商场经理期间,与其相识的晋城东方玻璃制品有限公司董事长马某因公司欠银行贷款而找到蒋某华提出借款,蒋某华遂与时任西苑商场党支部书记的王某成商议后,二人利用职务之便,私自通知西苑商场财务人员将西苑商场200万元公款借给马某的公司用于归还银行贷款。后马某于同年10月份将该笔公款归还西苑商场，并支付给王某成4万元利息，后王某成将该利息款交给西苑商场入账。在此案中，蒋某华和王某成均被法院判处挪用公款罪。很明显，如果抛开前述解释中的第（二）种情形，我们很难对蒋某华和王某成的行为定性，因为两人的行为并没有从中受益，也没有超过三个月不归还的情况。蒋某华和王某成商议后将所在单位的资金借出，这两个人的意思不代表单位的意思，而且也没有以单位名义借出，而是出于私交以个人名义直接将本单位财产借出，这种行为符合"以个人名义将公款供其他单位使用的"，构成挪用公款罪。另外，结合该案例我们还要注意一点，就是两人以个人名义将单位资金借出是没有从中获益的，在马某于同年10月份将该笔公款归还西苑商场，并支付给王某成4万元利息时，王某成将该利息款交给西苑商场入账，虽然借出去的钱收到了利息，但是被告人将利息存入了所在单位。一旦其将所受利息占为己有，我们就应该考虑其不仅是挪用公款，而且构成了受贿罪，因为挪用公款和受贿是由两个行为构成的，挪用公款在前，在完成挪用公款后有了受贿的意图并接受了贿赂。所以在单位拆借时，应当注意以个人名义将公款供其他单位使用时，即使本人没有从中获利也能够构成挪用公款罪。

关于前述解释中的第（三）种情形：个人决定以单位名义将公款供其他单位使用，谋取个人利益的情况。我们结合下面的案例具体分析：2008年4月，曲周县人温某找到曲周县农业区划开发办公室主任王某，提出其主管单位资金紧张，向王某拆借10万元，并承诺将其中1万元作为好处返还给王某。随后王某让李某以单位名义将李某保管的曲周县农业区划开发办公室的账

外款 10 万元借给温某所在单位，2010 年 9 月 29 日，温某将该 10 万元借款归还。法院判处王某犯单位受贿罪，判处有期徒刑 1 年；犯挪用公款罪，判处有期徒刑 3 年；两罪并罚，决定执行有期徒刑 3 年，宣告缓刑，缓刑考验期限为 5 年。从该案中我们看到王某个人决定以单位名义将公款供其他单位使用，谋取个人利益的行为恰好符合了前述解释中的第（三）种情形，且谋取的个人利益不限于该案中的钱财，还包括接受性贿赂，或者对方承诺在个人仕途上给予帮助等其他形式的利益。该案还有一点我们应该注意，就是被告人在定罪时还被判处了受贿罪，而且和挪用公款罪两罪并罚，出现这种情况的原因是王某在挪用公款时还收受了温某的 1 万元贿赂。符合了 1998 年司法解释第 7 条之规定，即挪用公款索取、收受贿赂构成犯罪的，依照数罪并罚的规定处罚。

通过上述案例和分析，我们可以在一定程度上了解单位之间的拆借在什么情况下构成挪用公款。在实践中在对此种情况认定时，必须要注意对挪用公款归个人使用这一构成要件的分析，结合《全国人民代表大会常务委员会关于〈中华人民共和国刑法〉第三百八十四条第一款的解释》，对单位之间的拆借是否构成挪用公款进行正确认定。

五十四

被投资担保公司"吸收"的公款

　　李某珍在陕县煤炭管理办公室任财务室出纳期间,主要负责管理陕县煤炭管理办公室的账目资金报销,还保管单位银行账户密码、单位财务印章、领导印章、现金支票。李某珍前后挪用四笔公款共787万元放到陕县东泰实业有限公司收取高额利息。第一次是2013年10月11日挪用140万元转到投资担保公司陕县东泰实业有限公司秦某建行账号上,2013年10月14日因单位要付款给煤矿用,东泰公司转回来60万元现金。12月11日单位又要付款给煤矿,东泰公司又转回30万元,剩余50万元。李某珍把这50万元和其姐李某珍的15万元合在一起,以李某珍自己的名义与东泰公司重新签订用款协议。第二次是2014年1月2日,李某珍从单位取出60万元现金存到东泰公司秦某账户上,又从其个人账号转给东泰公司10万元,这10万元也是单位的公款,总共70万元,这次以李某珍丈夫王某丁的名义与东泰公司签订的用款协议。第三次是2014年1月14日,李某珍用单位的对公账户直接转给东泰公司500万元,然后以其儿媳妇蔡某的名义签订协议;2月14日以其儿子王某乙的名义重新签订协议。第四

次是2014年7月3日,李某珍通过单位账户又转给东泰公司账户167万元,这次是以其丈夫的弟弟王某戊的名义签订的协议。这几次都是东泰公司业务员段某打电话通知李某珍钱到账了,两人对一下账目,然后段某把合同签好送给李某珍。李某珍与东泰公司约定50万元以上按1.8分利息支付,每月签一次合同。从2014年8月1日后按1.5分利息支付给李某珍,每月签一次合同。李某珍挪用的公款都是义煤集团前期支付放到其单位的煤矿关闭补偿金。挪用的787万元本金和应得的91万元利息都无法追回,东泰公司给的利息都是在合同中续存。法院判决李某珍犯挪用公款罪,判处有期徒刑14年。

在该案中,李某珍先后将787万元的公款借给投资担保公司来谋取高额利息,是挪用公款归个人使用。对于"归个人使用"的界定,不仅学理界认识不一,相关司法解释也存在矛盾和冲突。从1998年到2002年,关于"个人"认定的司法解释一直在变化。《全国人民代表大会常务委员关于〈中华人民共和国刑法〉第三百八十四条第一款的解释》将挪用公款"归个人使用"的含义解释如下:"有下列情形之一的,属于挪用公款'归个人使用':(一)将公款供本人、亲友或者其他自然人使用的;(二)以个人名义将公款供其他单位使用的;(三)个人决定以单位名义将公款供其他单位使用,谋取个人利益的。"这一立法解释为挪用公款"归个人使用"的认定提供了法律依据。①从字面含义看,个人就是指的自然人。因此,挪用公款供本人、亲友或者其他自然人使用,是挪用公款"归个人使用"的应有之义。②该立法解释对"其他单位"的所有制性质和是否具有法人资格并未作出限定,意味着这里的"其他单位",从所有制性质上,既包括国有、集体所有的公司、企业、事业单位,也包括私营所有的公司、企业、事业单位。从是否具有法人资格上,既包括具有法人资格的公司、企业、事业单位,也包括不具有法人资格的私营独资企业、私营合伙企业。由此看,投资担保公司应属于"其他单位"的范畴,将公款投入投资担保公司的行为属于"挪用公款归个人使用"。

李某珍在这四次挪用公款的过程中,是以自己或者亲戚的名义签订协议。"以个人名义"是指挪用人违反财经管理制度,未经合法程序批准、许可,将公款擅自借给其他单位使用(一般不存在书面的借款合同)。如果挪用公款给其他单位使用,是经过单位集体讨论通过或者同意的,则属于以单位名义挪用公款的行为。而这种行为是否构成挪用公款罪,我国法律及相关司法解释并无规定。但比较相似的,有《2001年最高人民法院刑二庭关于以单位名义挪用公款给个人使用是否构成挪用公款罪的处理意见》认为,经单位领导集体研究决定挪用公款给个人使用,或者单位领导为了单位利益,利用本人职权,擅自决定挪用公款给个人使用的,均不应以挪用公款罪追究刑事责任。《全国法院审理经济犯罪案件工作座谈会纪要》也认可了刑二庭的这一解释。前述处理意见和纪要不属于法律及司法解释,对司法实务有一定的参考作用,但不能一概而论。我们认为,认定以单位名义挪用公款的行为是否构成挪用公款罪,不能只看形式,要从实质上分析是单位行为还是个人行为。单位行为是由单位的负责人集体讨论研究,目的是为单位谋取利益,若是借单位名义挪用公款,实际上为了个人私利,则不属于单位行为,构成挪用公款罪。

依照相关司法解释,根据挪用公款的用途不同,法律规定了不同的数额和时间限制:①挪用公款归个人使用,进行赌博、走私等非法活动的,以挪用公款5 000元至1万元为定罪的数额起点,没有时间要求。②挪用公款数额较大,归个人进行营利活动的,以挪用公款1万元至3万元为数额较大的起点,不受挪用时间和是否归还的限制,在案发前部分或全部归还本息的,可以从轻处罚;情节轻微的,可以免除处罚。③挪用公款归个人使用,数额较大,超过3个月未还的,以挪用公款1万元至3万元为"数额较大"的起点。区分"营利活动"与"非法活动",我们认为区分营利活动与非法活动应当以挪用公款后的实际用途来认定。挪用公款的主体的不合法性并不必然推出其从事的活动也是非法的。对国家工作人员从事经济活动,不能一概认定为"非法活动",而应具体情况具体分析。国家工作人员如果挪用公款后进行的经营活动是法律允许的范围,那就按"营利"来处理;如果挪用公款后进行法律所不许可的活动,就按"非法活动"来对待。李某珍的投资行为虽有主体上的不合法性,但其从事的经济活动客观上是合法的,因此应认定为个人进行营利活动。

对于挪用公款罪刑法条文的理解,既要注意其字面语义,又要从立法本意上去理解,该案中将公款挪用于投资担保公司来谋利,这种犯罪形式虽然不常见,但仍属于挪用公款,依旧难逃法律的制裁。

五十五

公款被套，岂能一逃了之

Z 在担任地质队长助理兼财务中心室主任、会计期间，利用主管财务工作、做账和保管单位公章的职务便利，于 2000 年 8 月以虚假理由骗取出纳信任，开具该单位的现金支票人民币 6 万元，支取并挪用于个人炒股。而后，又以该单位名义用公款人民币 20 元私下购买现金支票，并采取偷盖出纳章及制作假银行对账单等手段，于 2001 年 4 月至 7 月先后 5 次从单位的银行账户上提取现金共计人民币 23.998 万元，除其中一笔 2 万元用于其家庭购房外，其余款项均用于炒股。2001 年 9 月 7 日，被告人 Z 得知其罪行败露，次日将所有购买的股票抛售得款 12.35 万元后，又于 9 月 9 日再次采用上述手段，从单位的银行账户上提取现金人民币 4.8 万元，将其中的 1 万元用于偿还个人债务，将上述两笔款项中的人民币 13 万元化名存入银行，将存折委托他人转交给其家属作为家用，并于当日携余款潜逃。在其家属规劝下，Z 投案自首。案发后，追回赃款人民币 16.33 万元，退还被告人 Z 原所在单位。法院认为，被告人 Z 身为国家工作人员，却利用职务上的便利，侵吞公款人民币 17.15 万元，其行为已构成

贪污罪；挪用人民币 17.65 万元，归个人使用和进行营利活动，其行为还构成挪用公款罪，数罪并罚。判决被告人 Z 犯贪污罪，判处有期徒刑 10 年，犯挪用公款罪，判处有期徒刑 11 年，数罪并罚，决定执行有期徒刑 20 年。

庭审中，被告人 Z 对检察机关起诉指控的犯罪事实供认不讳。被告人 Z 的辩护人对被告人 Z 犯贪污罪、挪用公款罪无异议，但其辩称，被告人 Z 将 13 万元化名存入银行后，并未携带存折潜逃，该款之前确系挪用于炒股，是否因此而认定贪污罪抑或可以认定挪用公款罪，请求合议庭综合评定。

此案二审时，省高级人民法院认为，股票抛售款不属于上诉人 Z 挪用公款的性质，原判将该款和出逃当日侵吞的共计人民币 17.15 万元认定为上诉人 Z 贪污的数额正确，但原判将上诉人 Z 股票抛售款扣除后的余额认定为挪用公款的数额，定性不当，应予纠正。上诉人 Z 对其从原单位提取的人民币 34.8 万元公款均具有非法占有的目的，其行为已构成贪污罪，其贪污的总额应为人民币 34.8 万元。依照刑事诉讼法之规定，判决维持一审人民法院刑事判决中对被告人 Z 犯贪污罪的定罪部分和追缴赃款的判决；撤销一审人民法院刑事判决中对被告人 Z 犯贪污罪的量刑和犯挪用公款罪的定罪量刑部分的判决；终审判决上诉人 Z 犯贪污罪，判处有期徒刑 10 年。

这是一起因挪用公款行为而引致的贪污案例。对于公款，实践中行为人先挪用而后贪污，在我们周围生活中并不少见，很多人而并不了解这种行为的性质为何改变和究竟触犯了刑法中的什么罪名。

被告人 Z 犯罪行为可以分为以下两个阶段：第一阶段，其先后两次挪用公款共计约 30 万元，其中 2 万元用于家庭购房，其余款用于炒股。第二阶段，在其得知行为败露后，低价抛售利用公款所购全部股票款12.35万元，又从单位银行账户上提取现金4.8万元，将其中的1万元用于偿还个人债务，将其中的13万元以化名存入银行，委托他人交给其家属享用，后携余款潜逃。

很明显，被告人Z在其行为的第一阶段，属于挪用公款归个人使用和进行营利活动，此时的案件的性质是挪用公款罪无疑。但是，在第二阶段，则由挪用公款向贪污转化，此时其行为性质便发生变化。该案涉及罪名的关键，在于如何认定被告人Z主观故意的意思转化。被告人Z在第一阶段中，其犯罪意图是挪用公款归个人使用和进行营利性活动，符合挪用公款罪的主观故意；而在第二阶段中携款潜逃，并把一部分赃款委托他人交给其家属使用，其犯罪意图由第一阶段的挪用转化为侵吞和占为己有，此时已经符合贪污罪的犯罪的主观故意。

根据我国《刑法》第382条规定，"国家工作人员利用职务上的便利，侵吞、窃取、骗取或者以其他手段非法占有公共财物的，是贪污罪。受国家机关、国有公司、企业、事业单位、人民团体委托管理、经营国有财产的人员，利用职务上的便利，侵吞、窃取、骗取或者以其他手段非法占有财务的，以贪污论。"而第380条规定，国家工作人员利用职务上的便利，挪用公款归个人使用，进行非法活动的，或者挪用公款数额较大、进行营利活动的，或者挪用公款数额较大、超过3个月未还的，是挪用公款罪。

可见，挪用公款罪与贪污罪同属于"贪污受贿罪"的一类犯罪。两者的主要区别有：①目的不同。挪用公款罪是以非法占用为目的，贪污罪则是以非法占有为目的。即前者是意图暂时占有财产，后者则是永久占有。②行为手段不同。挪用公款是擅自私用公款，贪污罪则是运用了一定手段，例如侵吞、窃取或者携款逃跑。由此可见，挪用公款罪和贪污罪的重要界限是当事人是否有归还意图，借由客观推断主观意思。

因此在一定条件下，挪用公款罪可以向贪污罪转换。倘若当事人在挪用公款之后，自己对侵占的财物没有归还意图且实行了一系列销账、毁账或潜逃等行为，便会导致挪用公款罪向贪污罪的转换。

假设Z在挪用财物为自己所用后，用于自己买房和炒股，之后由于股市不景气导致财产被套无力偿还。随后，Z并再度挪用公款偿还债务或者解决其他事物，并没有将财产记录销毁或者携款逃跑，便不可将其定义为贪污罪，而应当是挪用公款罪。即使当事人没有补全或者无偿还相应债务的能力时，也不能将其认定为贪污。因此不能以当事人是否有还款能力作为区分挪用公款罪和贪污罪的区分标准。

综上，挪用公款罪向贪污罪的转变关键在于当事人是否具有归还被挪用公款的意图，而对此的判定则是看其在挪用公款后是否有对占有财物实行其他销账、携款逃跑或者其他足以证明当事人主观不愿归还挪用财物的行为，并不能以当事人是否具有还款能力作为判定标准。但无论最后的结果如何，公款被套，岂能一逃了之？

第三章

职务侵权类犯罪

一

超期羁押构成非法拘禁

　　1997年1月31日,河北省涉县龙虎乡北郭口村发生了一起爆炸杀人案,该村村民张某书的儿子被炸致死。次日,涉县公安局局长李某认为村民姚某功涉嫌此案,遂将其监视居住。2月5日,姚某功被押送涉县公安局看守所,先是行政拘留15天,后又刑事拘留2天,然后于2月22日被送往涉县水泥厂监视居住。同年3月12日,涉县公安局又一次将姚某功刑事拘留,并于3月19日经涉县检察院批准,对其进行逮捕。因此案证据不足,涉县检察院先后于1997年8月和12月,两次将案卷退回公安局补充侦查。犯罪嫌疑人的家属多次请求涉县公安局变更强制措施,均遭无理拒绝。无奈,家属只好向其他部门申诉,但得到的回答是:要找还得找公安局。犯罪嫌疑人聘请的律师向涉县公安局提出取保候审的申请,但涉县公安局局长李某不批准取保候审,也没有就此说明理由。于是,姚某功一直被羁押在公安局看守所里。1998年8月21日,邯郸市中级人民法院在涉县法庭第一次公开审理此案,并进行了法庭调查和法庭辩论等各项庭审程序,但没有作出判决。此后的一年多时间里,姚某功仍然被羁押在公安局看守所。从行政拘留一直到 1998 年姚某功一共被羁押了 1 年 6 个月。

该案是典型的超期羁押构成非法拘禁罪。非法拘禁罪的成立条件包括：（1）超期羁押是否造成严重后果。有以下情形的应当认定为非法拘禁：①造成被害人伤残、死亡、精神失常；②对被害人实施殴打、侮辱行为的；③多次超期羁押或者超期羁押多人的。（2）超期羁押多久应当构成非法拘禁罪。司法实践中一般以 24 小时作为立案的根据。（3）超期羁押构成非法拘禁的主观心理只能是故意，即明知已过羁押期限，仍继续羁押被害人，并放任或希望这种结果的发生。若主观心理为过失，则不可能成立非法拘禁罪。（4）超期羁押的犯罪主体只能是实际执行人或直接主管人员，胁从犯是非法拘禁罪的主体。

该公安局局长李某在证据不充分的情况下，采取不释放、不批准取保候审的方式，对姚某功实施了长达一年多剥夺人身自由的恶劣行为，已经产生了不良的社会影响，并对姚某功的身心造成了很大伤害，侵犯了姚某功的人身自由权，已经构成犯罪，应当根据《刑法》第 238 条非法拘禁罪追究直接责任人李某的刑事责任。非法拘禁罪，是指以拘押、禁闭或者其他强制方法，非法剥夺他人人身自由的犯罪行为。构成非法拘禁罪的人既可以是国家工作人员，也可以是一般公民。非法拘禁罪侵犯的对象是他人的身体自由权。在我国，公民的人身自由是受法律保护。我国《宪法》第 37 条规定："中华人民共和国公民的人身自由不受侵犯。任何公民，非经人民检察院批准或者决定或者人民法院决定，并由公安机关执行，不受逮捕，禁止非法拘禁和以其他方法非法剥夺或者限制公民的人身自由。"因此，非法拘禁是一种严重剥夺公民身体自由的行为。超期羁押实质就是变相的非法拘

第三章 职务侵权类犯罪

禁。对于剥夺他人人身自由多长时间可以认定为超期羁押，一般拘留羁押期限在公安机关最长 37 天，被捕最长的羁押期限 7 个月，两者合并一般最长羁押期限即 8 个月零 7 天。是否超期羁押要分阶段。一般情况下，在拘留期间羁押最长期限为 37 天，拘留满 37 天还未被检察机关批捕，就应释放犯罪嫌疑人，否则就是超期羁押；在检察机关批捕后，在 8 个月 37 天内（含拘留 37 天），检察机关未起诉的，就应释放犯罪嫌疑人，否则就是超期羁押；检察院起诉到法院，一般是两个半月宣判，超过两个半月法定办案期限，还没有结案的，构成超期羁押。对于超期羁押的行为，《最高人民法院、最高人民检察院、公安部关于严格执行刑事诉讼法，切实纠防超期羁押的通知》第 5 条规定：严格执行超期羁押责任追究制度。凡违反刑事诉讼法和该通知的规定，造成犯罪嫌疑人、被告人超期羁押的，对于直接负责的主管人员和其他直接责任人员，由其所在单位或者上级主管机关成犯罪嫌疑人、被告人超期羁押，情节严重的，对于直接负责的主管人员和其他直接责任人员，依照《刑法》第 397 条的规定，以玩忽职守罪或者滥用职权罪追究刑事责任。

对超期羁押情节严重的，不能一概认定为滥用职权罪。并不是所有滥用职权的行为都成立滥用职权罪，该罪的成立需满足一定的立案标准。根据《最高人民检察院关于渎职侵权犯罪案件立案标准的规定》，涉嫌下列情形之一的，应予立案：①造成死亡 1 人以上，或者重伤 2 人以上，或者重伤 1 人、轻伤 3 人以上，或者轻伤 5 人以上的；②导致 10 人以上严重中毒的；③造成个人财产直接经济损失 10 万元以上，或者直接经济损失不满 10 万元，但间接经济损失 50 万元以上的；④造成公共财产或者法人、其他组织财产直接经济损失 20 万元以上，或者直接经济损失不满 20 万元，但间接经济损失 100 万元以上的。

在上述案例中公安局局长李某对姚某功的超期羁押行为，并未造成姚某功死亡的严重后果，李某的行为不满足滥用职权罪的定罪标准，所以对李某只能以非法拘禁罪来处罚。

司法工作人员以超期羁押为名对公民实施的拘禁行为，其行为性质严重者应以非法拘禁罪从重处罚。我国应当建立完善的司法体系，防止法律观念薄弱的司法工作人员以羁押为名变相拘禁他人。非法拘禁罪情节严重的，应当依据《刑法》第 238 条处罚。超期羁押情节严重的也可以按照非法拘禁罪处罚，国家机关工作人员犯本罪应当从重处罚。

二

疲劳审讯构成刑讯逼供

安徽省淮安市盱眙县黄花塘镇原镇长张某、原人民代表大会主席赵某佩等人因贪污罪被盱眙县检察院提起公诉。盱眙县检察院的起诉书显示：2006年至2008年，被告人张某、赵某佩（原黄花塘镇人民代表大会主席）、吴某玉（原黄花塘镇副镇长）、夏某进（原黄花塘镇副镇长）、周某明（原黄花塘镇财政所所长）、顾某成（原黄花塘镇财政所会计）与胡某闯（原黄花塘镇党委书记，已判刑）分别利用职务之便共同贪污公款124 000元。因案情较为复杂，法院多次开庭。但到第9次庭审之前，检察院都没能弄清楚贪污资金的来源，全靠口供盖棺定论。赵某佩、周某明、顾某成均向记者表示，之所以承认贪污是遭遇了精神上的折磨。顾某成回忆，被关着的那些日子不让他睡觉，不承认合谋贪污就要继续被监视居住，吃不下饭，最终晕倒被送到医院抢救。周某明说在对他监视居住的18天中，不让睡觉，给的吃的也很少，他整整4天4夜没合眼。赵某佩是被告人中年龄最大的一位，检察院侦查人员王某业在讯问他有没有贪污时，一天一夜没让他睡觉。因为王某业说他不认罪就逮捕其儿子，最后只能认

— 225 —

罪。诸多被告人均称，盱眙检察院侦查人员王某业、姚某忠凭借疲劳审讯将他们入了罪。而张某是诸多被监视居住的被告人中唯一没有认罪的。张某说 2011 年 4 月 25 日起她被监视居住 16 天，这期间一直没合眼，即使在她精神极度涣散坚持不下去的时候，她仍然没有认罪。她表示，她没有做过的事不会认。最终，淮安市中级人民法院对盱眙县检察院主要侦查此案件的侦查人员王某业、姚某忠是否有疲劳审讯的行为进行调查，最终认定均构成刑讯逼供罪，判决王某业有期徒刑 1 年，姚芳忠有期徒刑 6 个月。

根据《刑法》第 247 条规定，"司法工作人员对犯罪嫌疑人、被告人实行刑讯逼供或者使用暴力逼取证人证言的，处 3 年以下有期徒刑或者拘役。致人伤残、死亡的，依照本法第 234 条、第 232 条的规定定罪从重处罚。"其中刑讯逼供是指国家司法工作人员（含纪检、监察等）采用肉刑或变相肉刑乃至精神刑等残酷的方式折磨被讯问人的肉体或精神，以获取其供述的一种极恶劣的刑事司法审讯方法。根据《最高人民检察院关于渎职侵权犯罪案件立案标准的规定》之（三）刑讯逼供案（第 247 条）规定："涉嫌下列情形之一的，应予立案：1. 以殴打、捆绑、违法使用械具等恶劣手段逼取口供的；2. 以较长时间冻、饿、晒、烤等手段逼取口供，严重损害犯罪嫌疑人、被告人身体健康的；3. 刑讯逼供造成犯罪嫌疑人、被告人轻伤、重伤、死亡的；4. 刑讯逼供，情节严重，导致犯罪嫌疑人、被告人自杀、自残造成重伤、死亡，或者精神失常的；5. 刑讯逼供，造成错案的；6. 刑讯逼供 3 人次以上的；7. 纵容、授意、指使、强迫他人刑讯逼供，具有上述情形之一的；8. 其他刑讯逼供应予追究刑事责任的情形。"

在所有刑讯逼供中，除体罚、殴打等常规肉刑手段，办案人员还采取疲劳审讯等变相肉刑。疲劳审讯是指审讯人员长时间审讯嫌疑人，不让嫌疑人睡觉，来提取口供的行为。疲劳审讯使被讯问人的身体和精神都受到极大的损害，这种使用变相肉刑提取口供的行为是侦查机关侦办案件过程中存在的问题之一。司法实践中，对长时间、连续不断地疲劳审讯构成非法取证这一点已经基本达成共识。我国《刑事诉讼法》第54条规定：采用刑讯逼供等非法方法收集的犯罪嫌疑人、被告人供述和采用暴力、威胁等非法方法收集的证人证言、被害人陈述，应当予以排除。《最高人民法院关于建立健全防范刑事冤假错案工作机制的意见》进一步明确：采用刑讯逼供或者冻、饿、晒、烤、疲劳审讯等非法方法收集的被告人供述，应当排除。

刑讯逼供罪是身份犯，盱眙县检察院作为国家司法机关，其侦查人员王某业、姚某忠对被告人张某、赵某佩、周某明、顾某成等人在监视居住期间采取不让他们睡觉等变相肉刑，构成刑讯逼供罪。张某、赵某佩、周某明、顾某成等人作为贪污案件审判过程中的刑事被告人，是刑讯逼供的行为对象。我国法律严格保护公民的人身权利，即使是被怀疑或者被指控犯有罪行而受审的人，也不允许非法侵犯其人身权利。疲劳审讯会造成受审人的肉体伤害和精神损害，直接侵犯了被告人的人身权利。构成刑讯逼供需要采用肉刑或者变相肉刑的刑讯方法，盱眙县检察院侦查人员对张某等被告采取不让其睡觉等行为即为变相肉刑。虽然对讯问持续多长时间才能认定为疲劳审讯，目前并无具体的法律规定，但《刑事诉讼法》第117条规定了非羁押状态下讯问的时间限制：传唤、拘传持续的时间不得超过12小时；案情特别重大、复杂需要采取拘留、逮捕措施的，不得超过24小时；而且应当保证犯罪嫌疑人的饮食和必要的休息时间。盱眙县检察院侦查人员在对张某等被告采取变相肉刑的时间均超过 24 小时。且赵某佩表示侦查人员王某业说如果不认罪就逮捕他的儿子，顾某成表示不让他睡觉，不承认合谋贪污就继续对其监视居住；从顾某成、赵某佩等人陈述中得知盱眙县检察院的侦查人员对他们采取了逼供行为，强迫被告承认贪污行为。

盱眙县检察院侦查人员王某业、姚某忠在讯问过程中对赵某佩等被告人采用疲劳审讯的方式迫使其在不堪忍受生理上的痛苦而作出了违背事实的供述的行为，构成刑讯逼供罪。根据《刑法》第247条规定，犯刑讯逼供罪的，处3年以下有期徒刑或拘役。淮安市中级人民法院根据该案情节，最终判处王某业有期徒刑1年，姚某忠有期徒刑6个月符合本条规定。

疲劳审讯，就是变相的刑讯逼供，是对被告人肉体和精神的双重侵害，而且是手段极其恶劣、后果极其严重的严刑逼供。这种审讯，使得被审讯者完全超出了正常人的生理承受力，甚至由于睡眠的严重缺失导致精神恍惚，产生幻觉，其残酷程度远甚于"棰楚"，令人发指。又由于被刑讯者事后体表常常没有留下肉眼易见的外伤，同时，因精神和内心的伤情难以鉴定，助长了审讯人员对此刑讯手段的滥用，相当程度上又掩盖了刑讯逼供的事实。按照刑讯逼供所得的口供定案，往往是造成冤假错案的原因，也妨害了司法机关的正常活动，破坏了社会主义法制，损害了司法机关的威信。

三

询问证人岂能使用暴力

  1998年12月11日中午,淅川县公安局滔河镇派出所接一群众报案称被他人抢劫。当夜10时许,该所民警周某等人在副所长贾某东的带领下,前往滔河乡孔家峪村传讯涉案嫌疑人许某亭,许某亭不在家,即传唤许某亭的妻子鲁某到滔河镇派出所,由被告人周某、协理员赵某将鲁某带到周某的办公室由周某进行询问。在询问过程中,鲁某以制作的笔录中一句话与其叙述不一致为理由拒绝捺指印,被告人周某(即该所民警)经解释无效,即朝鲁某的腹部踢了一脚,并辱骂鲁某。当时鲁某已怀孕近两个月,被踢后称下腹疼痛,被告人周某即喊在其床上睡觉的赵某把鲁某带到协理员住室。次日上午8时许,鲁某被允许回家,出派出所大门,即遇到婆母范某芝,鲁某向她诉说自己被踢后引起腹疼。当日下午,鲁某因腹部疼痛不止,即请邻居毕某焕帮忙,雇车将她拉到滔河镇派出所,又转到滔河乡卫生院治疗。后鲁某经保胎治疗无效,引起难免流产,于1998年12月23日做了清宫手术。经南阳市中心医院刑事医学鉴定,鲁某系早孕期,外伤后致先兆流产,治疗无效发展为难免流产。又经淅川县人民检察院

— 229 —

检察技术鉴定，鲁某构成轻伤。

淅川县人民法院经公开审理后确认，该案事实清楚，证据充分。被害人鲁某陈述：被告人周某在对她询问的过程中，照其下腹部踢了一脚，致下腹疼痛，难免流产。这一事实有南阳市中心医院刑事医学鉴定结论证实；证人贾某东、肖某波、赵某、毕某焕等人的证言，也证实被告人周某具有作案时间，同时排除了鲁某有受其他损伤的可能。以上证据经当庭出示、质证、查证属实，形成一条完整的证据链条，淅川县人民法院予以采信。被告人虽然供述踢在鲁某腿部，但其供述实施行为的时间、原因、主观动机与被害人的陈述一致。被告人及其辩护人也不能举出证据证明鲁某的难免流产系其他原因所致。因此，被告人的辩解与辩护人的辩护意见，淅川县人民法院不予采纳。

淅川县人民法院认为，被告人周某身为公安干警，在执行职务中，使用暴力逼取证人证言，其行为已构成暴力取证罪。淅川县人民检察院指控的罪名成立，淅川县人民法院予以支持。被告人及其辩护人的辩解理由与事实不符，不能成立，淅川县人民法院不予采纳。据此，该院依照《刑法》第247条认定周某构成暴力取证罪，并判处有期徒刑2年，缓刑2年。《刑法》第247条规定："司法工作人员对犯罪嫌疑人、被告人实行刑讯逼供或者使用暴力逼取证人证言的，处3年以下有期徒刑或者拘役。致人伤残、死亡的，依照本法第234条、第232条的规定定罪从重处罚。"

暴力取证罪，是指司法工作人员使用暴力逼取证人证言的行为。暴力取证罪的责任形式为故意。无论是刑讯逼供罪还是暴力取证罪，主观上都是故意，而不是过失。"为公"不能成为暴力取证的借口。该案中周某在鲁某未作出与其意相符证言的情况下

第三章 职务侵权类犯罪

即朝鲁某的腹部踢了一脚，明显是故意的行为。暴力取证罪的行为对象是证人，但对这里的证人宜作广义理解：被害人、鉴定人属于本罪中的证人；不具有作证资格的人，不知道案件真相的人，也有可能成为本罪中的证人。此处暴力取证罪的行为对象为证人，即犯罪嫌疑人的妻子鲁某，因此符合本罪的行为对象。

暴力取证罪的主体为司法工作人员，即有侦查、检察、审判、监管职责的工作人员，但不限于在公安、检察、法院、监狱等机关工作的国家机关工作人员。未受公安机关正式录用，受委托履行侦查、监管职责的人员或者合同制民警，也可以成为本罪主体。前述案例中暴力取证罪的主体是司法工作人员，是有着侦查职能的民警即淅川县公安局滔河镇派出所的民警周某。

暴力取证罪的构成要件为司法工作人员使用暴力逼取证人证言。（1）使用暴力的内容为使用肉刑或者变相肉刑。前述案例中周某向怀有身孕的鲁某的下腹踢了一脚，导致其流产的行为构成了使用肉刑的行为。（2）逼取证人证言，是指强迫证人作出证言，包括口头陈诉与书面陈述；在刑事诉讼中主要存在三种情形：一是证人不提供任何证言时，行为人逼取证言，但不明确要求证人提供他人有罪或者无罪证言；二是证人提供了他人无罪、罪轻的证言，行为人向证人逼取有罪、罪重的证言；三是证人提供了他人有罪、罪重的证言，行为人向证人逼取无罪、罪轻的证言。此处逼迫犯罪嫌疑人、被告人作出行为人所期待的口供属于第二种情形。在询问过程中，鲁某因制作的笔录中一句话与其叙述不一致为理由拒绝捺指印，周某经解释无效而对鲁某使用了暴力。此处可以看出鲁某作出的意思表示为证人提供他人无罪、罪轻的证言，而周某逼迫了鲁某使其作出与其意思表示不一致的行为，希望鲁某能够提供证明其丈夫有罪的证据，为行为人向证人

— 231 —

逼取有罪、罪重的证言。因此符合暴力取证罪的构成要件内容。

周某暴力取证的行为没有转化故意伤害罪，因为暴力取证罪转化为故意伤害罪的条件为致人重伤，行为对象为他人的身体；鲁某的流产伤害的是胎儿的身体，对母体的伤害只构成轻伤。因此周某的行为不成立故意伤害罪。

国家司法机关工作人员应当在其职务范围内守法取证，而不能为了匆忙结案不顾事实和法律，暴力取证，否则将会有多少冤案错案发生。国家司法机关工作人员或为个人恩怨或为私情或为加快结案的进度而采取的暴力取证，都是不顾法律后果的行为，不仅严重危害了国家司法机关工作人员的威信和声誉，而且损害了证人的合法权益。

在司法实践中，应当加强国家司法机关工作人员的法制意识，加强对看守所及拘留所的监督，最重要的一点还是出台切实可行的证人保护与补偿等一系列完整的措施，让法制在阳光下运行。

四

贿选跳票，罪不容恕

为当选新一届镇领导班子成员，实现由事业编制干部转变为国家公务员身份的目的，原高州市谢鸡镇政府社会事务办负责人邓某和、劳动保障所所长程某辉拉拢时任谢鸡镇谢鸡村委会书记的崔某强进行贿选，严重破坏了正常换届选举活动。邓某和、程某辉均为非国家公务员身份。2011年8月至10月，两人经过多次密谋，准备在谢鸡镇第十一届人大换届选举中，以贿赂人大代表的方式，争取分别当选为副镇长和镇人大副主席，成为副科级干部，以此实现转变身份的目的。为确保在选举中能得到过半数的支持，二人又拉拢崔某强帮忙实施犯罪活动。2011年10月24日选举前，三名被告人分别向镇人大代表送钱或通过村党支部书记等人向镇人大代表送钱，共送出红包55个，金额共计人民币5万多元，要求他们在选举投票时，在选票"另选他人"栏中分别选举邓某和、程某辉为副镇长和镇人大副主席。三被告人的行为妨碍了人大代表行使自由选举的权利，产生了不真实的选举结果，致使邓某和在谢鸡镇第十一届人民代表大会第二次会议选举中共获得副镇长赞成票42张，得票超过全体代表半数；程某辉共获得镇人大副主席赞成票 34 张。邓某和、程某辉所获选票不合法,使得上级组织的选举意图落空。经纪委部门立案调查,三名被告人如实向纪委部门交代了自己参与破坏选举的犯罪事实。法院认为,被告人邓某和、程某辉无视国家法律,身为在国家机关中从事公务的工作人员,利用职权,伙同被告人崔某强在选举高州市谢鸡镇人民代表大会代表和镇领导人员时,以贿赂等方式妨害人大代表自由行使选举权,导致选举结果不真实,情节严重,影响恶劣,三被告人的行为均已构成破坏选举罪,依法均应予惩处。我国《刑法》第 256 条规定:"在选举各级人民代表大会代表和国家机关领导人员时,以暴力、威胁、欺骗、贿赂、伪造选举文件、虚报选举票数等手段破坏选举或者妨害选民和代表自由行使选举权和被选举权,情节严重的,处 5 年以下有期徒刑、拘役或者剥夺政治权利。"

贿选是指被选举人或其他人以增加被选举人选票数量为目的向选举人或对选举有影响的其他人转移可支配财产的行为。首先,在该案中,邓某和、程某辉作为被选举人为了让自己能当选上副镇长和镇人大副主席而采取向对其有利的镇人大代表送钱的行为符合贿选行为。其次,根据我国《刑法》第 256 条的有关规定,邓某和、程某辉所选举的副镇长和镇人大副主席属于各级人民代表大会代表的范畴,两人实施的破坏选举行为的范围符合破坏选举罪的适用范围。最后,依照我国法律的有关规定,贿选是一种违法犯罪的行为,对于构成贿选行为的,我们应依法追究刑事责任。然而,在追究刑事责任之前我们应先确定该贿选行为是否属于《刑法》第 256 条中所规定的"情节严重",这里所说的"情节严重"主要是指破坏选举手段恶劣、后果严重或者造成恶劣影响的等。该案中的两名犯罪实施者为了达到个人目的拉拢崔某强帮忙，三人共送出红包55个金额总计达人民币5万多元。三人的行为严重破坏了选举的正常进行导致选举结果不真实，并造成了恶劣的影响，实属情节严重。根据上述三个方面来看，三人的行为构成破坏选举罪，国家为了保障民主选举的正常进行，应对破坏选举的行为人加以惩处。

破坏选举罪的实施者可以是普通公民，也可以是国家机关工作人员，只要达到刑事责任年龄，具备刑事责任能力即可。但是并非所有的破坏选举行为普通公民都能实施，对于有意不真实地介绍候选人的情况，变更、伪造、虚报选举结果的，只能由选举工作人员才能实施。本罪侵犯的是公民的选举权利和国家的选举制度。选举权利是我国公民基本的政治权利，是我国人民当家做主、行使国家权力的重要标志。选举制度是国家的重要制度，是国家政治制度的重要组成部分。任何侵犯公民自由行使选举权利、破坏选举制度的行为，都是侵犯公民民主权利、损害国家政治生活的行为，必须依法惩处。值得注意的一点是，构成本罪的破坏选举的行为必须是发生在选举各级人民代表大会代表和国家机关领导人员的活动中，并且破坏选举的行为还必须要采取各种手段破坏或者妨害选民和代表自由行使选举的权利，达到情节严重。在上述案例中，邓某和、程某辉以贿赂的方式分别让自己当选为副镇长和镇人大副主席，严重侵犯和妨碍了公民和人大代表自由选举的权利，导致选举结果不真实，应以破坏选举罪追究其刑事责任。破坏选举罪要求实施者主观方面出于个人的意志，从这个方面来看，邓某和、程某辉确实也是以个人利益为目的，属于故意犯罪。

想要认定破坏选举罪，我们应该分清楚罪与非罪的界线。破坏选举罪是在选举各级人民代表大会代表和国家机关工作人员所实施的破坏选举的行为。对于破坏政党、工会、妇联、共青团、村民委员会或者其他社会团体选举和破坏企业、事业单位领导人选举的行为，不能构成本罪，可视其行为的性质、情节，定为聚众扰乱社会秩序罪、妨害公务罪等，或者给予行政处分或批评教育。

  选举制度是一个国家政治民主制度的重要组成部分。选票虽小，却是公民权利的重要体现。选举层级再低，也是国家权力机构产生的庄严程序。选举制度的神圣性不允许任何人践踏。

五

服刑人也不能被虐待

原任安徽省庐江监狱副监狱长的鲍某，在工作期间发现被监管人员丁某与周某在车间工作时因劳动纠纷发生打架事件，于是要求该二人到办公室了解具体情况，由于二人均不承认打架事实，鲍某在确认二人有打架行为之后，又将丁某通知到办公室对其进行训斥，顺手从办公桌上拿起一根警用伸缩棍打到丁某的面部，致丁某左眼受伤、鼻骨轻微骨折，经司法鉴定丁某左眼伤构成轻伤二级、鼻骨骨折伤为轻微伤；服刑人员苗某与吴某在车间发生争执，鲍某到现场制止，苗某不听警告继续叫骂不止，鲍某要求其到办公室谈话被拒后，鲍某指使吴某抽打了苗某面部两个巴掌，在苗某被带至办公室后鲍某又抽打了其两个耳光。

法院经过审理认为：被告人鲍某身为监管人员，殴打被监管人，致被监管人轻伤，情节严重，其行为严重违反了刑法的有关规定，已构成虐待被监管人罪。虐待被监管人员罪是指监狱、拘留所、看守所等监管机构的监管人员，对被监管人进行殴打或者体罚虐待，或者只是被监管人员殴打或体罚其他被监管人，情节严重的行为。根据《刑法》第248条的规定，犯虐待被监管人员罪的，处3年以下有期徒刑或者拘役；情节特别严重的，处3年以上10年以下有期徒刑。致人伤残、死亡的，依照《刑法》第234条、第232条的规定定罪从重处罚。监管人员指使被监管人殴打或者体罚虐待其他被监管人的，依照前款的规定处罚。由于本罪属于情节犯，达到严重情节才构成本罪。因此，在立案方面，根据《最高人民检察院关于渎职侵权犯罪案件立案标准的规定》（五）虐待被监管人案（第248条）规定："涉嫌下列情形之一的，应予立案：1. 以殴打、捆绑、违法使用械具等恶劣手段虐待被监管人的；2. 以较长时间冻、饿、晒、烤等手段虐待被监管人，严重损害其身体健康的；3. 虐待造成被监管人轻伤、重伤、死亡的；4. 虐待被监管人，情节严重，导致被监管人自杀、自残造成重伤、死亡，或者精神失常的；5. 殴打或者体罚虐待3人次以上的；6. 指使被监管人殴打、体罚虐待其他被监管人，具有上述情形之一的；7. 其他情节严重的情形。"

在认定虐待被监管人员罪时，虐待的实施者是监管人员，监管人员主要指监狱、拘留所、看守所的管理者，也包括劳动教养所、缉捕戒毒所、收容教养所的管理者。犯罪人在主观方面必须表现为故意，如果是过失侵犯了被监管人员的利益，便不会构成本罪。不管犯罪人出于何种动机、何种目的，也不管是泄愤报复还是逞威逞能，都不会影响本罪的成立，但是犯罪动机会影响量刑情节的轻重。

虐待被监管人员罪易与故意伤害罪、故意杀人罪弄混，在某些程度上，它们存在一定程度的法条竞合关系。即在构成条件上有一定的相似性。故意杀人罪是指故意非法剥夺他人生命的行为，生命是行使其他一切权利的基础和前提，任何公民的生命都受法律保护。故意伤害罪，是指故意非法损害他人身体健康的行为,其伤害行为必须具有非法性,手段是否残忍是对其量刑的主要标准之一。在该案中,鲍某如果不是监狱的监管人员,对他人造成严重伤害,毫无疑问会触犯故意伤害罪。我国法律规定殴打、体罚被监管人员导致被监管人"伤残和死亡的",以故意伤害罪和故意杀人罪定罪从重处罚。但是在现实生活中,我们应当注意的是,不是所有的殴打、体罚被监管人致被监管人伤害、死亡的,都以故意伤害罪和故意杀人罪定罪处罚。应根据虐待被监管人情况具体分析,一般包括以下情况:①行为人在殴打、体罚虐待中有轻伤的故意,但过失地引起被监管人伤残或死亡的,应以故意伤害罪(引起死亡的为故意伤害致死)定罪从重处罚。②行为人在殴打、体罚虐待中有重伤故意,过失地造成被监管人死亡的,仍应以故意伤害罪定罪处罚。③行为人殴打、体罚虐待被监管人造成轻伤结果的,定虐待被监管人罪。④行为人在殴打、体罚虐待过程中,明知殴打、体罚虐待行为可能造成被监管人死亡,却有意放任的,应对行为人以故意杀人罪定罪处罚。⑤行为人在殴打、体罚虐待过程中,出于泄愤报复、显示淫威等目的故意杀害被监管人的,对行为人应以虐待被监管人罪和故意杀人罪实行数罪并罚。对故意杀人罪、故意伤害罪与虐待被监管人员罪区别对待,不仅能体现我国罪刑法定的立法原则,也体现了我国立法对量刑的慎重,避免了对一个行为过重或过轻的处罚。

另外,虐待被监管人员罪易与刑讯逼供罪弄混。刑讯逼供罪是指司法工作人员对犯罪嫌疑人、被告人采取非法手段,逼取口供的行为。两者区别主要体现以下几个方面,①主体上,前者是监管人员,后者是司法工作人员,即有侦查、检查、审判、监管职责的工作人员。②行为对象上,前者是被监管人员,后者是侦

查过程中的犯罪嫌疑人和起诉、审判的刑事被告人当然也包括公安机关采取刑事追诉手段的人。③目的上,前者主要是泄愤或无理由,后者主要是逼取口供。但是不可争议的是,两者在责任形式上都是故意,刑讯逼供罪处 3 年以下有期徒刑,而虐待被监管人员罪依照虐待情节作出相应处罚。

总体说来,服刑人员作为社会上一个特殊的群体,是不能被虐待的。虐待被监管人员罪在《刑法》上的确立,其目的也是维护服刑人的合法权利,规范监管人员的言行举止。总之,服刑人不被虐待,被公正对待,不仅体现一个国家法治的进步,也体现一个国家对人权的保障。

六

报复陷害，害人害己

2011年的一天夜间，安徽临泉县二轻局统计师李某荣出差在外，家中只有妻子、年迈的母亲及一对年幼的小儿子、小女儿，临泉县二轻局局长张某国进入李某荣家，将李某荣的妻子刘某霞强奸。因刘某霞是二轻局管辖的服装厂的一名员工，她怕将此事告发之后，遭到张某国的报复，所以她没有报案。李某荣出差回来得知此事后悲愤交加，于是向临泉县公安局举报。张某国的父亲张某松在临泉县公安局任局长，接到李某荣的举报后，张某松在公安局里对同事说："李某荣是想抢我儿子的局长位置，才昧着良心告我儿子，他不是什么好人。"随后，张某松以李某荣是某起案件的刑事犯罪嫌疑人为由将其逮捕，并对其严刑拷打，致使其承认此起案件是他所为，导致李某荣被判有期徒刑4年。2015年，李某荣刑满释放后，向检察院举报此事，经调查，检察院以报复陷害罪对张某松提起公诉。

该案中，李某荣向临泉县公安局举报张某国强奸其妻子，张某松系临泉县公安局局长，属于国家机关工作人员，张某松滥用职权报复陷害李某荣，使其坐牢的行为构成报复陷害罪。报复陷害罪是指国家机关工作人员滥用职权、假公济私，对控告人、申诉人、批评人、举报人实行报复陷害的行为。

构成本罪要求行为人是故意犯罪且具有报复陷害的目的。如果行为人没有报复陷害的目的，只是出于工作失误或者疏忽，对控告人、申诉人、批评人、举报人处理不当，导致他们利益受损的，不构成本罪。该案中，张某松确实是以报复陷害李某荣为目的，故，他符合构成报复陷害罪的直接故意这一条件。

只有国家机关工作人员才能构成本罪。国家机关工作人员是指：①在各级国家权力机关、行政机关、司法机关和军事机关中从事公务的人员；②在依照法律法规行使国家管理职权的组织中从事公务的人员；③在受国家机关委托，代表国家机关行使职权的组织中从事公务的人员。除此之外，非国家机关工作人员实施报复陷害他人行为的不构成报复陷害罪，应根据其行为的性质和侵犯的客体内容定罪处罚。该案中，张某松系临泉县公安局局长，属于国家机关工作人员，他符合报复陷害罪的主体身份条件。

本罪的表现形式为滥用职权、假公济私，对控告人、申诉人、批评人、举报人实行报复陷害的行为。这里所规定的"滥用职权"，是指国家机关工作人员违背职责的规定而行使职权。"假公济私"是指国家机关工作人员以工作为名，为徇私情或者实现个人目的而利用职务上的便利。"报复陷害"主要是指利用手中的权力，以种种借口进行政治上或者经济上的迫害，如降职、降级、调离岗位、经济处罚、开除公职、捏造事实诬陷其经济、生活作风上有问题等。报复陷害的行为，必须是采取滥用职权或者假公济私的方法。如果行为人进行报复陷害与滥用职权、假公济私没有联系，则不构成报复陷害罪。

本罪侵犯的对象只有控告人、申诉人、批评人、举报人，若侵犯对象是这四种人以外的人，则不构成报复陷害罪，应根据其侵犯的客体对象定罪处罚。以上所说的控告人，是指向司法机关和其他党政机关告发、检举国家工作人员违法失职的人。控告人既可以是一般公民，也可以是国家工作人员。申诉人，是指对于自己所受的处分不服，向原处理机关或其上级机关提出申诉意见，要求改变原来处分的人，也包括不服法院已经发生法律效力的判决或裁定，向原审法院或上级法院提出再审请求的人。申诉人并不限于受处分的公民本人，还包括为他人申诉的其他公民。批评人，是指对国家机关和国家机关工作人员工作上的缺点、错误或思想作风，提出批评意见的人。举报人，是指揭发、检举国家机关或其工作人员违法、犯罪事实的人。上述控告人、申诉人、批评人与举报人，并不限于对实施本罪的国家机关工作人员进行控告、申诉、批评与举报的人。例如，被害人向国家机关工作人员甲提出控告，国家机关工作人员乙滥用职权进行报复陷害的，仍然构成报复陷害罪。再如，被害人控告某国家机关工作人员子女的犯罪行为，该国家机关工作人员滥用职权进行报复陷害的，也构成报复陷害罪。正如该案所述，被害人李某荣向有关部门举报张某国强奸其妻子，并非张某国本人对其实施的报复陷害行为，而是张某国的父亲张某松滥用职权将其陷害入狱，对其实施报复陷害的行为，故张某松构成报复陷害罪。

报复陷害罪要立案需满足的条件：依照立案标准的相关司法解释规定，具有下列情形之一的，应予追诉：①报复陷害，情节严重，导致控告人、申诉人、批评人、举报人或者其近亲属自杀、自残造成重伤、死亡，或者精神失常的；②致使控告人、申诉人、批评人、举报人或者其近亲属的其他合法权利受到严重损害的;③其他报复陷害应予追诉的情形。

根据《刑法》第254条规定,犯报复陷害罪的,处2年以下有期徒刑或者拘役;情节严重的,处2年以上7年以下有期徒刑。所谓情节严重,通常是指对多人进行报复陷害,报复陷害的手段恶劣,报复陷害造成严重后果等。该案中,首先应对张某松以报复陷害罪定罪处罚。因其报复陷害的手段恶劣,符合情节严重的标准,故应对张某松在2年以上7年以下定罪量刑。

报复陷害,害人害己。国家机关工作人员使用不正当手段去报复陷害控告人、申诉人、批评人、举报人,他自己也必将遭受法律的严惩。每个人都应该堂堂正正做人,坦坦荡荡做事,国家机关工作人员更应该谨记党的政治纪律和政治规矩,认真履行自己的职责。

七

折磨亲属施压犯罪嫌疑人属刑讯逼供

2011年1月4日,泉州市检察院对李某以涉嫌玩忽职守罪立案侦查,5月13日将其刑事拘留,5月27日决定将其逮捕。5月28日晚,泉州市检察院渎职侵权检察厅副厅长王某召集所有办案人员开会,要求办案人员加大办案力度,不要有顾虑。随后,在纪委办案点,王某、曹某等办案人员每天对李某采取罚跪、罚站、辱骂、殴打、戴脚镣等行为逼取口供,致使李某腰椎间盘突出、心脏病发作。15日后王某、曹某等人见仍然没有结果。次日又将其妻子董某带走协助调查,董某称自己是家庭主妇对李某的工作之事了解甚少,但坚信自己的丈夫一直秉公办事。王某等人对董某的说法刚开始只是不以为然,后来每当听到董某类似的说辞就火冒三丈。而后在拘禁期间,王某对董某辱骂、恐吓,甚至在李某面前往董某脸上泼水、扇耳光,以此威胁李某,扬言"君要臣死,臣不得不死"。最终,为了能让妻子早日出去,李某被迫在虚假口供上签了字。李某的妻子董某也因非法拘禁期间的遭遇患上了严重的抑郁症,因被扇耳光导致左耳失聪。

对王某以殴打、辱骂嫌疑人亲属董某来威胁嫌疑人李某的行为的处理，有3种不同的看法：①认为该行为不构成犯罪；②认为该行为构成暴力取证罪；③认为该行为构成刑讯逼供罪。

王某身为司法机关工作人员，作出通过折磨李某亲属以施压李某这种极其恶劣的行为，严重地侵犯了公民的人身权利和国家司法机关的正常活动，理应受到法律的严惩。所以，第1种看法不可取。

那么王某的行为是否应当认定为暴力取证罪？根据《刑法》247条，司法机关工作人员使用暴力逼取证人证言的，成立暴力取证罪。所谓证人，是指司法工作人员和案件当事人以外的了解案件情况的人。该案中，董某被办案人员要求协助调查后，已经说明自己是家庭主妇对丈夫工作之事了解甚少，并且王某对董某进行殴打侮辱不是为了逼董某作出证言，所以可以明确董某非该案证人，王某不是暴力取证的主体。

笔者认为，王某折磨犯罪嫌疑人亲属施压犯罪嫌疑人属刑讯逼供。《刑法》第247条规定："司法工作人员对犯罪嫌疑人、被告人实行刑讯逼供或者使用暴力逼取证人证言的，处3年以下有期徒刑或者拘役。致人伤残、死亡的，依照本法第234条、第232条的规定定罪从重处罚。"刑讯逼供是指国家司法工作人员(包括侦查、检察、审判人员)在刑事诉讼过程中，对犯罪嫌疑人、被告人使用肉刑或者变相肉刑，逼取供述的行为。刑讯方法必须是肉刑或者变相肉刑。对于肉刑人们并不陌生，变形肉刑是指肉刑以外各种能够使犯罪嫌疑人、被告人的肉体、精神遭受痛苦折磨的方式，如不间断审讯，强光照射不让有片刻休息等。司法解释中虽然没有详尽列举变相肉刑的各种情形，但是法律未经解释不得适用，案例中，王某以折磨董某来威胁李某的行为应当解释为变相肉刑。上述解释没有超出国民预测的可能性，属于扩大解释（对刑法条文的解释含义大于条文字面的含义）。所以，王某构成刑讯逼供罪。

在诉讼过程中为了达到办案目的，个别司法工作人员不择手段摸索嫌疑人的软肋，从强硬的肉体折磨到柔和的精神折磨。把折磨对象换成嫌疑人家属，手段柔和了，造成的痛苦反而加大，对亲属不人道的折磨造成嫌疑人巨大的心理压力，在如此高强度的威逼下，嫌疑人为了保护自己的家属被迫供述。司法工作人员对嫌疑人亲属的折磨行为，造成了嫌疑人精神上剧烈的痛苦，这种痛苦足以摧毁其意志，是使其屈服被迫违背意愿作出某种供述的原因。采用肉刑这种刑讯方法是通过突破人的肉体上的承受力来逼取供述，而采用这种方法则是通过突破人的精神承受力来逼取陈述，属于变相肉刑，二者本质相同，都构成刑讯逼供罪。由于不同人在乎的不一样，有时这种变相肉刑带来的精神上的痛苦较肉刑更加令人难以忍受。案例中，王某当着李某的面对董某的辱骂、泼水、扇耳光等行为，使嫌疑人李某受到了精神上剧烈的痛苦。对李某家属的折磨是对李某直接折磨的代替措施，并且这种对他妻子的折磨给李某带来的痛苦要比直接对李某实行殴打、辱骂等行为所造成的痛苦要剧烈的多。这种剧烈的精神痛苦最终致使李某不能按照自己的意志、根据客观事实作出口供。因此，司法工作人员折磨亲属施压犯罪嫌疑人的行为属变相肉刑，应当认定为刑讯逼供。

根据《刑法》第247条规定，刑讯逼供"致人伤残、死亡的"依照故意伤害罪、故意杀人罪定罪并从重处罚。这里的"伤残"应理解为重伤或者残废，对刑讯逼供造成轻伤的，可以在刑讯逼供罪的法定刑内从重处罚。因此，上述案例中，司法工作人员王某刑讯逼供致嫌疑人腰椎间盘突出、家属失聪，应认定为故意伤害罪并从重处罚。

"刑讯逼供造冤案，无辜百姓泪汪汪"，刑讯逼供蔑视人权，并且在这种变了味儿的审讯下往往造成冤假错案，严重影响了司法公正，破坏了社会主义法治秩序，损害了国家司法机关的威信。法律必须被信仰，否则形同虚设，因此一定要铲除影响司法公正的这颗"毒瘤"。打铁须得自身硬，己正才能正人。司法工作人员只有自身正、自生硬、自身净，才能切实履行好自己的职责，提高执法能力。

八

刑讯逼供致死，转化为故意杀人

周某原系某公安局刑警大队侦查员。1997年10月17日被逮捕，11月12日取保候审，1998年5月15日再次被逮捕。

1997年10月5日下午北京时间20时许，被告人周某与A派出所的干警一起在去一盗窃案的现场途中，见312国道旁有两人在等车，这两人一人名叫许某，另一人名叫白某。周某怀疑这两人是另一盗窃案的犯罪嫌疑人，即将这两人带回派出所予以扣留。次日凌晨1时许，周某与A派出所的干警森某、巴某、赵某对许某进行讯问。在讯问过程中，周某用一根长约80厘米、粗约20毫米的白色塑料管击打许某的臀部。1时30分许，周某让森某、巴某去休息，由其本人与赵某留下继续讯问许某。在此期间，周某用一根长约60厘米、两指宽、一指厚的木板击打许某的背部、双腿及臀部等处，造成许某的双腿内外侧皮下大面积瘀血，深达肌层。4时许，周某指使森某、巴某接替其继续讯问，森某、巴某讯问了约两个多小时仍无结果，便将许某关押。次日上午11时许，在把许某带往现场辨认的途中，周某发现许某神情不对，即把许某送往医院。经抢救无效，许某于当日12时35

分死亡。B公安局法医鉴定:"许某生前患有心腔内血栓形成和肺、气管、心包等处感染,在受到多次皮肤、皮下组织挫伤出血、疼痛等因素的刺激下,激发了心内血栓断裂出血而死亡。"被告人周某归案后,能坦白交代犯罪事实,认罪态度较好。

县人民检察院以被告人犯刑讯逼供罪向县人民法院提起公诉。被告人周某对公诉机关指控的事实未提出异议。其辩护人辩称:周某虽然采用了违法手段,但其主观上没有恶意,只想用皮肉之苦迫使犯罪嫌疑人招供;许某的死亡虽然与周某的违法行为有一定的关系,但不是直接的因果关系;周某归案后能如实交代犯罪事实,悔罪态度诚恳,请法庭对被告人周某从宽处理。县人民法院经公开审理认为,被告人周某身为司法工作人员,在执行职务的过程中,为逼取口供采用暴力手段,致使犯罪嫌疑人死亡,其行为构成了故意杀人罪。被告人归案后,能坦白交代犯罪事实,认罪态度较好,可以酌情从轻处罚,辩护人的部分辩护理由能够成立,予以采纳。

法院依照《刑法》第247条、第232条、第72条的规定,于1998年1月27日作出刑事判决:被告人周某犯故意杀人罪,判处有期徒刑3年,缓刑4年。

宣判后,县人民检察院向B中级人民法院提出抗诉,认为原审法院判决定性准确,但量刑畸轻,适用缓刑不当,罪刑不相适应,社会效果不良。同时,被告人周某也以"该案应定刑讯逼供罪,定故意杀人罪错误"为理由提出上诉。其辩护人辩称,周某的行为不构成故意杀人罪,他没有杀人的动机和目的,不符合故意杀人罪的构成要件。

B中级人民法院在二审审理期间,委托医学院法医室和高级人民法院技术处对被害人许某的死因进行联合鉴定,鉴定书认定

"许某的死亡原因为生前被人用钝性物体击打致胸背、腰部、臀部及四肢大面积组织损伤造成创伤性休克而死亡"。该院经公开审理后认为，上诉人周某身为司法工作人员，在履行公务中理应执法守法，却为逼取口供而采用暴力行为，以致造成被害人许某死亡的严重后果。上诉人的行为虽然是为逼取口供，但因已经造成致人死亡的后果，依照《刑法》第247条的规定，不再以刑讯逼供罪定罪处刑，而应按《刑法》第232条规定的故意杀人罪定罪并从重处罚。鉴于上诉人的犯罪动机、目的以及犯罪后的表现，其行为较一般的故意杀人罪情节较轻，原审判决定性准确，但因对博州公安局法医鉴定结论采信有误，故量刑不当。县人民检察院的抗诉理由成立，予以采纳；上诉人周某的上诉理由及辩护人的辩护意见于法无据，不予采纳。据此，该院依照《刑法》第247条、第232条、第64条和《刑事诉讼法》第189条第（2）项的规定，于1998年8月6日作出刑事判决：①撤销县人民法院对该案的刑事判决；②上诉人周某犯故意杀人罪，判处有期徒刑10年；③作案工具白色塑料管予以没收。

依照我国《刑法》第247条规定，"司法工作人员对犯罪嫌疑人、被告人实行刑讯逼供或者使用暴力逼取证人证言的，处3年以下有期徒刑或者拘役。致人伤残、死亡的，依照本法第234条、第232条的规定定罪从重处罚。"刑讯逼供致死是从刑讯逼供转化而来的，构成刑讯逼供行为是刑讯逼供致死的前提。司法工作人员刑讯逼供或者暴力取证，在通常情况下只构成刑讯逼供罪或暴力取证罪，但是如果因此而致人伤残或者死亡的，就应按故意伤害罪或者故意杀人罪定罪，并从重处罚。这在刑法理论上称为转化犯，即行为人在实施一种较轻的犯罪时，由于在一定条件下其行为的性质发生了变化，法律规定以另一种较重的犯罪论处。

认定刑讯逼供致死还需要注意两个问题：致人死亡是指致被害人当场死亡或经抢救无效死亡。如案例中抢救无效的后果，抢救不影响对转化犯罪的认定。刑讯逼供导致被害人自杀的，要根据具体情况具体分析，一般不宜认定刑讯逼供致死。

不论犯罪人对受害人的死亡持什么心态，无论是故意还是过失，只要刑讯逼供导致了死亡，就认定为构成故意杀人罪，并从重处罚。案例中的周某心态在认定刑讯逼供致死时无须考虑（仅在量刑时考虑抢救行为和犯罪人的心态）。

该案被告人实施的刑讯逼供行为致使犯罪嫌疑人死亡，依照《刑法》第247条的规定，不应再以刑讯逼供罪定罪处刑，而应以《刑法》第232条规定的故意杀人罪定罪从重处罚。《刑法》第232条规定："故意杀人的，处死刑、无期徒刑或者10年以上有期徒刑；情节较轻的，处3年以上10年以下有期徒刑。"这条规定表明，对犯故意杀人罪的处刑有两种情形：一种是情节较重的，处死刑、无期徒刑或者十年以上有期徒刑；另一种是情节较轻的，处3年以上10年以下有期徒刑。那么该案被告人的行为应属哪种情形呢？

从周某的犯罪心态方面看，他的目的是以刑讯逼取口供，并不想直接剥夺被害人生命，当他发现被害人神情不对时即将其送往医院抢救，这表明他是不希望被害人死亡的。问题在于他在刑讯逼供时置被害人的死活于不顾，放任了死亡后果的发生，应属间接故意杀人（间接故意也属于故意杀人）。

从周某犯罪的后果方面看，周某实施的刑讯逼供行为虽然造成了被害人死亡的严重后果，但其刑讯的手段还不是特别残酷、特别恶劣。因此从整体上来说，周某的行为属于"情节较轻"

的故意杀人，应按《刑法》第 232 条规定的"情节较轻"的故意杀人罪这个量刑幅度内"从重处罚"。

所以二审法院判处周某犯故意杀人罪，在"情节较轻的"量刑幅度内（3 年以上 10 年以下）从重量刑（判处周某 10 年有期徒刑），既考虑到了情节较轻的情节，又体现了从重处罚的精神，这个判决无疑是正确的、合理的。

九

无证关押构成非法拘禁

2014年7月，正值暑假，某地派出所所长为了打击违法犯罪，在其管辖的10个乡镇，由村民进行无记名投票选坏人，每个乡镇选5个，共50个。选出后把他们关到当地一小学进行为期一个月的集中教育，抽调警力对其进行看管，实行封闭式管理。教育结束后进行考试，考试合格，可以释放回家；不合格，则要交赎金才能放人。2015年3月，该地区基层法院判决认定该所长已经构成非法拘禁罪，根据《刑法》第238条规定，于2015年3月18日作出如下判决：免除其所长职务，并判处有期徒刑3年。

根据《刑法》第238条第1款、第2款的规定，犯非法拘禁罪的，处3年以下有期徒刑、拘役、管制或者剥夺政治权利，具有殴打、侮辱情节的，从重处罚。犯非法拘禁罪致人重伤的，处3年以上10年以下有期徒刑；致人死亡的，处10年以上有期徒刑。使用暴力致人伤残、死亡的，依照《刑法》第234条、第232条的规定定罪处罚。国家机关工作人员利用职权犯非法拘禁罪的，从重处罚。

非法拘禁所侵害的对象，是依法享有人身权利的自然人。客观上表现为非法剥夺他人身体自由的行为。这里的"他人"没有限制，既可以是守法公民，也可以是犯有错误或有一般违法行为的人。行为特征是非法拘禁他人或者以其他方法非法剥夺他人的身体自由。在主体上既可以是国家工作人员，也可以是一般公民。但一般多为掌握一定职权的国家工作人员。在主观方面表现为故意，并以剥夺他人人身自由为目的。该案中派出所所长的做法已经构成非法剥夺他人身体自由的行为，即将他人监禁于一定场所不能或明显难以离开、逃出，已经构成了非法拘禁罪。

所谓具有殴打、侮辱情节，是指为实行非法拘禁而在拘禁过程中进行殴打或侮辱。作为非法拘禁罪中从重处罚情节的殴打、侮辱行为独立构成犯罪的情形，应当包括轻伤罪和侮辱罪在内，但是不应包括重伤害的故意伤害罪在内，对于过失造成重伤的，应适用非法拘禁罪的加重结果犯之法定刑。该所长对其关押的人进行了殴打、侮辱，属于严重情况，应当加重处罚。

国家机关工作人员利用职权犯非法拘禁罪从重处罚，仅限于"利用职权"的情形；没有利用职权的，不得从重处罚。另外，应当注意，行为人非法拘禁具有多个从重处罚情节的，应在更大幅度上从重处罚。比如国家机关工作人员利用职权非法拘禁，又具有殴打、侮辱情节的，就属于这种情况。

《最高人民检察院关于人民检察院直接受理立案侦查案件立案标准的规定》中明确：国家机关工作人员利用职权非法拘禁，涉嫌下列情形之一的，应予立案：①非法剥夺他人人身自由24小时以上的；②非法剥夺他人人身自由，并使用械具或者捆绑等恶劣手段，或者实施殴打、侮辱、虐待行为的；③非法拘禁，造成被拘禁人轻伤、重伤、死亡的；④非法拘禁，情节严重，导致被拘禁人自杀、自残造成重伤、死亡,或者精神失常的;⑤非法拘禁3人次以上的;⑥司法工作人员对明知是没有违法犯罪事实的人而非法拘禁的;⑦其他非法拘禁应予追究刑事责任的情形。该案符合第①项、第⑤项、第⑥项规定:①非法剥夺他人人身自由1个月;②非法拘禁50人;③明知是没有违法犯罪事实的人而非法拘禁;应予立案。

当前,无证关押、非法拘禁案件时有发生,加大与无证关押、非法拘禁犯罪行为做斗争的力度,对于切实保障公民的人身自由权利,维护社会安定,以及在国际上维护我国保护人权的形象都具有十分重要的意义。无证关押构成非法拘禁的,将受到法律的制裁。

第四章

渎职类犯罪

一

大嘴巴捅下大娄子

2011年10月重庆市一重大流窜持刀抢劫、流氓团伙连续作案三起，抢劫金额达50余万元，该团伙由四人组成，在抢劫作案时，杀死一人，强奸两人。案发后在全市造成极大影响。重庆市公安机关便及时组织力量进行侦破，遂于2011年11月5日向全国发出通缉令，请各地方司法机关协助抓获抢劫杀人凶手。2011年12月10日重庆市公安局某副处长张某去外地出差，在火车上偶然遇见团伙主犯之一，即张某的小学同学王某，王某称多年未与张某相见，身为同学在火车上多喝两杯酒续一下感情，张某同意。二人在交谈中，张某说："其实这个不应该告诉你的，这是我们的机密，但是你我同学一场我可以给你透个底。现在我们公安机关已经很清楚地摸清你们团伙的活动范围，并且今晚准备在你们集结的地方抓获你们。现在我们已经对你们下通缉令了，你也别想着跑了，你这个情况被我们抓到不是死刑也得是个无期徒刑。赶紧趁今晚多喝点酒，以后说不定就喝不到了。"王某听后，见时间已近晚上，不敢再去集合地点通知其他同伙，在张某喝多睡着后只身潜逃，后又继续流窜作案六起，在外潜逃半

年后才被抓获归案，至此，张某泄密问题才得以案发。后法院以张某过失泄露国家秘密罪判处张某有期徒刑3年。

依据《刑法》第398条，过失泄露国家秘密罪，是指国家机关工作人员或非国家工作人员违反保守国家秘密法的规定，过失泄露国家秘密，情节严重的行为。过失泄露国家秘密构成犯罪的，处3年以下有期徒刑或者拘役；情节特别严重的，处3年以下7年以上有期徒刑。

在犯罪具体构成上，就该案来说：（1）过失泄露国家秘密罪的主体为国家机关工作人员。只有国家机关工作人员才能知悉或掌握国家秘密，也才可能将国家秘密泄露出去，产生危害国家和人民利益的后果。过失泄露国家秘密罪在客观方面表现为违反国家保密法的规定，过失泄露国家秘密，情节严重。这里所说的国家保密法，是指在2010年4月29日第十一届全国人民代表大会常务委员会第十四次会议中修订通过，并于2010年10月1日起施行的《保守国家秘密法》的相关规定。所谓过失泄露，是指过失地使国家秘密让不该知道的人知道，既包括使国家秘密被不应知悉的人知悉，又包括使国家秘密超过了限定的接触范围，而不能证明未被不应知悉者知悉。对于后者，如果能够证明接触者并不知悉国家秘密的内容，则不能以过失泄露国家秘密罪治罪。所谓"情节严重"，根据《最高人民检察院关于人民检察院直接受理立案侦查案件立案标准的规定》，有以下五种情形：①泄露绝密级国家秘密的；②泄露机密级国家秘密3项以上的；③泄露秘密级国家秘密3项以上，造成严重危害后果的；④泄露国家秘密或者遗失秘密文件不如实提供有关情况的；⑤其他情节严重的情形。张某身为某公安局副处长，因过失将逮捕秘密泄露，从而造成王某逃走并在外流窜作案多起，对国家利益及国家安全造成了重大危害，属于本罪所称的情节严重。(2) 本罪的主观方面为过失，即行为人应当预见自己的行为可能发生国家秘密的泄露，造成危害国家秘密安全、损害国家利益的后果，因为疏忽大意而没有预见，以致在保管、携带、传送国家秘密等过程中，使国家秘密外传或者遗失。过失泄露国家秘密，往往是由于疏忽大意、工作马虎、玩忽职守或违反保密纪律等造成的。张某在火车上遇见同学王某，在喝醉的情况下疏忽大意将公安机关逮捕王某的消息告诉王某，张某更是过于自信认为王某不会逃脱，致使国家秘密泄露。(3) 本罪的行为表现为违反国家保密法规，泄露国家秘密罪的行为，泄露的行为方式可以是多种多样的。可以是口头过失泄露，又可以是书面过失泄露；既可以当众过失泄露，又可以单个过失泄露；既可以交付原物的方式过失泄露，又可以采用密写、影印、拍摄、复印等方式过失泄露等，不论其方式如何，只要使不应知道的人知道或者接触了国家秘密，即可构成过失泄露国家秘密罪。(4) 本罪所侵犯的客体是国家保密制度。保密制度是指国家关于保守秘密的法律、法规和各项章程、制度的总和。

张某身为公安机关的一名处级干部，理应教育和说服王某投案自首，或及时通知公安机关协助抓获犯罪嫌疑人，但由于自己疏忽大意、过于自信等失职行为造成王某逃走，最终被法院判处其有期徒刑 3 年。

就过失泄露国家秘密罪而言，国家机关工作人员是否应该承担责任，关键看其是否违背《保守国家秘密法》的相关规定。假如是他人以盗窃或破译、遥测等侦察手段获取了秘密，因而造成的泄露，而国家机关工作人员依法履行职责，没有违反保密法的规定，则不能追究其泄密责任。如国家工作人员的渎职行为与危害结果之间具有刑法上的因果关系,应依法承担过失泄露国家秘密罪的法律责任。作为一名国家机关工作人员,应遵守《保守国家秘密法》的有关规定,依法履行职责,不可违反国家有关规定,疏忽大意,使国家安全和人民利益遭受严重的损害。

二

伪造立功证明,构成徇私枉法

2005年11月13日,被告人何某因涉嫌故意杀人一案被某县公安局依法逮捕。该案进入法庭审理阶段后,何某的亲属李某为了减轻其刑罚处罚,请托该县公安局刑警大队民警杨某帮忙伪造何某"立功"情节,杨某提出将其正在办理的已在他县归案的犯罪嫌疑人罗某涉嫌抢劫、强奸犯罪一案作为何某检举的内容,出具证明材料,由辩护律师唐某提交给法院。2006年4月5日,何某故意杀人一案进行第一次开庭,由于杨某正在他县执行押解罗某的任务,便让唐某口头向法庭提出何某有检举他人犯罪的行为,随后补充相关证明材料。2006年4月11日,杨某以县公安局刑警大队的名义书写了一份虚假情况说明,私自加盖刑警大队印章后交给唐某。该情况说明称:"犯罪嫌疑人何某于2005年11月15日向我队口头举报了罗某是辖区内一起强奸、抢劫案的犯罪嫌疑人,并让其哥哥何某某协助将其抓获归案。2006年4月4日何某的哥哥通知我队称罗某因酒后滋事被他县警方拘留。我队即派员到他县将其押回,经受害人辨认,确定无误。犯罪嫌疑人罗某对所犯罪行供认不讳,现已逮捕。现证明犯罪嫌疑人何

某举报属实。"次日，唐某便前往看守所会见何某，就该虚假说明的具体内容向何某口授并令其背诵。2006年6月5日，何某故意杀人一案第二次开庭，唐某便将该虚假情况说明提交法庭，何某亦按唐某口授的内容在法庭上陈述了"检举经过"。何某故意杀人一案审理终结后，法院在判决书中依据该虚假情况说明，认定何某归案后有向公安机关检举了他人抢劫、强奸作案的行为，属立功表现，依法可对其从轻处罚，以故意杀人罪判处被告人何某无期徒刑，剥夺政治权利终身。2006年10月26日，杨某、唐某因涉嫌徇私枉法被检察机关拘留，同年11月2日被逮捕。

所谓立功是指犯罪人到案后检举、揭发他人的犯罪行为，查证属实，或者提供重要线索，从而得以侦破其他案件，或者阻止他人的犯罪活动，或者协助司法机关抓捕其他犯罪嫌疑人等对国家和社会有突出贡献的行为。成立立功应具备以下条件：①立功的主体必须是实施了犯罪行为的犯罪嫌疑人本人；②立功的时间范围必须是在犯罪预备开始后到刑罚执行完毕前；③立功的内容必须真实有效，犯罪嫌疑人向司法机关提供了确切的、有利于惩治违法犯罪行为的破案线索；④对维护社会秩序和惩治犯罪具有突出贡献和重要意义。该案中，杨某以县公安局刑警大队的名义书写了一份虚假情况说明，私自加盖刑警大队印章后交给唐某。法院正是依据该虚假情况说明，认定何某归案后有向公安机关检举了他人抢劫、强奸作案的行为，属立功表现，依法可对其从轻处罚。该行为符合成立伪造立功证明的条件。

而徇私枉法罪是指司法工作人员徇私枉法、徇情枉法，对明知是无罪的人而使他受追诉，对明知是有罪的人而故意包庇使他受追诉，或者在刑事审判活动中故意违背事实和法律作枉法裁判的行为。本罪侵犯的客体是国家司法机关的正常活动，所谓的司法机关是指行使国家赋予审判和法律监督权力的机关，在我国是人民法院、人民检察院和公安机关的总称。本罪在客观方面表现为两种起因、三种行为。两种起因，即徇私和徇情。所谓徇私，是指为了个人利益而枉法，主要是指贪图钱财而枉法。所谓徇情，是指出于私情而枉法，主要表现为出于照顾私人关系或感情，袒护亲友或者泄愤报复而枉法。该案正是反映了构成徇私枉法的第二种起因——徇情。三种行为是：其一，使无罪者受追诉，这里所说的无罪者，是指没有实施犯罪行为的人。所谓受追诉，是指对无罪的人进行立案侦查，采取刑事强制措施，提起公诉，进行审判等。其二，对有罪者进行包庇使其不受追诉。使有罪者不受追诉是指对有罪的人该立案侦查不立案侦查，该采取强制措施的不采取强制措施，该提起公诉的不提起公诉，该审理的不审理等。其三，在刑事审判活动中违背事实和法律作枉法裁判，这种行为只能发生在人民法院的刑事审判过程中，在此过程中，审判人员违背事实和法律作枉法裁判包括两种情形：一是公开的不依据已经查清的案件的客观事实和法律的明文规定进行判决或裁定；二是故意歪曲事实和法律进行判决或裁定。行为人只要实施了上述三种情形之一的，就可构成徇私枉法罪。

该案中，杨某身为公安局民警，系司法工作人员，出于照顾朋友关系，帮何某伪造立功证明，使得何某由原本较重的刑罚变成了从轻处罚。杨某构成徇私枉法的第2种起因——徇情，又身为司法工作人员，符合徇私枉法罪的成立条件。

《刑法》第399条第1款仅规定了徇私枉法罪客观方面的三种表现，司法实践中还存在其他的枉法追诉情形，如侦查人员出于报复的动机，对明知涉嫌轻罪的犯罪嫌疑人，故意违背事实和法律以重罪进行立案、侦查及起诉，此属故重追诉。又如，侦查人员或起诉人员伪造立功、自首情节，隐瞒、毁灭从重情节而意图使犯罪嫌疑人重罪轻判，此属故轻追诉。实践中，这种故重故轻枉法追诉的行为是普遍存在的，而且会直接导致轻罪重判或者重罪轻判，其具有的社会危害性并不亚于审判人员直接实施的枉法裁判行为。虽然《刑法》第 399 条第 1 款未明确将上述故重故轻的枉法追诉列入罪状中，但根据《最高人民检察院关于人民检察院直接受理立案侦查案件立案标准的规定》，可将前述故重故轻追诉行为视为"其他枉法追诉，应以徇私枉法罪予以立案侦查"的情形。此外，《最高人民检察院关于人民检察院直接受理立案侦查案件立案标准的规定》中明确："'采取伪造、隐匿、毁灭证据或者其他隐瞒事实、违反法律的手段，故意使罪重的人受较轻的追诉，或者使罪轻的人受较重的追诉的'，应以徇私枉法罪立案侦查"，由此可见，该解释已将徇私枉法罪立案标准中的"其他枉法追诉情形"进一步具体化，并明确规定故重故轻追诉行为构成徇私枉法罪。所以该案应以徇私枉法罪立案侦查。

上述案件中，司法工作人员出具虚假立功证明的行为，致使犯罪嫌疑人受到较轻处罚或免除刑事责任，严重影响了国家工作人员的职务廉洁性和司法活动的正常进行。对这一行为的定性，应当考虑犯罪主体是特殊主体即司法工作人员，首要客体是司法工作人员的职务廉洁性，以及客观方面表现为伪造相关立功证明，综合各种因素，应当定性为徇私枉法罪。

相较司法理论，我们应当更侧重于司法实践。伪造立功证明，妄想使犯罪分子逃避法律的惩罚，严重违反了国家的法律法规，违背了我国依法治国的理念，应当受到法律的严惩。

三

仲裁员枉法也构成犯罪

手续严重不全的"违规房",经一场虚假仲裁取得一纸仲裁调解书,就能成功办理产权证。2011年8月30日,衡阳市仲裁委员会仲裁员刘某后及秘书处书记员张某因涉嫌枉法仲裁案被法院作出了有罪判决。2001年5月,开发商刘某以90万元从别处购得金滔大厦的开发权。因前期开发,刘某就拆迁赔偿问题与凌某兄妹达成补偿协议书,明确通过原地安置12平方米,卖108.7平方米,再以36.27平方米抵偿安置费的方式将中山北路45号金滔大厦103号门面(合计158.77平方米)转让给凌某兄妹。后在开发中,由于资金紧缺,刘某找大学同学王某陆续借款100余万元,并出具了一张借期一年、金额139万元的借条,明确以中山北路45号金滔大厦103号门面作抵押,将产权办理到王某母亲名下,待借款还清后,再将产权转回。然而,借款期满后,刘某只还了少量借款。2007年5月,刘某再次给王某出具了一张为期两年、金额102.7万元的借条,并在该借条中明确以"抵押门面"作"抵债",将产权办理到王某名下。

然而,因刘某开发的金滔大厦项目拖欠国土使用费,未取得国土使用权证，且未通过竣工验收，该项目通过正规途径，根本无法办理产权证。正当刘某在为如何办理产权一事一筹莫展时，其父的好友、衡阳仲裁委员会仲裁员刘某后告诉他："通过仲裁可以办理产权证。"身为仲裁员的刘某后让开发商刘某以购房户或他人的名义伪造相关资料申请仲裁。刘某后、张某（系书记员）则根据刘某需要制作仲裁调解书。之后，购房者亲自或委托刘某申请法院强制执行，再凭法院的强制执行裁定书到房产局办理产权。由于经仲裁后，法院和房产局一般不再对项目是否符合办理产权条件进行实质审查。2007年来，刘某后、张某通过虚假仲裁的形式为开发商刘某办理了8套住宅（门面）的产权证，其中5套已经办成，3套在案发时手续尚未办完。刘某以"门面"抵债，并将通过仲裁取得的门面所有权登记到债权人王某名下。然而，根据拆迁补偿协议书，凌某兄妹获得了金滔大厦103号门面，其中的108.7平方米还是其用33万元购买所得。但由于无法办理产权证，他们却成了房产的"黑户"。

在该案中刘某后和张某利用仲裁调解书为刘某办理了产权证。仲裁调解书与裁决书具有同等的法律效力，如果一方当事人不履行仲裁调解书，另一方当事人可以据此向人民法院申请强制执行；任何机关或组织在处理与仲裁案件相关的后续案件时，一般都要受仲裁调解书的约束。也就是说，对于仲裁机构出具了调解书的争议，任何机关或组织都不得再做处理，这也是一裁终局原则的要求。而法院的强制执行裁决书则是根据人民法院按照法定程序，运用国家强制力量，根据发生法律效力文书明确具体的执行内容，强制民事义务人完成其所承担的义务，以保证权利人的权利得以实现。《刑法修正案（六）》将依法承担仲裁职责的人员在仲裁活动中故意违背事实和法律作枉法裁决的行为规定为犯罪。《刑法》第399条之一规定:"依法承担仲裁责任的人员,在仲裁活动中故意违背事实和法律做枉法裁决,情节严重的,处3年以下有期徒刑或拘役;情节特别严重的,处3年以上7年以下有期徒刑。"从中我们可以发现行为人是"依法承担仲裁责任的人员",客观方面是"在仲裁活动中""违背事实和法律""造成严重后果",主观方面是"故意"。接下来,我们进行相关分析。

首先,在仲裁过程中,仲裁委员会委员是仲裁活动中的重要角色,而书记员由仲裁委员会秘书处的专职工作人员所担任,是联系仲裁委员会委员和仲裁庭的桥梁和纽带,起着组织仲裁、协助仲裁员办案的作用。该案中李某后、张某作为衡阳市仲裁委员会仲裁员和秘书处书记员符合主体条件。

其次,根据《仲裁法》及相关仲裁规则来看,仲裁活动主要包括:确定仲裁庭的管辖权,确定仲裁程序性事项,对实体争议作出最终裁决。身为仲裁员的刘某后让开发商刘某以购房户或他人的名义伪造相关资料申请仲裁。刘某后、张某则根据刘某需要制作仲裁调解书。之后,购房者亲自或委托刘某申请法院强制执行,再凭法院的强制执行裁定书到房产局办理产权。属于"在仲裁活动中"的构成要件。所谓的违反事实和法律是指,在仲裁活动中违背事实和法律做枉法裁决,情节严重。违反事实包括对证据不充分的事实予以认定;隐藏、毁灭、伪造证据或妨碍证人作证等。该案中刘某开发的金滔大厦项目拖欠国土使用费,未取得国土使用权证,且未通过竣工验收,该项目通过正规途径,不可能取得房产证,而李某后和张某却表明可以通过仲裁取得房产证。违反法律即错误认定法律关系的性质,错误认定法律关系的主体等。正确地取得房产证的方法是:登记收件、勘丈绘图、产

权审查、绘制权证、收费发证，而该案中刘某却是通过仲裁决定并利用法院强制执行的违法方式获得房产证。

最后，故意即明知自己的行为违背事实和法律仍然决意为之。过失仲裁不构成枉法仲裁罪。显而易见，该案中的李某后和张某属于明显的"故意"。"情节严重"主要指伪造、变造相关材料证据，制造假案枉法仲裁；串通当事人制造伪证，毁灭证据或者篡改仲裁笔录而枉法仲裁。该案中李某后让刘某伪造相关材料申请仲裁，并根据刘某需要制作了仲裁调解书，造成了非常恶劣的影响。

综上所述，仲裁制度是司法制度的补充，仲裁组织不是国家机关而是民间机构，仲裁员不是公务员，而是法律、商务等方面的专家学者，但仲裁枉法者同样会构成职务犯罪，可见我国法律对职务犯罪的惩处是全面的。

四

民事裁判不容颠倒黑白

2002年12月至2003年6月,被告人薛某亚在担任开封市顺河区人民法院民四庭庭长期间,审理了中国工商银行开封分行行宫角支行诉开封市纺织器材厂,以及贷款担保方河南第三纺织器材厂贷款纠纷一案。在审理过程中,薛某亚指使书记员伪造庭审笔录,并违背事实和法律,判决开封市纺织器材厂、河南第三纺织器材厂共同偿还银行借款50万元。判决下达后,判决书一直没有送达被告方,致使被告方失去辩护的权利和承担不应有的债务。公诉机关认为被告人薛某亚在民事审判活动中故意违背事实和法律做枉法裁判,情节严重,其行为触犯了《刑法》第399条第2款,犯罪事实清楚,证据确实充分,应当以民事枉法裁判罪追究其刑事责任。

根据《刑法》第399条第2款,民事枉法裁判罪是指司法机关工作人员在民事审判活动中故意违背事实和法律作枉法裁判,情节严重的行为。也就是说构成枉法裁判罪:一是主观上必须出于故意,即有徇私和枉法的故意,明知裁判结果违背事实和法律而故意为之;二是存在故意违背事实和法律的行为,也就是行为人为了达到不公正或偏袒一方的裁判结果而作出违法的行为；三是客观方面存在枉法裁判的结果；四是具有情节严重的情形。上述要件同时具备才构成本罪。

从主体上看，民事枉法裁判罪是特殊主体的犯罪，指从事民事审判活动的审判人员，即仅限于司法工作人员。只有他们才能利用职权而枉法裁判，具体包括各级人民法院院长、副院长、审判委员会委员、庭长、副庭长、审判员及助理审判员等。

从行为上看，民事枉法裁判罪的行为是故意违背事实和法律，在民事审判活动中作枉法裁判。这里的违背事实和法律，是指不忠于事实真相和不遵守法律规定。违背事实和法律作枉法裁判的行为的具体方式多种多样，有的是故意伪造、搜集证据材料；有的是引诱、贿买甚至胁迫他人提供伪证；有的是篡改、毁灭证据材料；有的是故意歪曲理解法律甚至无视法律规定；有的是违反诉讼程序，压制甚或剥夺当事人的诉讼权利等。民事审判指依法适用民事诉讼法审判案件的活动，包括民事案件、海事案件和经济案件的审判。裁判包括判决、裁定和决定。枉法裁判是指该胜诉的判败诉，该败诉的判胜诉等。在案件中，薛某亚担任开封市顺河区人民法院民四庭庭长，指使书记员伪造庭审笔录，作出虚假判决，其行为违背事实和法律，属于枉法裁判。

民事枉法裁判罪的主观方面为故意，即明知自己违背事实和法律进行枉法裁判的行为会发生侵害民事审判活动的公正性与当事人合法权益的结果。故意是对结果的明知和放任，但对于犯罪目的和犯罪动机没有特殊要求。行为人的动机可以是徇私，如收受当事人贿赂或者当事人许诺时候给予好处，与当事人之间有亲属关系或者朋友关系；也可以循公，如受本单位领导的指使。如果由于过失致使国家和人民利益及公共财产遭受重大损失，构成

第四章 渎职类犯罪

犯罪的，应定玩忽职守罪。薛某亚故意捏造事实，作出颠倒黑白的民事判决，严重侵害了开封市纺织器材厂、河南第三纺织器材厂的合法利益。

民事枉法裁判罪要求情节特别严重，犯罪动机、手段十分恶劣，因枉法裁判而使国家、企业、公民的合法权益受到巨大损害等。根据司法实践，具有下列情况之一的，属于"情节严重"：①枉法裁判，致使当事人或者其近亲属自杀、自残造成重伤、死亡或者精神失常的；②枉法裁判，造成个人财产直接损失10万元以上，或者直接经济损失不满10万元，但间接损失50万元以上的；③枉法裁判，造成法人或者其他组织财产直接损失20万元以上，或者直接间接损失不满20万元，但间接损失100万元以上的；④伪造、变造有关材料、证据，制造假案枉法裁判的；⑤串通当事人制造伪证、毁灭证据或者篡改庭审笔录而枉法裁判的；⑥串通当事人制造伪证、毁灭证据或者篡改庭审笔录而枉法仲裁的；⑦徇私情、私利，明知是伪造、变造的证据予以采信，或者故意对应当采信的证据不予采信，或者故意违反法定程序，或者故意错误适用法律而枉法裁判的；⑧其他情节严重的情形。该案中，薛某亚在审理案件过程中，指使书记员伪造庭审笔录，属于伪造有关材料；判决开封市纺织器材厂、河南第三纺织器材厂共同偿还银行借款50万元，属于造成法人或其他组织财产直接损失20万元以上，已构成情节严重。构成民事枉法裁判罪的，处5年以下有期徒刑或者拘役；情节特别严重的，处5年以上10年以下有期徒刑。犯罪嫌疑人犯枉法裁判罪同时收受贿赂的，依照处罚较重的规定定罪处罚。

司法审判是维护正义的最后保障和消除社会腐败的最终措施，廉洁奉公、秉公执法是对审判人员的基本要求。当事人间因权利义务关系发生纠纷诉诸法律才有了诉讼，在审判过程中，审判人员颠倒黑白、枉法裁判是对当事人的侵害，是对法律最为直接、杀伤力最大的破坏。民事枉法裁判罪严重侵犯国家司法机关的正常秩序和合法权益，危害了国家司法机关的公信力和法制建设。审判人员在审理案件时只有握住公正的天平，依照法定程序和证据做公正的判决，才能真正地解决纠纷，实现公平和正义。

五

执行判决不容张冠李戴

2000年12月28日,甲购买了天瑞公寓2-2-202室,付首付后,余款按揭贷款,此后甲一直居住在国外。同一时期,乙在天润公司以全款购买了商品房。2015年10月25日,乙起诉天润公司违约,要求赔偿损失。2006年1月20日,涧西区人民法院作出(2005)涧民三初字第519号民事判决书,判决乙胜诉,天润公司返还乙购房款25万元,并赔偿其25万元。乙与天润公司达成了书面执行和解协议一份,约定:除乙原购买的商品房以25万元的价格交付乙抵偿债务外,把天润公寓2-2-202室以15万元的价格交付乙抵偿债务,余款10万元及诉讼费待有能力时继续清偿。2008年乙与乙公司的律师丁某要求查封和解协议上的房产,即甲按揭购买的天润公寓2-2-202室。被告人书记员许某霖因疏忽大意将天润公司写成了天瑞公司并起草法律文书,致使涧西区法院作出对甲在天瑞公寓2-2-202室的查封决定。后被告人许某霖在没有进一步调查该房产所有权属的情况下,又起草法律文书,致使涧西区法院于2008年4月20日作出(2006)涧法执字第333—3号民事裁定书,将权属归甲的天瑞公

寓2-2-202室确认给申请执行人乙,使甲的合法权益遭受严重侵犯。乙在办理房屋过户登记时发现了错误,但由于怕麻烦,就没有提出异议,反而在办理过户登记后将房屋卖给了毫不知情的购房人丙。

在此案中,甲属于被害人,乙属于与该案存在利益关联性的人员,丙属于善意第三人不需要承担责任。而徐某霖属于加害人,他在执行判决、裁定活动中,严重不负责任,没有调查清楚房屋所有权属情况,使甲的合法权益受到严重损害。且乙已经将房子卖给了毫不知情的丙,丙是善意第三人且没有过错,所以不承担责任。甲的损失应该由国家承担。许某霖主观上虽没有犯罪的故意,但由于疏忽大意,导致甲的合法权益受到严重损害,构成执行判决、裁定失职罪。

执行判决、裁定失职罪,是司法工作人员在执行判决、裁定活动中,严重不负责任,不依法采取诉讼保全措施,不履行法定执行职责,或者违法采取诉讼保全措施、强制执行措施,致使当事人或者其他人的利益遭受重大损失的行为。

首先,执行判决、裁定失职罪从主体上说是身份犯,以自然人具有特殊的身份为前提。该罪的主体是司法工作人员,该案中徐某霖就是具有特殊身份的主体。

其次,构成执行判决裁定失职罪的行为必须是在执行判决、裁定活动中,其中的判决、裁定,不仅包括民事、行政方面的判决、裁定;严重不负责任,不依法采取诉讼保全措施,不履行法定执行职责也可构成该罪。构成执行判决、裁定失职罪的行为可能是作为,也可能是不作为。

执行判决、裁定有下列情形之一的,应予以追诉:①致使当事人或者其近亲属自杀、自残造成重伤、死亡,或者精神失常的；②造成个人财产直接经济损失 15 万元以上，或者直接经济损失不满 15 万元，但间接经济损失 75 万元以上的；③造成法人或者其他组织财产直接经济损失 30 万元以上，或者直接经济损失不满 30 万元以上，但间接经济损失 150 万元以上的；④造成公司、企业等单位停业停产 1 年以上，或者破产的；⑤其他致使当事人或者其他人的利益遭受到重大损失的情形。裁定判决失职不仅仅是国家工作人员在工作中的失误，更加重要的是，它侵害了国家司法的公正性。

最后，执行判决、裁定失职罪是过失犯罪。这里的过失，是指应当预见到执行判决、裁定失职行为可能致使当事人或者其他人的利益遭受重大损失，因为疏忽大意而没有预见，或者已经预见到而轻信能够避免，以致发生这种结果的主观心理状态。简单一点说就是行为人主观上没有违法的故意。徐某霖虽然只是疏忽大意，没有主观故意，但导致甲的合法财产遭到了损失，所以他应该承担责任。犯此罪的，处 5 年以下有期徒刑或者拘役；致使当事人或者其他人的利益遭受重大损失的，处 5 年以上 10 年以下有期徒刑。收受贿赂犯执行判决、裁定失职罪的，依照处罚较重的规定定罪处罚。

此罪简单一点说就是在司法执行过程中，司法工作人员存在过错，导致了严重的后果，损害了国家和他人的利益。如法院执行人员在执行案件过程中，申请执行人申请财产保全，要求查封被执行人在银行的存款或者房产，但由于执行人员失职，被执行人将自己财产转移，导致申请执行人本应得到的财产利益受到损失，执行人员就成立了判决裁定失职罪。

对于普通公民而言，法律是维护社会公平最有力的武器，而司法人员就是公平的象征，在司法过程中，执行判决是一个重要的环节，没有执行司法判决只是一张无用的纸。但是在执行中如果因为司法人员的严重不负责任，导致公民的合法权益受到侵害，那么法律的公平原则还怎么维护？所以判决裁定失职罪不仅是对司法人员一种有力的监督，还是对司法公平的一种维护。

六

以罚代刑构成渎职

担任天津市工商行政管理局河西分局公平交易科科长的胡某于 2006 年 1 月 11 日上午，带领郑某等该科工作人员对群众举报的神龙公司涉嫌非法传销问题进行现场检查，当场扣押财务报表及宣传资料若干，并于当日询问该公司法定代表人李某，李某承认其公司营业额为 114 万余元，后由郑某具体负责办理该案。2006 年 3 月 16 日，胡某、郑某在案件调查终结报告及处罚决定书中认定神龙公司的行为属于非法传销，并提出了行政罚款的处罚意见，却隐瞒了该案涉及经营数额巨大的事实。胡某在局长办公会上汇报该案时亦隐瞒涉及经营数额巨大（已构成非法经营罪）的事实。2006 年 4 月 11 日，天津市工商行政管理局河西分局同意胡某、郑某的处理意见，对当事人作出"责令停止违法行为，罚款 50 万元"的行政处罚，李某分数次将 50 万元罚款交给河西分局，其间，李某又成立数个分公司继续进行变相传销活动。公安机关查明李某在传销活动中非法经营数额共计 2 277 余万元人民币，天津市河西区人民检察院在审查该案中认定李某构成非法经营罪的同时，发现胡某、郑某涉嫌构成徇私舞弊不移交刑事案件罪。

《刑法》1997年修订时新增了"徇私舞弊不移交刑事案件罪"：是指行政执法人员徇私情、私利，隐瞒情况，弄虚作假，对依法应当移交司法机关追究刑事责任的刑事案件，不移交司法机关处理，情节严重的行为。在我国，该罪的主体主要是行政执法人员。行政执法人员包括：国务院及国管局组成部门中拥有执法权的人员，国务院直属机构以及国务院各部委管理的国家局中拥有执法权的人员，地方各级人民政府及其职能部门中享有执法权的人员，地方人民政府的派出机关中享有执法权的人员，依照法律法规的授权决定而设立的具有行政主体资格的专门机关中享有执法权的人员，依法设立的各种公务组织中享有行政执法权的人员，例如公安、工商、税务、海关、劳动、交通、环境保护、卫生、检疫、质量监督、计量等部门的工作人员。行政执法机关担负着执行法律、法规，管理国家，维护国家安全、社会经济秩序的职责，是人民的公仆，享有法律授予的行政处罚权、行政裁决权等权利。因此行政执法机关对整个国家社会的平稳运行，起着至关重要的中枢作用。这些行政执法机关的执法人员是否依法行政、严格执法，将直接关系到国家和人民的利益，当然也关系着行政机关的形象。若行政执法人员违背职责、徇私舞弊、枉法行政，对依法应当移交司法机关追究刑事责任的案件不移交，必将给国家和人民利益造成重大损失，破坏国家机关的管理活动。

在主观上，行政执法人员明知应当移交司法机关追究刑事责任而故意不移交；明知自己行为可能产生的后果，而放任这种结果发生。在客观方面，徇私舞弊不移交刑事案件罪表现为对依法应当移交司法机关追究刑事责任的案件不移交，使犯罪分子逍遥法外继续危害社会。行政执法人员明知其行为已经构成犯罪，应当将案件移送司法机关追究刑事责任而不移送，却利用职务之便予以隐瞒、掩饰或大事减小，以行政处罚代替刑事处罚，就会构成此罪。应当注意的是，不移交行为只有情节严重的才能构成犯罪，该案中，胡某、郑某在案件调查终结报告及处罚决定书中，认定神龙公司的行为属于非法传销行为，却隐瞒了该案涉及经营数额巨大已构成非法经营罪的事实。胡某、郑某为牟取小集体罚款提成的利益，以权谋私，徇私舞弊，提出行政罚款的处罚意见而非移交司法机关追究刑事责任。胡某、郑某为一己私利隐瞒李某非法经营罪不移交司法机关处理，情节恶劣，已构成徇私舞弊不移交刑事案件罪。

部分行政执法人员由于执法水平不高、能力有限、对相关法律法规理解欠准确等原因，不知道某种行为应当追究当事人刑事责任，也会在具体的行政行为中触犯该罪。此种情况行为人主观上没有故意，区别于故意以罚代刑。该案中胡某、郑某如果因法律水平不高、事实掌握不全而没有意识到神龙公司李某的经营已经构成非法经营罪，则二人在量刑上会从轻处罚。但是，部分行政执法人员放纵私欲，贪赃枉法，因收受贿赂以罚代刑的情形，以及少数行政执法人员存在的"三怕"思想，则是故意以罚代刑的典型代表。"三怕"思想：一是怕麻烦，移送刑事处罚需要做具体的证据调查及相关材料的整理等大量工作，行政执法人员容易产生查案难、怕费事的畏难情绪；二是怕碰硬，对一些涉嫌触犯刑律但背后与黑恶势力相勾结的案件，部分行政执法人员抱着"怕惹祸上身"的心态，对之绕道回避，如此便放纵了违法人员，造成法律威严的毁损、公平公正社会秩序的缺失；三是怕人情，一入官场深似海，人情哪能不折腰。尤其是行政执法人员，处理的案件涉及的都是关系到人民切身利益的事务，行政执法人员受人情关系网约束，办案手软，无疑会造成不公平。此外，还有不少行政执法机关内部管理系统的考核存在瑕疵：以加大执法力度为由在内部管理上实行罚没款数、案件数与办案机构的工作业绩考评奖惩相挂钩的潜规则，导致办案人员不注重追究当事人刑事责任，反而片面追求罚没数量，这种只注重数量不注重质量的办案行为，是对国家、对人民的严重不负责任，是对人民公仆职位光辉形象的亵渎。

关于"情节严重"，司法实践中具体表现为：①对依法可能判处3年以上有期徒刑、无期徒刑、死刑的犯罪案件不移交的；②3次以上不移交犯罪案件，或者1次不移交犯罪案件涉及3名以上犯罪嫌疑人的；③司法机关发现并提出意见后，无正当理由仍然不予移交的；④放纵犯罪嫌疑人，致使犯罪嫌疑人继续进行违法犯罪活动的；⑤行政执法部门主管领导阻止移交的；⑥隐瞒、毁灭证据，伪造材料，改变刑事案件性质的；⑦直接负责的主管人员和其他直接负责人员为牟取本单位私利而不移交刑事案件，情节严重的。也就是说，那些不移交刑事案件的，只有造成严重影响的才会构成徇私舞弊不移交刑事案件罪。依照《刑法》第402条的规定，犯徇私舞弊不移交刑事案件罪的，处3年以下有期徒刑或者拘役；造成严重后果的，处3年以上7年以下有期徒刑。

制定法律的目的是规范社会秩序，让社会主义市场经济的发展在康庄大道上稳健前行，徇私舞弊不移交刑事案件罪的设立，是为了规范行政执法人员的执法行为，稳定执法秩序，这对处于加快转型发展时期的我国来说无疑是有益的。

七

少征税，是犯罪

　　刘某在乌鲁木齐市地方税务局天山区分局税务稽查四所工作期间，受所里指派对乌鲁木齐市第三造纸厂1997年度地方各税纳税情况进行稽查。刘某在稽查过程中，告知该厂财务科科长邓某：造纸厂应补缴132 053.51元的税款，并处以一倍罚款。该厂为了少交补交税款和不交罚款税款，向刘某行贿。刘某在收受该厂贿赂的5 000元和请客吃饭后，擅自隐瞒乌鲁木齐市第三造纸厂应当补交税款的真实情况，出具了乌鲁木齐市第三造纸厂1997年度应当补交企业所得税2 739.66元、罚款一倍的检查表。1999年6月4日经乌鲁木齐市地方税务局天山区分局稽查局对乌鲁木齐市第三造纸厂1997年度地方各税纳税款情况进行专案稽查，查出该厂在1997年度应补缴税款229 377.74元。刘某身为地方税务局的工作人员，利用自己稽查纳税的职务之便，收受他人贿赂，擅自隐瞒他人应补交税款的事实，并且非法出具检查表，致使国家少征、不征税款226 638.08元，其行为已构成徇私舞弊不征、少征税款罪和受贿罪。依法应当受到相应的刑事处罚。

山东泰安市泰山区岱庙办事处财政所副所长张某，触犯徇私舞弊少征、不征税款罪，在短短 5 年内贪污房产契税款 100 余万元。2000 年至 2005 年 6 月间，张某利用担任泰安市泰山区岱庙办事处财政所副所长的职务之便，以非法占有为目的，采取虚构人名、套开税票、收入不记账等手段，先后 27 次贪污房产契税款，共计人民币 103.41 万元。2003 年 6 月至 2005 年 4 月间，张某在办理房产契税业务时，为徇私情，擅自决定少征房产契税款，先后 10 次利用套开税票的方法少征税款共计人民币 82.94 万元。2000 年至 2005 年 6 月间，张某滥用职权，先后 25 次擅自决定少收税款，造成国家税款损失人民币 105.84 万元。张某身为国家财政机关工作人员，利用征收房产契税的职务之便，采取套开税票、虚构人名、收入不入账等手段，侵吞国家税款，数额特别巨大；徇私舞弊、滥用职权，擅自决定少征税款，致使国家税收遭受特别重大损失，情节特别严重。其行为已分别构成贪污罪、徇私舞弊少征税款罪、滥用职权罪，依法应当受到相应的刑事处罚。

税收是我国财政收入的一个重要组成部分。2015 年最新修改的《税收征收管理法》，对保障国家的税收征收工作，适应税制改革起到了重要作用。税务机关的工作人员是我国实现税收征收的具体执行者，随着经济建设和社会的发展，税务机关的广大工作人员在我国税收工作中发挥了重要的作用，为财政收入的稳定增长作出了重大的贡献。但是也有极少数的税务机关工作人员，不认真履行法律所赋予的职责，徇私舞弊，使国家税收大量流失，严重危害了国家的税收管理制度，破坏了国家税收机关的正常管理活动，为了打击这种犯罪行为，保护税务工作人员的廉洁性，我国法律规定了徇私舞弊不征、少征税款罪。

第四章 渎职类犯罪

徇私舞弊不征、少征税款罪是指税务机关的工作人员徇私舞弊，不征或者少征应征税款，致使国家税收遭受重大损失的行为。该罪所说的应征税款是指根据法律、行政法规规定的税种、税率，税务机关应当向纳税人征收的税款。不征，是指违反税法规定，不向纳税人征收税款，包括擅自免征税款的行为。少征，是指违反税法规定，降低税收额或征税率进行征收，包括擅自减征税款。不征或少征应征税款的行为，就是舞弊行为。不征、少征税款行为致使国家税收遭受重大损失的，才成立犯罪。这里的国家税收，包括地方税收。

能够构成该罪的主体有各级税务局、税务分局和税务所中代表国家依法负有向纳税人或纳税单位征收税款义务并行使征收税款职权的人员，也就是说只要是各级税务局、税务分局和税务所里，能够代表国家向纳税人或纳税单位征收税款的职务人员，都能成为该罪主体。该罪主观方面表现为故意，且具有徇私动机，故意指税务工作人员明知自己不征或少征税款的行为破坏了税收法律法规，将给国家税收造成严重损失，但仍然希望或放任危害结果的发生。徇私动机是指徇私的主观目的，只要是排除了因法律政策水平不高等原因过失不征或者少征，便可认定为"徇私"。

判断税务机关工作人员是否构成此罪，我们可以从以下三点来看：①必须是利用职务之便进行的，所谓利用职务之便，是指利用职权或者与职务有关的便利条件。职权是本人职务范围内的权利；与职务有关的便利条件是指虽然不是直接利用职权，但是利用了本人的职权或地位形成的便利条件。②必须有不征、少征应征税款的行为，也就是说必须要有违背事实和法律、法规、滥用征管职权的行为，这里的行为属于不作为，"不征"是不作为，"少征"虽然征收一部分，但还有一部分应当征收的没征收,就未征收的部分而言,"不征"也是一种不作为。③不征或少征的行为必须致使国家税收遭受重大损失。这里的国家税收,包括地方税收。至于该罪中"重大损失"的理解,《最高人民检察院关于渎职侵权犯罪案件立案标准的规定》在"(十四)徇私舞弊不征、少征税款案(第404条)"明确:"涉嫌下列情形之一的,应予立案:1.徇私舞弊不征、少征应征税款,致使国家税收损失累计达10万元以上的;2.上级主管部门工作人员指使税务机关工作人员徇私舞弊不征、少征应征税款,致使国家税收损失累计达10万元以上的;3.徇私舞弊不征、少征税款不满10万元,但具有索取或者收受贿赂或者其他恶劣情节的;4.其他致使国家税收遭受重大损失的情形。"

在该罪中,因收受他人贿赂而不征或者少征税款,属刑法上所称的牵连犯,应根据行为人的犯罪事实、情节,择一重罪从重论处。如果税务人员利用职务上的便利,索取、收受纳税人财物,不征、少征应征税款,致使国家税收遭受重大损失,应当以受贿、徇私舞弊罪依照刑法规定的数罪并罚的规定处罚。如果税务人员与偷税、逃避追缴欠税的犯罪分子相勾结,不征、少征应征税款,应按照刑法总则中共同犯罪的规定处罚。对于多次不征或少征税款,未经处理的,不论不征或少征的对象是否同一纳税人,不征或少征的数额应当累计计算。

不征、少征税款侵害的客体是国家的税收征收管理制度和国家税收机关的正常管理活动。税收是国家财政收入的主要来源。依法保障国家的税收,对于增强国家的综合国力,加快现代化建设具有重要意义。不仅纳税义务人和纳税单位应当按照税法履行税收的义务,税收机关也应当严格执行税收管理法,认真履行征税的法定义务。违反这些法定义务,对应征的税款不予征收,或者低于应征的税款额征收，就会给国家税收造成直接损失。我国相继通过了《税收征收管理法》等一系列涉税法律、法规，为依法打击各种涉税犯罪活动，保障国家的财政收入提供了必要的法律武器和保证。徇私舞弊不征、少征税款，不仅会使国家的财政收入受到损失，侵犯国家的税收管理制度，而且会侵犯国家机关工作人员职务行为的廉洁性，侵犯国家税收机关的正常管理活动。

目前实务部门对于徇私舞弊不征、少征税款及其相关行为的定性仍然存在诸多迷思。如对于税务机关工作人员与逃税罪等犯罪嫌疑人相勾结不征、少征税款的案件，有人主张按逃税罪等罪的共同犯罪处罚，然而逃税罪等罪的法定刑与本罪相比更轻，但本罪侵害的法益却比逃税罪等罪更重，如果按逃税罪等罪的共犯处理，反而处罚更轻，笔者认为应根据税法原理和罪刑相适应原则，择一重罪处罚，以期既能够有效预防和打击涉税渎职犯罪，避免国家税收流失，又能够保护纳税人的正当权益，捍卫国家税收的合法性根基。

八

诈骗的被害人也构成犯罪

2004年10月,古某在担任某区财政局局长、区经济技术开发有限公司董事长期间,通过某证券公司刘某的推荐,与广东A网络有限公司股东王某商谈购买王某持有的A网络有限公司的部分股权。古某在赴广东对广东A网络有限公司考察时,邀请了区经济技术开发有限公司的投资意向人张某等三人一同前往。在考察过程中,古某等人仅看了王某提供的A网络有限公司的部分财务报表,听取了王某对A网络有限公司的所谓资产及经营情况的介绍。对王某称该公司经济实力雄厚,与政府、证券方面关系密切,发展潜力很大,经过改制将很快在深圳上市,到期股值将会大幅度增值等情况未进一步核实;对该公司的资产状况、资信状况、经营状况以及对该公司是否能够上市未进行可行性研究;既未向有关专家咨询,也未对王某提供的财务报表的真伪及王某所称的该公司庞大固定资产所有权进行核实,仅凭考察印象及介绍人某证券公司刘某的推荐,古某就于2004年10月23日与王某签订了购买股权的协议,以每股5元的价格购买了王某所持有的A网络有限公司每股1元的股份300万股,协议总价款1 500

万元。按照协议约定，古某于协议签订第二天即向王某指定的广东 A 网络有限公司账户上汇入了 300 万元，余款在广东 A 网络有限公司变更为广东 A 网络股份有限公司注册登记后 5 日内汇出。但是古某未按协议约定，在 A 网络有限公司变更前，提早一个月支付了剩余的款项即 1 200 万元。协议中王某明确承诺如果 10 个月内 A 网络股份有限公司不能上市（王某明知 10 个月内不能上市），王某将以同样价格回购古某购买的 1 500 万元股权。古某未作任何咨询，致使协议履行后 1 500 万元国有资金遭受重大损失。目前除追回 50 万元外，尚有 1 450 万元未被追回。后经检察机关冻结广东 A 网络股份有限公司在银行的账户，才有可能追回剩余的被骗款项。根据《刑法》第 406 条，古某构成国家机关工作人员签订、履行合同失职被骗罪，被判处有期徒刑 3 年，缓刑 3 年。

　　根据《公司法》第 138 条规定："股东持有的股份可以依法转让。"第 148 条规定："董事、监事、高级管理人员应当遵守法律、行政法规和公司规章，对公司负有忠实义务和勤勉义务。董事、监事、高级管理人员不得利用职权收受贿赂或者其他非法收入，不得侵占公司的财产。"根据上述规定，广东 A 网络有限公司不可能在 10 个月内上市，王某也不可能以同样的价格回赎股权，对于此项条款古某不了解情况也没有向专家咨询，更没有对王某提供的财务报表真伪以及固定资产所有权进行进一步的核实，此种轻信对方、严重不负责任致使国有资产遭受重大损失的行为构成国家机关工作人员签订、履行合同失职被骗罪。《刑法》第 406 条规定："国家机关工作人员在签订、履行合同过程中，因严重不负责任被诈骗，致使国家利益遭受重大损失的，处 3 年以上有期徒刑或者拘役；致使国家利益遭受特别重大损失的，处3年以上7年以下有期徒刑。"该案中王某明确承诺10个月内广东A网络有限公司可以上市，但实际上该公司是不可能在10个月内上市的，王某也不可能以同样的价格购买回股权。王某以非法占有的目的，虚构事实迷惑古某，骗取数额巨大的1 500万元国有资金，构成诈骗罪。

国家机关工作人员签订、履行合同失职被骗罪的主体是国家机关工作人员；行为方式是签订、履行合同过程中因严重不负责任被诈骗致使国家利益遭受重大损害。本罪的行为必须发生在签订、履行合同的过程中，在此过程中必须有严重不负责任的行为，一般表现为盲目轻信，不认真审查对方当事人的合同主体资格、资信状况等，不认真审查对方合同履行能力等。客观上还需有因严重不负责任致使国家利益受到重大损失的结果，重大损失一般是指重大经济损失。严重不负责任行为与造成重大损失结果之间是具有必然因果联系的行为。

国家机关工作人员签订、履行合同失职被骗罪与玩忽职守罪是有区别的，两罪主要区别在于：①犯罪后果不同，前者是致使公共财产、国家和人民利益遭受重大的损失，后者是致使国家利益遭受重大的损失。②渎职的性质不同。前者属于公务职权，后者为经营、管理职权。而在该案中古某的行为显然是使用公务职权致使公共财产遭受损害，符合国家机关工作人员签订、履行合同失职被骗罪的构成要件。

区分国家机关工作人员签订、履行合同失职被骗罪与非罪的界限就是区分本罪与工作失误的界限，因为工作失误也往往会给国家和人民的利益造成重大损失，这一点和本罪有相同之处，但是二者之间有严格的区别：①工作失误，行为人是认真履行自己的职责义务；而国家机关工作人员签订、履行合同失职被骗罪则表现为行为人不履行或不正确履行自己的职责义务。②工作失误是由于制度不完善,一些具体政策界限不清,管理上存在弊端,以及由于国家工作人员文化水平不高,业务素质较差,缺乏工作经验,因而计划不周,措施不当,方法不对,以致在积极工作中发生错误,造成国家利益遭受重大损失;而国家机关工作人员签订、履行合同失职被骗罪,则是违反工作纪律和规章,对工作极端不负责任,造成国家和人民利益遭受重大损失。在当前经济改革、对外开放、对内搞活的实践过程中,出现一些失误,造成某些严重的损失是难免的,这主要是总结经验教训的问题,必须与国家机关工作人员签订、履行合同失职被骗罪严格区别开来,但对于那些在国家法律政策不允许的情况下,盲目决策,管理混乱,给国家和人民的利益造成重大损失的,绝不能以工作失误来蒙混过关,逃避罪责。

诈骗的被害人虽然是受害者,但是其行为也要构成犯罪。古某是国家机关工作人员,本应履行为国家和广大人民群众谋取福利的义务,却由于严重不负责任导致国家和人民的利益受到损害,应当承担相应的法律责任。

九

有毒食品流入市场，谁之过

  2011年11月下旬，深圳市出现了广东省首例以涉嫌食品监管渎职罪批捕的案件。2011年11月3日和4日，有媒体追踪报道了深圳市光明新区公明海发酱料厂生产假冒陈醋的新闻，看到这篇新闻报道后，深圳市人民检察院反渎局立即进行了初查。侦查发现，公明海发酱料厂食品生产许可证、营业执照先后于2009年和2010年到期，但其后该厂一直无证生产酱油、醋、料酒等食品。其间，政府部门并没有监管。2010年12月，深圳市市场监督管理局光明分局曾对公明海发酱料厂立案调查，并作出责令停止生产，没收酱油、陈醋等成品和假冒商标，同时处以罚款的行政处罚。2011年6月，该局监管三科再次接到举报前去检查，发现该厂流水线上正在生产假冒山西名优陈醋，现场还堆放了大量酱油成品。监管三科再次对公明海发酱料厂以涉嫌生产假冒产品立案调查，对该厂处以责令停产、没收陈醋和罚款的处罚。然而，两次处罚没能制止造假流水线的继续开动。每次处罚后，公明海发酱料厂便立即开工，同时将大量产品推向市场。检察官们发现，这个加工厂从2010年营业执照到期到2011年11

月初被查封时止，已经销售假冒伪劣酱油、醋40余万箱、800多万瓶，仅2011年9月、10月生产了90余万瓶假冒伪劣的酱油、醋、料酒，并且全都流向了市场，给群众的生命健康造成了威胁。深圳市市场监督管理局的两次执法，在明知此厂是无证无照企业、产品为食品的情况下，没有按照相关规定查封。而且，涉案的5名市场监管人员中有3人收受了该厂经营者的财物。因此，这5人都被深圳市检察院以食品监管渎职罪立案侦查，并以该罪名被公诉至法院。

《刑法修正案（八）》后新增了"食品安全监管渎职罪"，即"负有食品安全监督管理职责的国家机关工作人员，滥用职权或者玩忽职守，导致发生重大食品安全事故或者造成其他严重后果的，处5年以下有期徒刑或者拘役；造成特别严重后果的，处5年以上10年以下有期徒刑。"而且，"徇私舞弊犯前款罪的，从重处罚。"

对食品监管渎职罪可从以下几个方面分析：

（1）食品监管渎职罪有两个立案标准。国家工作人员负有食品安全监督职责而不履行监督义务，超越职权范围或者违背法律授权的宗旨，违反职权行使程序行使职权，导致重大食品安全事故的发生，这是食品监管渎职罪的立案标准之一；另一个立案标准是相关渎职犯罪的刑罚等同或者高于食品监管渎职罪的刑罚。

（2）食品监管渎职罪的犯罪主体是特殊主体，即负有食品安全监督管理职责的国家机关工作人员。本罪的打击对象为卫生、农业、质量监管、食品药品监督管理、工商行政管理等部门滥用职权或玩忽职守的国家工作人员，以加强对地方政府和监管部门违法失职人员的责任追究，督促监管机制发挥最大作用。

(3) 食品监管渎职罪侵犯的是国家机关的正常管理活动，同时也侵犯了公共利益和个人的合法权益。具体而言，本罪直接侵犯的是食品安全监管机关的正常监管活动。根据《刑法修正案（八）》，本罪的客观方面表现为：负有食品安全监管职责的相关工作人员滥用职权或者玩忽职守，导致发生重大食品安全事故或者发生其他严重后果的行为。

(4) 本罪的渎职行为可分为滥用职权和玩忽职守两种类型。食品监管机关工作人员滥用职权的行为，是指不依法行使食品安全监管职务上的权力的行为，既包括非法行使本人职务范围内的权力，也包括超越职权范围而实施的有关行为。首先，滥用职权应是滥用食品安全监督管理机关工作人员的一般职务权限，如果行为人实施的行为与其一般的职务权限没有任何关系，则不属于滥用职权。其次，行为人是以不当目的实施职务行为，或者是以不法方法实施职务行为。再次，滥用职权的行为违反了职务行为的宗旨。而食品安全监管玩忽职守的行为，是指严重不负责任、不履行职责或者不正确履行职责的行为，如擅离职守、马虎行事等。不履行是指行为人应当履行且有条件、有能力履行职责，但违背职责没有履行。不正确履行是指履行职责过程中违反职责规定，马虎草率，粗心大意。

(5) 从行为人的心理结构看，滥用职权或者玩忽职守的食品监管人员对结果的发生是持放任的心态或者轻信避免的心态。既然行为人对行为可能发生的危害结果具有认识，则根据逻辑推理排除疏忽大意这种无认识过失存在的可能性。

(6) 从食品监管渎职罪的因果关系看，食品安全事故发生的直接原因是生产者和销售者生产、销售了不符合安全标准的食品。食品安全事故发生的间接原因是负有监督管理职责的国家机关工作人员滥用职权或者玩忽职守,导致发生重大食品安全事故或者造成其他严重后果。食品监管渎职罪是特殊的渎职犯罪,实践表明重大食品安全事故或者其他严重后果的发生是食品监管人员与其他食品违法犯罪分子共同作用的结果,也就是说食品监管人员的渎职行为与危害结果之间存在自然、社会、人为等介入因素,渎职行为与实际危害结果之间是一种间接因果关系。

(7) 食品监管渎职罪的法定刑是:"处 5 年以下有期徒刑或者拘役;造成特别严重后果的,处 5 年以上 10 年以下有期徒刑。""徇私舞弊犯前款罪的,从重处罚。"

食品安全关乎国计民生,但对食品安全的治理从农田、牧场、鱼塘到餐桌,线长、面广、环节多,每个行政管理部门都应履行自己的职责。食品安全事故的发生是多个监管部门共同渎职的结果,但责任人不得以此来推卸自己该承担的责任。

十
毒雾蔓延，监管者罪责难逃

  2001年，江西省永丰县环保局任命陈某担任环保局环境监察大队副大队长并主持全面工作，负责该县环境监管、审批、行政执法、应急处置和现场管理等工作。但在2005年至2011年，陈某对该县藤田严坊煤矸石砖厂等4家砖厂既未按规定进行现场监察巡查，也未安排环境监察大队其他工作人员按规定进行现场监察巡查，致使四家砖厂违规排放工业废气很久未被发现，这些工业废气将永丰县官山林场的部分杉树和松树熏死，给当地群众的生活造成了严重影响。在永丰县环保局接到群众举报并责令4家砖厂停产、补办环评审批等手续后，陈某仍未按规定要求，由本人或安排大队其他工作人员现场督促落实检查，导致4家砖厂继续进行生产、排污，并排放了大量氟化物、硫化物等超标的工业废气。最终使"全国十佳林场"之一永丰县官山林场所属的国有森林资源严重受损，直接造成经济损失231万余元。2015年8月永丰县人民检察院对陈某以涉嫌环境监管失职罪提起公诉。2015年9月永丰县法院受理了此案。

  2015年12月9日，永丰县法院对永丰县环保局环境监察大队副大队长陈某涉嫌环境监管失职罪一审开庭。法院认为陈某身为环保局环境监察大队副大队长，本身负有环境监管的职责，但他却对砖厂严重污染空气的行为不管不问，这直接导致了国有森林资源的严重受损，造成了重大的经济损失。法院最后认定陈某构成了环境监管失职罪并依法判处其有期徒刑一年。

环境监管失职罪是指负有环境保护监督管理职责的国家机关工作人员严重不负责任，导致发生重大环境污染事故，致使公私财产遭受重大损失或者造成人身伤亡的严重后果的行为。环境监管失职罪的构成特征有：①本罪的客体是国家环境保护机关的监督管理活动；②本罪的客观表现为国家环境保护行政主管部门的严重不负责任，导致环境资源的巨大破坏，造成重大环境污染事故，致使公私财产遭受重大损失或者造成人身伤亡的严重后果的行为。在上述案例中，陈某的表现就是严重不负责任。因为他身为负有监管责任的国家工作人员却不按规定进行现场监察巡查，也未安排环境监察大队其他工作人员按规定进行现场监察巡查由此导致了公私财产遭受重大损失。③本罪的主体是特殊主体，指负有环境保护监督管理职责的国家机关的工作人员。根据《环境保护法》第10条规定："国务院环境保护行政主管部门，对全国环境保护工作实施统一监督管理；县级以上地方人民政府环境保护行政主管部门，对本行政区域环境保护工作实施统一监督管理。"国家海洋行政主管部门、港务监督、渔政渔港监督、军队环境保护部门和各级公安、交通、铁道、民航管理部门，依照有关法律的规定对环境污染防治实施监督管理。县级以上人民政府的土地、矿产、林业、农业、水利行政主管部门，依照有关法律的规定对资源的保护实施监督管理。该案中，陈某是永丰县环保局环境监察大队副大队长，是上述部门中负有环境保护监督管理职责的人员；④本罪的主观上是过失，但是也不能排除放任的间接故意的存在。该案中，陈某在主观上属于放任的间接故意，他明知道砖厂违法排放工业废气，却不管不问。负有环境保护监督管理职责的国家机关工作人员严重不负责任，导致发生重大环境污染事故，致使公私财产遭受重大损失或者造成人身伤亡的严重后果的，处3年以下有期徒刑或者拘役。

《最高人民检察院关于渎职侵权犯罪案件立案标准的规定》指出，负有环境保护监督管理职责的国家机关工作人员严重不负责任的行为涉嫌造成公共财产、法人或者其他组织财产直接经济损失30万元以上的情形，应予环境监管失职罪立案。《最高人民法院关于审理环境污染刑事案件具体应用法律若干问题的解释》规定：致使公私财产损失30万元以上的，属于《刑法》第408条中的"公私财产遭受重大损失"。通过比较最高人民检察院与最高人民法院的规定可以看出，最高人民检察院是规定了应以环境监管失职罪立案的标准，而最高人民法院是对《刑法》第408条的"致使公私财产遭受重大损失"的条件作出解释。两者的含义是一致的。都是要求只要负有环境保护监督管理职责的国家机关工作人员严重不负责任的行为涉嫌致使公私财产损失30万元以上的情形，那么就符合环境监管失职罪的立案标准，应该以环境监管失职罪立案。而案例中陈某的严重不负责任的行为，直接造成"全国十佳林场"之一永丰县官山林场经济损失231万余元，远远超过30万元，法院以环境监管失职罪判决是合情合理的。

当前，国家工作人员因环境监管失职而受到法律严惩的案件依然时有发生，由于他们的不负责任，留给后人的是一片毒雾环绕的天空，我们只有加大对于环境监管的力度，加强对环境监管者的监督，才能还我们的城市一个美丽的明天。

十一

萝卜招聘构成犯罪

在 2012 年广东省举行的县级以上机关公务员考试中,梁某影之子林某成的笔试成绩为 104.1 分,在其报考的职位中排名第六。6 月 7 日晚,李某坚将这一情况用电话告诉了林某成的母亲梁某影。梁某影要求李某坚调高林某成的笔试成绩,使其能够入围面试。李某坚曾提出异议,但考虑到梁某影是中山市人社局分管人力资源考试的领导,最后两人经过协商都同意将林某成的笔试成绩篡改为并列第三。在中山市农业局于 6 月 27 日举行的公务员招录面试前,袁某盛是此次面试的轮候考官。梁某影要求他在面试时多关照她的儿子林某成,袁某盛表示同意。陈某标和何某寿也曾分别交代作为该局面试轮候考官,袁某盛和该局人事科副科长谵某华,让两人面试时关照林某成。袁某盛和谵某华在面试时也曾利用中场休息时间跟参加该局招录的面试考官(当地人事局工作人员)沟通要求关照。由于得到了面试官的关照,林某成的公务员考试面试获得了高分,排名第一。在事情被发现之后,2012 年 8 月 3 号,梁某影主动到中山市纪律检查委员会投案,如实供述了上述罪行。经审查,市监察局给予梁某影开除党籍并开除公职处分,当地法院以徇私舞弊罪判处梁某影一年有期徒刑。

根据我国《刑法》第418条之规定,招收学生、公务员徇私舞弊罪是指国家机关工作人员在招收学生、公务员过程中徇私舞弊,情节严重的行为。本罪的主体属于特殊主体,即国家机关工作人员。具体来说一般是指政府职能部门具有招收学生和公务员的工作人员,包括主管招收人员的领导人员和具体进行招收学生或公务员的工作人员,教育部门的工作人员以及其他招收公务员工作有关的国家机关工作人员等。对于该案,梁某影和李某坚两人的行为符合招收公务员徇私舞弊罪的构成要件,而且两人在主观上有共同徇私的故意。首先李某坚在知道林某成的笔试成绩后,主动向梁某影述说了这一情况,并向梁某影泄露了笔试成绩,其在主观上已经形成了徇私的故意,虽然梁某影提出让他篡改笔试成绩时,李某坚提出了异议,但是并未拒绝,而是篡改了成绩。这是李某坚徇私的有力证据,虽然事后并没有获得利益,但是他的行为已经完成了该罪的80%,所以应成立招收公务员徇私舞弊罪。对于梁某影来说,作为国家机关工作人员,她利用自己职位的权利和影响力,为自己的孩子谋取了利益。无论在主观上还是客观上其徇私舞弊的意思表示都十分明显,所以就梁某影指使李某坚篡改其孩子林某成的笔试成绩这一事实,已经构成了招收公务员徇私舞弊罪。

对于谵某华和袁某盛来说,两人不仅在主观上同意了他人违反规定的请求,而且客观上也实施了相对应的具体行为,所以无论是主观心理还是客观行为均符合该罪的构成要件,而且因为两人均为国家机关工作人员,其行为损害了国家机关的威信,违背了为人民服务的宗旨,影响十分恶劣,必须受到严惩。在最终的

第四章 渎职类犯罪

判决中，对谵某华和袁某盛给予撤职等处理。对于该案的核心人物梁某影来说，当地行政部门和法院都对其作出了相应的处罚，其他相关官员也受到了党内处分及撤职、降职的行政处罚。

对招收公务员徇私舞弊罪来说，招收的是国家机关工作人员，是人民的公仆，每个环节都必须严肃对待。在招收公务员考试过程中，各相关工作人员必须严格遵守相关法规，考试结束后要本着公平公开的原则进行招聘。只有这样才能保证公务员的质量，试想一个通过徇私舞弊手段成为公务员的人，他能克己奉公吗？因此在以后的招收公务员考试中要严格把关，相关工作人员各司其职共同做好为国家招收人才的工作！

十二

帮助考生作弊构成犯罪

被告人侯某秋于 2002 年末任乾安县人民政府副县长，于 2008 年全国普通高等学校招生考试期间兼任乾安县考区主任。2008 年高考前，乾安县文化新闻出版和体育局副局长孙某福为其子孙某在高考时找他人替考顺利，到被告人侯某秋的办公室向侯某秋提出请求帮助，并送给侯某秋人民币 2 万元。同年 6 月 8 日，吉林大学学生沈某在为孙某替考中被高考巡视组工作人员发现，列为疑似考生，并将准考证收缴。当日中午，孙某福得知后，给侯某秋打电话向侯某秋告知其子的准考证被收缴并请求给予帮助。侯某秋遂给该考点主考于某武打电话要求于给予照顾，于某武按照侯某秋的意思，将收缴的孙某准考证交给了孙某福。后沈某继续持该准考证为孙某替考，并以替考的 568 分的成绩使孙某被中国人民解放军炮兵学院录取，后因案发孙某被取消了录取资格。该案中，被告人侯某秋身为副县长及考区主任，在其主管的高考考区发现多名替考等疑似考生的情况下，为徇私情帮助他人将已经收缴的其中一名替考人员所持的准考证退还，致使该替考人员继续进行替考行为，并使不符合条件的考生被高校录取，造成了一定的恶劣影响，系属情节严重，其行为构成招收学生徇私舞弊罪。那么何为招收学生徇私舞弊罪呢？

《刑法》第418条规定："国家机关工作人员在招收公务员、学生工作中徇私舞弊，情节严重的，处3年以下有期徒刑或拘役。"由此得知，招收学生徇私舞弊罪是指国家机关工作人员在招收学生工作中徇私舞弊，情节严重的行为。本罪属于渎职类犯罪，首先它的犯罪主体只能是国家机关工作人员。所谓国家机关工作人员，是指在国家机关中从事公务的人员，也包括组织国家考试的人员，以及高校中的在行使国家管理职权的组织中从事公务的人员。该案中的被告人侯某秋在全国普通高校招生考试中担任考区主任，组织法律规定的国家考试，视为国家机关工作人员，已符合招收学生徇私舞弊罪中的主体身份。其次，招收学生徇私舞弊罪的客观行为是指在招收学生工作中徇私舞弊。这里的徇私舞弊，是指利用职权，弄虚作假，徇私情，将不合格的人员冒充合格人员予以录用、招收，或者将合格人员应当予以录用、招收而不予录用、招收。再者，招收学生徇私舞弊罪的罪责形式是故意，即明知是招收学生徇私舞弊行为而有意实施的主观心理状态。该案中侯某秋在考试期间明知沈某的替考行为，仍帮助其作弊，主观上已属于故意，其收取孙某父亲2万元的行为体现了她的徇私以及为自己牟取不正当利益的动机，这一行为符合招收学生徇私舞弊罪的客观行为的构成要件。最后，国家机关工作人员在招收学生工作中徇私舞弊是否构成犯罪，关键在于是否具备严重情节。如果情节严重，应依法认定为招收学生徇私舞弊罪。而对于情节没有达到严重程度的，则不认定为招收学生徇私舞弊罪。情节严重，是指具有下列情形之一的：①徇私情、私利，利用职务便利，伪造、变造人事、户口档案、考试成绩等，弄虚作

假招收公务员、学生的;②徇私情、私利,三次以上招收或者一次招收3名以上不合格的公务员、学生的;③因招收不合格的公务员、学生,导致被排挤的合格人员或者其亲属精神失常或者自杀的;④因徇私舞弊招收公务员、学生,导致该项招收工作重新进行的;⑤招收不合格的公务员、学生,造成恶劣社会影响的。该案中的考区主任侯某秋在全国普通高校招生考试中为了私利让吉林大学学生沈某替孙某考试,并且在沈某被发现准考证被收时,打电话让监考老师交还准考证,帮助沈某完成替考行为,且使得孙某被中国人民解放军炮兵学院录取。侯某秋的这种利用职务便利、弄虚作假招收学生的行为已经造成了恶劣的社会影响,符合"情节严重"的规定。综上所述,侯某秋帮助考生考试作弊的行为符合招收学生徇私舞弊罪的犯罪构成要件,即侯某秋构成招收学生徇私舞弊罪。

招收学生徇私舞弊罪是一种新型的犯罪,在当今社会的重重压力下,考生在考试中作弊的行为也逐渐增多,为了打击这一行为,维护社会的公平公正,2015年11月1日,正式实施的《刑法修正案(九)》将在法律规定的国家考试中帮助考生作弊的行为也纳入了犯罪的行列,打击考试舞弊的力度空前加大。

《刑法修正案(九)》中规定:在法律规定的国家考试中组织作弊的;为他人实施作弊提供作弊器材或者其他帮助的;为实施考试作弊行为,向他人非法出售或者提供法律规定的国家考试的试题、答案的,处3年以下有期徒刑或者拘役,并处罚金;情节严重的,处3年以上7年以下有期徒刑,并处罚金。代替他人或者让他人代替自己参加法律规定的国家考试的,处拘役或者管制,并处或单处罚金。

并不是所有的考试作弊行为都构成犯罪,只有符合法定构成条件的才构成犯罪。"法律规定的国家考试"是指由国家举办的，由国家颁发证书或者认证资格的一类考试。根据一般理解，该类应包括高考、全国硕士生招生考试、高等教育自学考试、司法考试、公务员考试、医师资格考试等。组织作弊是指行为人在根据法律规定进行的国家考试中，通过系统的安排，故意实施了组织作弊的行为。本罪的犯罪主体已不再限于国家机关工作人员，而是所有人。单独的个人在考试中不通过他人协助实施的作弊行为，不能构成本罪。本罪的构成也不再要求达到严重后果，因此该款最后一句规定的情节严重是加重情节而非入罪情节，即情节严重会加大惩罚。帮助他人组织作弊是为他人组织作弊提供器材或者其他帮助。主观方面应为故意，即明知他人组织作弊，仍提供帮助。替考是指代替他人参加考试的，或者是让他人代替自己参加考试的，即替考者和被替考者均会受到处罚。

当然，本罪不是一个人能完成的，需要考试监管部门、招生院校等的配合，因此要想遏制考试作弊的现象，需要从方方面面做起，不仅要加大惩罚的力度，更重要的是要预防，消除考试作弊的源头。

十三

林木采伐，严格审批

　　2007年9月，绥宁县枫木团村委会为偿还世界银行贷款，以议标的形式将本村集体所有的"地江水"（山场的称呼）至"隔间山"山场的林木经营权作价80万元卖给乡林业站职工经营。该林业站负责人袁某卫、沈某登及职工沈某祥等共15名职工以每股5万元入股，并推选沈某祥以个人名义与村委会签订了承包经营合同书。2008年6月，枫木团乡林业站资源管理员朱某泽负责就"地江水"和"高基炉"山场中的18、19、20号小班做伐区调查设计资料。2008年7月，枫木团乡林业站将整个承包山场所做的伐区设计资料上报县林业局资管站，申领采伐许可证。在18、19、20号小班的伐区设计调查表，18号小班的林分（指内部特征大体一致与领近地段有明显区别的一片林子）被标注为"杉成疏"，森林起源被标为"人工促进"，19、20号小班的林分被标注为"阔成疏"，森林起源被标注为"天然"，三份设计表中申请采伐许可证的方式均为皆伐（皆伐指的是在一个采伐季节内，将采伐区上的林木全部伐除的森林主要采伐方式）。县林业局资管站原站长刘某忠负责对包括枫木团乡在内的河口片的伐区设计资料进行审核,当年7月中旬的一天,被告人刘某忠与县林业局主管资源管理工作的负责人向某和一同到枫木团乡,审查申请采伐的山场。刘某忠等人只抽查了其中的22号小班,认为与设计资料相符后就未去检查其他小班的山场情况。2008年7月25日,被告人刘某忠在18、19、20号小班的伐区调查设计表中签署了"经与向某和现场查看,同意发证"的意见,并于同年陆续向枫木团乡林业站发放了18、19、20号小班的林木采伐许可证。该3份林木采伐许可证共计允许采伐商品材蓄积942m^3,折材积595m^3,批准采伐方式为皆伐。2008年10月,枫木团乡林业站由职工沈某祥负责组织砍伐工对批准采伐山场进行采伐。案发后,经绥宁县人民检察院委托怀化市升平司法鉴定所鉴定,18、19、20号三个小班山场不属于疏残林,按湖南省人大常委会法工委对《湖南省林业条例》第20条的解释,不能皆伐。由于刘某忠审批发放的林木许可证,致使不应被皆伐的大面积天然阔叶林被皆伐,森林资源被严重破坏,其行为构成违法发放林木采伐许可证罪,处两年有期徒刑。

依照我国《刑法》第407条的规定违法发放林木许可证罪是指林业主管部门的工作人员违反森林法的规定,超过批准的年采伐限额发放采伐许可证或者违反规定滥发林木采伐许可证,情节严重,致使森林遭受严重破坏的,处3年以下的有期徒刑或拘役。

违法发放林木许可证罪的主体是特殊主体,是由刑法所明确规定的林业主管部门的工作人员,其他部门的工作人员是不构成本罪的,案例中可以看到,刘某忠为林业主管部门负责审核、批准发放林木采伐许可证的工作人员,是属于违法发放林木许可证罪的构成主体的。

违法发放林木许可证罪的主观方面是过失，故意不构成这个犯罪。也就是当知道自己超发、滥发林木采伐许可证，可能会发生一定的社会危害结果，但是由于疏忽大意而没有预见，或者是虽然已经预见到可能会发生，但凭借着自己的知识或者经验而轻信可以避免，以致发生了造成严重损失的危害结果。由以上案例可以看出，刘某忠等人只抽查了其中的22号小班，认为与设计资料相符后就未去检查其他小班的山场情况。刘某忠的行为是过失的一种，是符合违法发放林木许可证罪的主观方面的。

违法发放林木许可证罪的客体具体地是指国家审核发放林木采伐许可证部门对许可证的正常管理活动。由以上的案例我们知道，刘某忠因为没有认真履行职责，只是检查了一个小班，就发放了3处的林木许可证，属于对许可证没有认真管理，严格审批发放，所以是破坏了国家审核发放林木采伐许可证部门对许可证的正常管理活动，是符合违法发放林木许可证罪的客体的。

违法发放林木许可证罪的客观方面是表现为违反森林法的规定超过批准的年采伐限额发放林木许可证或者违反规定滥发林木采伐许可证，情节严重的行为。违反森林法的规定，主要是指违反我国《森林法》及其实施细则中有关森林年采伐限额的制定和审批、采伐森林和林木的范围与方式、林木采伐许可证的申请与核发职权等方面的规定。从案例中我们了解到，刘某忠未认真履行职责，在对伐区设计调查资料的审查中未亲临现场对照检查，导致发证内容与伐区实际情况不符，致使不应被皆伐的大面积天然阔叶林被皆伐，森林资源被严重破坏。刘某忠的审批方式不严格，所颁发的林木种类、范围与实际情况不符，是符合违法发放林木许可证罪的客观方面的。

其中《刑法》第407条规定了"情节严重"，情节严重在

《最高人民法院关于审理破坏森林资源案件具体应用法律若干问题的解释》第 12 条规定的有五种情形：①发放林木采伐许可证允许采伐数量累计超过批准的年采伐限额，导致林木被采伐数量在十立方米以上的；②滥发林木采伐许可证，导致林木被滥伐，十立方米以上时；③滥发林木采伐许可证，导致珍贵树木被滥伐的；④批准采伐国家禁止采伐的林木，情节恶劣的；⑤其他情节严重的情形。

由于案例中刘某忠及其所为符合违法发放林木许可证罪的主体、客体、主观方面、客观方面，并且行为属于"情节严重"规定的第二个行为，所以刘某忠构成违法发放林木许可证罪。

违法发放林木许可证罪的规定目的是，要求林业工作人员尽好自己的职责，对采伐行为进行严格审批，并且对违反规定者给予相应的惩罚来保护国家的森林资源。

十四

查缉走私，闭眼有罪

最近网络媒体关于放纵走私的案件纷纷暴露出来，以更多视角的让我们理解它在现实生活中的存在。1998 年 5 月，某海关海上缉私队队长周某，在带领缉私队执行任务时，在某海域拦截住 1 艘可疑船只。上船后，周某和队员李某在搜查时，在船只的底部发现几只包装完好的箱子，两人便打算撬开检查。就在这时船主过来，看周围没有别人，向周某和李某的口袋里各塞 2 000 元，并偷偷给他们说这是一批移动电话，请求他们睁一只眼闭一只眼，不要查他们了。这时周某和李某认为每个人 2 000 元挺不错的，于是周某和李某没有再行检查便走出船舱，并告诉其他缉私队员没有发现走私物品，责令其他海关缉私人员准许他们通行。以至于后来这艘走私船只装运的 2 000 多部移动电话入境，给国家造成重大关税损失。人民检察院于是以涉嫌放纵走私犯罪，对周某和李某立案侦查并提起公诉。鉴于 2 人故意放纵走私使国家遭受重大损失，犯放纵走私罪并对其 2 人各判处有期徒刑 3 年。

法院认为，该案中，周某和李某均为海关工作人员，他们收受走私分子贿赂并放纵走私，故意包庇放纵走私分子的走私行为，使多部走私移动电话入境，给国家带来重大关税损失和危害，故周某和李某构成放纵走私罪。

放纵走私罪侵犯的是国家的海关监管制度。海关就是国家的进出境监督管理机关。海关主要是从事监管进出境的运输工具、货物、行李物品、邮递物品和其他物品，征收关税和其他税、费，查缉走私等海关业务。加强海关的管理，对维护国家的主权和利益，促进对外经济贸易和科技文化交往，保障社会主义现代化建设，具有重要作用。海关工作人员徇私舞弊，放纵走私，不仅纵容走私违法犯罪行为，破坏了海关监督秩序，使国家海关法律、法规的顺利实施受到严重干扰，还损害了国家机关特别是海关的威信。《海关法》第56条规定，海关工作人员放纵走私的，根据情节轻重，给予行政处分或者依法追究刑事责任。关于海关工作人员徇私舞弊这个行为，首先必须是利用职务的便利进行的，也就是指利用职权或者与职务有关的便利条件。职权是指本人职务范围内的权利；与职务有关的便利条件是指虽然不是直接利用职权，但是利用了本人的职权或地位形成的便利条件。在这个案子里，海关海上缉私人员利用自己职务的便利，收受他人钱财，并且放任他们走运物品，成立利用职务的便利放纵走私。

放纵走私包括以下这些情形：海关工作人员为贪图财物或者袒护亲友或者其他私情私利，对明知是走私行为而予以放纵，该案中海关人员是为了贪图他人钱财，属于放纵走私的行为。主要表现为：海关工作人员出于徇私情、图私利的动机，有法不依，有章不循，利用职权，对具有走私行为和走私犯罪的人故意包庇、放纵，对应该查处的不予查处、应该处罚的不予处罚、应该依法移交司法机关追究刑事责任的不移交的行为。徇私舞弊的方法，通常表现为搜集、制造提供假证据材料，篡改、毁灭证实真相的证据材料，歪曲事实，或者通风报信、私放、窝藏走私分子或者私放走私货物进出国（边）境等，纵容走私违法犯罪活动。需要注意的是，海关工作人员徇私舞弊，放纵走私的行为，一般只能发生在侦查或者查处阶段。本罪是特定机关工作人员才能构成的，这里的特定机关工作人员是指海关工作人员。该案中，某海关海上缉私队队长周某及其队员李某均为海关工作人员，所以他们二人符合本罪的这一条件。

本罪在主观方面必须是出于故意，即明知自己行为可能产生怎样的后果，而对这种后果的发生持有希望或者放任的态度。该案中，某海关海上缉私队队长周某及其队员李某明知自己的徇私舞弊行为是违反有关法律规定的，仍实施了此行为，所以，符合本罪的主观要件。但是如果海关工作人员主观上不是明知，而是由于其业务知识、经验不足，或者是调查研究不够充分，工作作风不够深入，思想方法简单等造成认识偏颇而发生的错误行为，即使造成一定危害后果，一般也不构成这个犯罪。如果情节严重或者造成重大后果而构成其他犯罪的，应以其他相对应的犯罪论处。其次放纵走私罪在行为方面必须是出于故意且具有徇私的目的，如果他们是因为过失，玩忽职守而导致走私行为得以放纵，或者没有徇私目的，只是滥用职权放纵走私的，只有给公共财产、国家和人民利益造成重大损失时才能构成犯罪，而且构成的不是本罪，而是玩忽职守罪、滥用职权罪等。

根据《刑法》第411条的规定，犯放纵走私罪的，处5年以下有期徒刑或者拘役；情节特别严重的，处5年以上有期徒刑。其中，情节严重是指：①放纵走私犯罪的；②因放纵走私致使国家应收税额损失累计达10万元以上的；③放纵走私行为3起次以上的；④放纵走私行为，具有索取或收受贿赂情节的。情节特别严重,是指放纵重大的走私犯罪分子或放纵走私给国家造成特别巨大的经济损失等。故该案中周某与李某收受船长的贿赂而放纵走私,属于情节严重的第4种情形。所以,应对其2人以放纵走私罪在5年以下定罪量刑,各判处3年有期徒刑。

  由此可见,海关缉私队员收受他人钱财之后,蒙蔽双眼放纵他人走私物品,给国家关税带来重大损失,应当受到法律的制裁。国家设定放纵走私罪以警示海关工作人员要恪尽职守,认真保卫国家安全。

十五

招收学生徇私舞弊罪，不公平的犯罪

中国人民大学招生就业处原处长蔡某生利用职权之便收受贿赂，借自主招生之名让 11 岁的富二代走进了大学，将自主招生不自主、照顾录取收费生的问题推向了风口浪尖。随后，中国人民大学确认，蔡某生因涉嫌违法违纪接受调查，教育学院执行院长胡某也被免职、协助调查。高校负责人坦言，对于主管领导开的照顾某考生的"条子"，学校只能通过自主招生的途径将其录取。尤其是艺术及体育特长生领域的自主招生，因主观因素影响较大，成为有背景但分数未达到录取线的考生的入学新通道。

中国科学技术大学教师向新语丝网站反映，中国科学技术大学 2009 年在安徽省招生最低投档线为 668 分，而中国科学技术大学现任校长侯某国的儿子侯某远却以 611 分的低分被中国科学技术大学录取。此事迅速引起新语丝方舟子关注。中国科学技术大学安徽招生组三名老师旋即向新语丝去函，辩称该名考生系中国科学技术大学自主招生录取，该考生的高考成绩符合学校自主招生的录取条件，没有利用职权违法招生和违规操作的情况等。但方舟子经过论证，认为三位老师的辩解反而证实了侯校长、招生老师的确利用职权违法招生,并得出"高校自主招生成了为有权或有钱者的子弟量身定做的工具","高考本来是中国相对比较公平的一项制度,但是现在政策加分、自主招生的做法却让它变成了腐败的温床"等结论。

蔡某生和侯某国分别为不同著名高校的招生主管和学校领导,他们利用自己的职权之便,让本来不具有录取资格的学生通过自主招生的途径走进了大学。这种行为触犯了《刑法》第418条:国家机关工作人员在招收公务员、学生工作中徇私舞弊,情节严重的,处3年以下有期徒刑或者拘役。构成招收学生徇私舞弊罪。

招收学生徇私舞弊罪属于渎职罪,该罪的犯罪主体是国家机关工作人员,该罪的行为是在招收学生工作中徇私舞弊。徇私舞弊是指利用职权,弄虚作假,为亲友徇私情,将不合格的学生冒充合格学生予以招收,或者将合格学生应当予以录用、招收而不予录用、招收。本罪的主观方面是故意,故意是指明知招收学生是徇私舞弊行为而有意实施的主观心理状态。本罪须出于徇私的动机。本罪的客观方面,表现为在招收学生工作中徇私舞弊,情节严重的行为。

高校不属于国家机关,高校领导和招生主管也不属于当然的国家机关工作人员,但依照法律、法规在行使国家行政管理职权的组织中从事公务的人员,或者在受国家机关委托代表国家行使职权的组织中从事公务的人员,或者虽未列入国家机关人员编制但在国家机关中从事公务的人员,在代表国家机关行使职权时,视为国家机关工作人员。教育局属于国家行政机关,委托高校代表国家行使职权依法进行招生,因此高校领导和高校招生主管在此条件下也视为国家机关工作人员。

国家机关工作人员在招收学生工作中徇私舞弊，是否构成犯罪，关键在于是否具有严重情节。如果情节严重，应依法认定构成招收学生徇私舞弊罪。对于情节没有达到严重程度的，则不构成招收学生徇私舞弊罪。情节严重的认定应参照《最高人民检察院关于人民检察院直接受理立案侦查案件立案标准的规定》。该规定在"（三十二）招收公务员、学生徇私舞弊案（第418条）"明确，涉嫌下列情形之一的，应予立案：①徇私情、私利，利用职务便利，伪造、变造人事档案、考试成绩等，招收公务员、学生徇私舞弊的；②徇私情、私利，三次以上或一次招收三名以上不合格的公务员、学生的；③因招收不合格的公务员、学生，导致被排挤的合格人员或者其亲属精神失常或者自杀的；④因徇私舞弊招收不合格的公务员、学生，导致该项招收工作重新进行的；⑤招收不合格的公务员、学生，造成恶劣社会影响的。据此规定，有上列情形之一的，即可认定为情节严重。上述两个案例便符合第⑤种立案情形，应予立案。

"自主招生"不能太自主。高校关照录取收费生，致使一部分有背景、有门路的学生即使分数不够也能花钱上高校，同时，个别高校领导借机滥用职权、徇私舞弊谋求个人利益，造成了严重的贪污腐败。高校领导侯某国和高校招生主管蔡某生利用职权之便招收学生徇私舞弊的行为，使得一些有才而没有门路的学生在高校的自主招生中比不过那些有门路却没有才能的人，由于招生指标有限，前者往往落选，这种行为与公平背道而驰。当今社会，我们需要的是多一些公平，少一些腐败，希望招生徇私舞弊的现象能越来越少，公平越来越多，有才之人为国所用，社会便能更加美好。

十六

土地占用，不可乱批

2008年6月19日，铜山县人民检察院审理了一起非法批准征用、占用土地的案件。吴某是国土资源局发证办工作人员，在为其同学支某青的私营企业即徐州远大粮食有限公司办理土地使用权证的过程中，明知该企业不符合国有土地划拨的条件规定，却碍于同学关系和私人感情，以帮助制作虚假证明材料，请托相关审批人员等非法手段，为该企业办理了铜国用（2006）字第0682号国有土地划拨使用权证，造成国有土地出让金人民币94.45万元的直接经济损失。该案土地使用权证是通过虚假的证明、违法手段取得的，从其形式上看虽是合法的，但实质上是违法的。在非法批准占用土地过程中，吴某帮助支某青出主意、想办法造假，在具体审批过程中签了初审意见，并在其他审批环节中起到了积极的作用，其行为完全符合非法批准占用土地罪的构成要件。吴某徇私舞弊，违反土地管理法规，非法批准占用土地，致使国家利益遭受特别重大损失，其行为已构成非法批准占用土地罪。

2005年3月，时任沙河市路世通实业集团公司董事长的殷某路（殷某放四弟），为建设路世通公司需征用土地，其兄殷某放利用时任主管城建、土地的副市长的职务便利，指使国土局有关人员在该市田村有意勘测—"刀把形"273亩的地块（为多占地作地形准备），并上报省国土资源厅批准。殷某路后办理了249.5亩的土地使用权证。尔后，殷某放指使该市桥东办事处及田村负责人按400余亩完整地块征占，并完成了围墙和路面建设。为掩盖其"少批多占"的事实，2006年12月，建设路世通公司与田村村委会违法签订了423.08亩的征地协议，殷某放强令加盖公章，致使非法占地成为既成事实。经查，建设路世通公司实际占地483亩，规划外占地253.6亩，其中林地134.63亩，耕地5.32亩，未利用地110.72亩。殷某放以少批多占的形式非法占用了大量的土地，给当地居民的生活造成了严重影响，同时给国家经济造成重大损失，该行为造成了权力的滥用，违反了土地管理法，已构成非法批准征用、占用土地罪。

两起不同案件，却有着相似的特点。为国家机关工作人员的吴某和殷某放，为了私利，无视法度的存在，滥用手中的权力，这不仅仅给国家的经济带来了重创，还给国家的廉政建设留下了一个污点。非法批准征用、占用土地罪的实施，是对该行为的遏制。

土地是国家发展的基础，是人民生活的根本。合理征用、占用土地不仅会促进国家经济的发展，而且有利于人民的生活。而非法征用、占用土地将会对国家经济、人民生活造成严重的危害。话虽如此，现实生活中非法征用、占用土地的案件却频频发生。追根溯源，非法征用、占用土地的背后是国家机关工作人员的徇私舞弊，对征用、占用土地进行非法批准。该行为是对国家权力的滥用，它不仅危害了社会，还对官场风气造成了污染。针对该行为，我国《刑法》第410条规定了非法批准征用、占用土地罪：国家机关工作人员徇私舞弊，违反土地管理法规，滥用职权，非法批准征收、征用、占用土地，或者非法低价出让国有土地使用权，情节严重的，处3年以下有期徒刑或者拘役；致使国家或者集体利益遭受特别重大损失的，处3年以上7年以下有期徒刑。

本罪中所谓的征用土地，是指国家为了进行经济、文化、国防建设以及兴办社会主义公共事业的需要，依照有关法律规定的条件及程序，将属于集体所有的土地收归国有的一种措施。所谓占用土地，是指对土地事实上的控制、管理与使用。非法征用、占用土地的行为只有情节严重才构成本罪。情节严重主要是指多次实施本罪行为的；造成大量土地被非法征用、占用的；导致耕地大量荒芜或者毁坏的；因严重徇私而非法批准征用、占用土地的；造成恶劣影响的；等等。

能够实施非法征用、占用土地罪的主体不是普通的主体，而是国家机关工作人员，以及与土地管理相关的法律、法规、司法解释中规定的在各级政府中的主管人员，土地管理、城市规划等部门的工作人员。国家机关工作人员徇私舞弊，违反土地管理法规，滥用职权，非法批准征用、占用土地，或者非法低价出让国有土地使用权，情节严重的，将会处3年以下有期徒刑或者拘役；致使国家或者集体利益遭受特别重大损失的，将会处3年以上7年以下有期徒刑。

土地是我们赖以生存的自然资源，国有土地是社会主义全民所有的公共财产的重要组成部分，违法批准征用、占用土地的行为，造成国家土地资源的浪费，可耕地面积减少，使国家土地使用收益大量流失。这不仅使国家土地管理法律、法规的顺利实施受到严重干扰，还损害了国家土地管理、城市规划机关的威信，而且损害了国家和人民利益。

为了使有限的土地资源能有效正确地利用，国家通过法律对土地征用、占用等作了一系列规定，征用土地是国家为社会主义公共利益的需要，将集体土地转变为国有土地。要征用土地，必须具备以下几个条件：首先，征用是一种政府行为，是政府的专有权力，其他任何单位和个人都没有征地权；第二，必须依法取得批准；第三，必须依法对被征用单位进行补偿，造成劳动力剩余的必须予以安置；第四，被征地单位必须服从，不得阻挠征地；第五，征地必须向社会公开，接受社会的公开监督。

在国家对土地占用作出一系列规定的同时，为了减少非法批准征用、占用土地现象的出现，加强对国家工作人员批准征用、占用土地权利的管理，有效控制征用土地的数量和防止侵害被征用地单位的利益，新《土地管理法》从法律上加强了征用土地的审批，上收了征地审批权，实行征用土地由国务院和省级人民政府两级审批，即禁止一般性项目和城市、村庄、集镇建设占用基本农田。对于那些国家重点建设项目，确实无法避开而必须占用基本农田的，必须经过严格的审批。新《土地管理法》在规定合理征用、占用土地的同时，加强了对审批权的管理，双重措施之下，将会大大减少非法批准征用、占用土地罪的发生。

十七

临时工也能构成渎职罪

浙江省仙居县湫山乡林业工作站临时工作人员应某，因犯违法发放林木采伐许可证罪，被法院一审判处有期徒刑8个月。2003年1月，仙居县湫山乡曹店村的5块集体林木被判给周某，周某急欲砍伐，要求村干部代为办理林木采伐许可证手续，村负责人曹某遂以集体名义将办理林木采伐许可证申请报至湫山乡林业站。该站聘用人员应某（临时工）"好心"告知曹某：以集体名义批林木采伐许可证，需要报县林业局审批，而以个人自留山名义请求审批，在乡林业站办手续就可以了，同样的费用，批复周期却缩短许多。在应某的"帮助"下，经办人拿回原填写的申请表并撕掉，当场以个人自留山名义重新填写林木采伐申请表。应某在欺骗乡、站领导后，批给曹某林木采伐许可证50余立方米，致使集体山林遭受严重破坏。作为政府部门的一名临时聘用人员，应某在为别人办事时，自以为好心地提供了他想象中的"方便"，不为谋取个人私利，也未得到任何好处，却想不到"好心"办了坏事，滥发林木采伐许可证，造成滥伐林木的严重后果。这种渎职犯罪虽然是"不入腰包的腐败"，却带来了极大

的社会危害和社会损失。

临时工从字面意思来理解是指临时招聘的工人，与正式工人相对。深层理解临时工就是指暂时在单位工作，合同期限不超过一年的临时性、季节性用工。该案中临时工应某因犯违法发放林木采伐许可证罪被法院一审判处有期徒刑8个月。根据我国刑法规定，渎职罪是指国家机关公务人员利用职务上的便利或者徇私舞弊、滥用职权、玩忽职守，妨害国家机关公务的合法、公正、有效执行，损害国民对国家机关公务的客观、公正、有效执行的信赖，致使国家与人民利益遭受重大损失的行为。而渎职罪的主体是指国家机关工作人员。此处的国家机关工作人员包括在国家各级立法机关、各级行政机关、各级司法机关、各级军事机关中从事公务的人员，不包括在国有公司、企业中从事公务的人员。此外，在依照法律、法规规定行使国家行政管理职权的组织中从事公务的人员，或者在受国家机关委托代表国家机关行使职权的组织中从事公务的人员，或者虽未列入国家机关人员编制但在国家机关中从事公务的人员，在代表国家机关行使职权时，有渎职行为，构成犯罪的，依照刑法关于渎职罪的规定追究刑事责任。所以，应某虽然是乡林业站的聘用人员，但已具备渎职犯罪的主体资格，也能构成渎职罪。

根据我国刑法规定，违法发放林木采伐许可证罪是指林业主管部门的工作人员违反森林法的规定，超过批准的年采伐限额发放采伐许可证或者违反规定滥发林木采伐许可证，情节严重，致使森林遭受严重破坏的行为。其中滥发林木采伐许可证，导致林木被滥伐20立方米以上的，构成情节严重，应予立案。在该案中，应某在欺骗乡、站领导后，批给曹某林木采伐许可证50余立方米，远超过20立方米，并且致使集体山林遭受严重破坏，

第四章 渎职类犯罪

情节严重,已构成违法发放林木采伐许可证罪,应追求其刑事责任。

所以,不难看出,临时工也能构成渎职罪。不管是否属于正式编制的国家机关工作人员,只要行使了国家机关工作人员的职权,即代表国家行使职权时,就应属于国家机关工作人员范围,就可成为渎职罪的主体。所以,不难看出,渎职罪的主体并不是公务员,没有公务员身份的人也能够成渎职罪。如最高人民检察院在2000年5月4日给上海市人民检察院的《关于镇财政所所长是否适用国家机关工作人员的批复》中指出:"对于属行政执法事业单位的镇财政所中按国家机关在编干部管理的工作人员,在履行政府行政公务活动中,滥用职权玩忽职守构成犯罪的,应以国家机关工作人员论。"最高人民法院在2000年9月14日给吉林省高级人民法院的《关于未被公安机关正式录用的人员、狱医能否构成失职致使在押人员脱逃罪问题的批复》中指出:对于未被公安机关正式录用,受委托履行监管职责的人员,由于严重不负责任,致使在押人员脱逃,造成严重后果的,应当依照《刑法》第400条第2款的规定定罪处罚。不负监管职责的狱医,不构成失职致使在押人员脱逃罪的主体。但是受委托承担了监管职责的狱医,由于严重不负责任,致使在押人员脱逃,造成严重后果的,应当依照《刑法》第400条第2款的规定定罪处罚。最高人民检察院2000年10月9日给辽宁省人民检察院的《关于合同制民警能否成为玩忽职守罪主体问题的批复》中规定:"根据刑法第93条第2款的规定,合同制民警在依法执行公务期间,属其他依照法律从事公务的人员,应以国家机关工作人员论。对合同制民警在依法执行公务活动中的玩忽职守行为,符合《刑法》第397条规定的玩忽职守罪构成要件,依法以玩忽职守罪追究刑事责任。"最高人民检察院 2000 年 10 月 31 日给江西省人民检察院的《关于属工人编制的乡（镇）工商所所长能否依照刑法第 397 条的规定追究刑事责任问题的批复》中也指出："根据《刑法》第 93 条第 2 款的规定，经人事部门任命，但为工人编制的乡（镇）工商所所长，依法履行工商行政管理职责时，属其他依照法律从事公务的人员，应以国家机关工作人员论。如果玩忽职守，致使公共财产、国家和人民利益遭受重大损失，可适用《刑法》第 397 条的规定，以玩忽职守罪追究刑事责任。"

综上所述，渎职罪的主体并不全是公务员，没有公务员身份的人也能构成渎职罪。

十八

渎职的不一定都是公务员

  被告人闭某晖于 2006 年 3 月被聘用为广西壮族自治区宾阳县公安局某派出所协警员，其工作职责主要为外勤工作，同时，也协助户籍民警办理身份证、户口簿工作。2009 年 3 月，美籍华人邵某华、邵某庆找到闭某晖，要求闭某晖为二人办理虚假的户口簿和居民身份证，并承诺事成之后给予好处费。闭某晖虽不知邵某华当时已被公安机关刑事立案并采取边控措施阻止出境，但为贪图钱财，仍向邵某华、邵某庆承诺利用自己协助户籍工作的职务便利，为二人办理虚假的居民身份证及户口簿。2009 年 4 月 10 日，闭某晖使用原派出所民警杜某的账号，通过"错漏补报"系统将邵某华落户于宾阳县甘棠镇那宁村委，化名"陈远龙"，4 月 14 日，闭某晖又将邵某庆落户于同一个村子，化名为"陈贵发"。4 月 20 日，闭某晖使用户籍民警廖某的账号分别为邵某华、邵某庆伪造名为"陈远龙""陈贵发"的居民身份证，后将伪造的居民身份证、户口簿交给邵某华、邵某庆，并接受二人的吃喝、娱乐邀请。2009 年 6 月，邵某华、邵某庆利用伪造的"陈远龙""陈贵发"居民身份证、户口簿在宾阳县公安局出入境管理大队办理了因私护照,并使用办理好的护照搭乘从香港飞往菲律宾的客机,借此了解客机夹舱层结构,为组织偷渡做准备。此外,邵某华在被刑事立案后还使用"陈远龙"身份证用于银行开设账户、酒店入住,借以逃避公安机关的抓捕打击。2013年10月闭某晖自首,法院以闭某晖滥用职权罪,判处有期徒刑三年,缓刑四年。依照《刑法》第397条之规定,"国家机关工作人员滥用职权或者玩忽职守,致使公共财产、国家和人民利益遭受重大损失的,处3年以下有期徒刑或者拘役;情节特别严重的,处3年以上7年以下有期徒刑。本法另有规定的,依照规定。"

该案的争议焦点在于被告人闭某晖的身份问题。庭审过程中,闭某晖的辩护律师辩称,闭某晖只是一名协警员,连公务员都算不上,更谈不上什么国家机关工作人员,因此不能构成滥用职权罪。但法院最终并没有采纳这一辩护理由。那么该案中被告人闭某晖协警员的身份到底属于什么呢?难道说只有成为公务员才能算得上是国家机关工作人员么?根据《公务员法》第1章总则第2条之规定,公务员是指依法履行公职、纳入国家行政编制、由国家财政负担工资福利的工作人员。而什么是国家机关工作人员呢?国家机关工作人员,是指在国家机关中从事公务的人员,包括在各级国家权力机关、行政机关、司法机关和军事机关中从事公务的人员。通过国家机关工作人员与公务员之间的对比,可以发现:公务员一要依法履行公职即按照法律,执行公务;二要纳入国家行政编制;三要由国家财政负担工资福利。而国家机关工作人员是在国家各级机关中从事公务的人员。机关工作人员是泛指,具体又可分为行政编制、事业编制以及合同制招聘(属于临时人员)。也就是说,在机关工作的人员不一定都是公务员，只有那些在机关中"纳入国家行政编制""由国家财政负担工资福利"且从事公务的工作人员才是公务员。由此可以得出，公务员只是国家机关工作人员中的组成部分，国家机关工作人员的范围是要大于公务员的。该案中被告人闭某晖的身份是协警。协警的定位是"辅助"警力，不具有行政执法权。在机构性质上，虽然协警队伍属于财政补助性事业单位，但它不是一级授权联防队。协警必须在在编民警的带领下开展各项工作。闭某晖所在的公安机关是人民政府的重要组成部分，属于国家行政机关；协警的职责为协助民警工作，确实是"从事公务"。但是，闭某晖没有"纳入国家行政编制"以及"由国家财政负担工资福利"，这就说明被告人闭某晖虽然不是公务员，但却属于在国家机关种从事公务的人员，也就是国家机关工作人员。根据《全国人民代表大会常务委员会关于〈中华人民共和国刑法〉第九章渎职罪主体适用问题的解释》，在依照法律、法规行使国家行政管理职权的组织中从事公务的人员，或者在受国家机关委托代表国家机关行使职权的组织中从事公务的人员，或者虽未列入国家机关人员编制但在国家机关中从事公务的人员，在代表国家机关行使职权时，有渎职行为，构成犯罪的，依照刑法关于渎职罪的规定定罪量刑。

综上所述，闭某晖虽然不属于纳入国家行政编制的公务员，但是其身为协警，利用工作上协助户籍民警办理身份证、户口簿、拍照工作的便利，超越职权，为他人伪造身份证、户口簿的行为符合《全国人民代表大会常务委员会关于〈中华人民共和国刑法〉第九章渎职罪主体适用问题的解释》的规定，已构成滥用职权罪，依法应予以惩处。

透过该案争议的焦点可以看出，国家机关工作人员与公务员之间，虽然存在相同的地方即都在国家机关中从事公务，但二者还是有明显的区别。可以这么说，公务员一定是国家机关工作人员，但国家机关工作人员不一定都是公务员。

因此，渎职的不一定都是公务员。

十九

校长滥发学位证，构成滥用职权罪

河南省郑州市某高校校长李某，先后利用职权将不具有入学资格的亲戚子女送入该校学习，并违反相关规定给其颁发学位证。李某作为校长，与许多官员和企业老板来往密切，多次为官员和企业老板的不具有入学资格的子女颁发了学位证，事后，获得官员和企业老板共计4 800元的答谢金。在该案中，李某违反相关规定为他人颁发学位证的行为触犯了《刑法》第397条之规定，法院以李某滥用职权罪判处李某有期徒刑6年。

我国《刑法》第397条规定："国家机关工作人员滥用职权或者玩忽职守，致使公共财产、国家和人民利益遭受重大损失的，处3年以下有期徒刑或者拘役；情节特别严重的，处3年以上7年以下有期徒刑。本法另有规定的，依照规定。国家机关工作人员徇私舞弊，犯前款罪的，处5年以下有期徒刑或者拘役；情节特别严重的，处5年以上10年以下有期徒刑。本法另有规定的，依照规定。"本罪在主观方面表现为故意，行为人明知自己滥用职权的行为会发生致使公共财产、国家和人民利益遭受重大损失的结果，并且希望或者放任这种结果发生。

高校颁发学位证是国家学位办授权的一种行政行为。在颁发学位证时高校是国家授权的行政机关。李某作为高校校长，全面负责对学生的颁发学位证工作，其身份属于国家机关工作人员，符合滥用职权罪的犯罪主体要求。根据《学位条例》的相关规定，学生只有依据一定的标准进行考核合格后才能获得学位证，高校也必须依据相关规定决定是否给学生颁发学位证。该案中李某在颁发学位证这一事件的决策中占据重要地位，他本应该按照《学位条例》的相关规定对学生的获证资格进行审查，却直接利用身处高位的职务便利直接给不具有资格的学生颁发学位证，该行为逾越了职权。不仅妨害了国家机关的正常工作，同时还在社会上造成了恶劣影响。从主观方面看，李某违规颁发学位证的出发点一是为了帮助其亲戚子女，二是和官员以及企业老板拉近关系。李某在明知该部分学生不具有获证资格的情况下为他们颁发学位证，具有明显的犯罪故意。同时，其出发点全都和自身利益相关，是为了私人利益进行的违法犯罪行为，属于典型的徇私舞弊且情节严重。根据《刑法》第397条规定，国家机关工作人员徇私舞弊，犯滥用职权罪的，处5年以下有期徒刑或者拘役；而滥用职权罪一般处3年以下有期徒刑或者拘役。这说明有徇私舞弊滥用职权的，应当重判。在该案中，李某还存在受贿行为，虽然受贿金额不足以构成受贿罪，但受贿这一行为本身可作为直接证据证实其徇私舞弊犯滥用职权罪。

滥用职权是职务犯罪的主要形式，职务犯罪是国家工作人员滥用权力、亵渎权力的表现，是严重的腐败形式。职务犯罪严重侵害国家机关的管理职能，影响正常的管理秩序和工作秩序，破坏由此产生的种种社会关系，损害政府的威信，损害公众利益，具有严重的危害性。因此，就算是高校，在其被国家授权行使行政权力时也必须依法办事，否则必将受到法律的追究。

二十

监管者玩忽职守，开发商无证预售

2010年6月、2011年4月，郑州大华市场建设开发有限公司先后两次向新郑市房管局申请办理其在工业用地上建设4、5、13、14楼的商品房预售许可证，被告人史某敏（时任新郑市房管局房地产管理科科长）、李某（时任新郑市房地产管理局房地产开发管理科副科长）不认真审核相关资料，在郑州大华市场建设开发有限公司未变更土地用途、未补交土地出让金的前提下仍为其办理了四栋楼的商品房预售许可证，郑州大华市场建设开发有限公司将取得预售许可证的部分房屋及其他商铺进行销售，给个人利益造成重大损失。构成了玩忽职守罪。

依据1995年实施的《城市房地产管理法》第44条，商品房预售应当符合下列条件：一是已交付全部土地使用权出让金，取得土地使用权证书；二是持有建设工程规划许可证；三是按提供预售的商品房计算，投入开发建设的资金达到工程建设总投资的25%以上，并已经确定施工进度和竣工交付日期；四是向县级以上人民政府房产管理部门办理预售登记，取得商品房预售许可证明。

土地出让金依法交给国土资源管理部门后，开发商才能取得土地使用权证书。土地出让金的收取根据土地的实际价值来确定，商业用地的出让金往往高于工业用地。土地用途的改变，须经有关部门批准，并补交出让金。该案中史某敏、李某在郑州大华市场建设开发有限公司未变更土地用途、未补交土地出让金的前提下，仍为其办理了四栋楼的商品房预售许可证，是玩忽职守罪的客观表现。

该案中，史某敏的助手曾提醒她郑州大华市场建设开发有限公司的用地是工业用地，但史某敏在不确定将工业用地转为建设用地是否为法律准许的情况下签了字，构成了作为的玩忽职守。所谓作为的玩忽职守，是指国家机关工作人员不正确履行职责义务，如工作马马虎虎、草率从事、不负责任、弄虚作假、欺上瞒下等。

玩忽职守罪的认定要求致使公共财产、国家和人民利益造成重大损失的结果。所谓重大损失，是指给国家和人民造成的重大物质性损失和非物质性损失。物质性损失一般是指人身伤亡和公私财物的重大损失，该案造成了私人财物的重大损失，该损失是确认构成玩忽职守罪的重要依据。此外，该案也造成了非物质性损失，如损害了国家机关的正常活动等。在司法实践中，应在明确所造成的物质性损失和非物质性损失的基础上，按直接责任人员的职权范围，确定其应承担责任的大小。新郑市房管局房地产管理科主要负责房地产开发企业的资质管理以及商品房预售许可证审批。该科室虽没有明确分工，但史某敏负责科室全面工作，所以该案中史某敏应承担主要责任。

玩忽职守行为与重大损失结果之间必须具有刑法上的因果关系，这是确定刑事责任的客观基础。玩忽职守行为与造成的严重危害结果之间的因果关系错综复杂，有直接原因，也有间接原因。该案中，预售证的申请和审批程序是：先由房地产开发企业按要求准备资料向房地产开发科提出办理房产预售的申请，之后由房地产开发科负责审核资料及现场勘察，审查合格后承办人员填写审批表，由科长、主管局长和局长分别签批。签批过后就可以发预售证了。李某当时具体负责商品房预售许可证审批的现场勘察工作，审核了他们的规划证、平面图等资料，并在审核意见中签了字。他的行为和开发商预售之间形成了间接的因果关系，有很大的过失。该案造成个人财产直接经济损失 366 300 元，达到了《最高人民检察院关于渎职侵权犯罪案件立案标准的规定》明确要求的 15 万元以上，达到了玩忽职守罪的立案标准。如果玩忽职守行为与造成的严重危害结果之间没有必然因果联系，不构成玩忽职守罪，而是属于一般工作上的错误问题，应由行政主管部门处理。

该案史某敏、李某玩忽职守的行为不仅使我国公民的财产遭受了重大损失，也使自己受到了法律的严惩。如果二人在履行职务的过程中认真负责，仔细查看相关的法律文件，就不会产生这样的不良后果。相关工作人员应引以为戒，认真工作，避免重蹈覆辙。

二十一

打掉犯罪分子的保护伞

2007年1月,李某德因涉嫌诈骗被羁押于郑州市第二看守所。李某德的朋友肖某、孙某等人为使李某德免受刑事追究,请求时任郑州市第二看守所巡视民警张某星提供帮助。张某星在明知李某德因涉嫌诈骗罪已被羁押的情况下,仍约见李某德案件的报案人师某(女)及其律师周某、肖某、孙某等人,商谈如何和平解决李某德案件。张某星等提议由李某德还钱给师某,师某要向司法机关写申请说明报案是误会,其与李某德为恋爱关系。

2007年3月23日,张某星利用自己作为第二看守所巡视民警的职务便利,向羁押于郑州市第二看守所的李某德传递调解协议书一份。随后,张某星及肖某、孙某作为债务担保人与师某达成债务担保协议,约定师某在收到10万元还款后,向司法部门写出书面申请,请求免除追究债务人李某德的刑事责任,并配合担保人做好此项工作。

被告人张某星在郑州市第二看守所工作期间,作为具有查禁犯罪活动职责的国家机关工作人员,向犯罪分子通风报信、提供便利,帮助犯罪分子逃避处罚,充当犯罪分子逃脱法律制裁的保

第四章 渎职类犯罪

护伞,其行为已构成帮助犯罪分子逃避处罚罪。根据张某星犯罪的事实、性质、情节和对社会的危害程度,依《刑法》第417条、第37条之规定,法院判决被告人张某星犯帮助犯罪分子逃避处罚罪。

帮助犯罪分子逃避处罚是指有查禁犯罪活动职责的国家机关工作人员,为使犯罪分子逃避处罚,向其通风报信、提供便利,帮助其逃避处罚的行为,即充当犯罪分子的保护伞。保护伞一般是具有追究及监管职责的国家机关工作人员。为了个人目的或其他目的而对犯罪分子包庇纵容,利用职权提供便利、通风报信等使其免受法律追究。

本罪侵犯的客体是国家机关的威信和正常活动。该案中,张某星帮助犯罪分子逃避处罚,其行为使犯罪的人员得不到应有的处罚,损害了国家机关的正常活动。帮助的对象是犯罪分子。该案中涉嫌诈骗的李某德作为已被羁押的犯罪分子,张某星对其提供帮助,符合此罪的对象。

本罪客观方面表现为向犯罪分子通风报信、提供便利,帮助犯罪分子逃避处罚的行为。张某星在明知李某德已被羁押仍私下与肖某、孙某商量伪造债务担保协议、作假证,并且利用自己身份的便利向李某德传递调解协议书,为其逃脱刑事追究提供了便利。

通风报信、提供便利的行为可能发现在犯罪分子被发现后,也可能发生在犯罪分子被发现前。通风报信,是指将有关部门查禁犯罪活动的情况,包括立案前的初查、立案后的侦查工作中将采取的措施及其时间、地点、参与人员、方法、步骤等,有意透露给犯罪分子,使其得以寻求对策或逃匿。既可以当面口述,也可以通过电话、电报、传真、书信等方式告知,还可以通过第三

人转告；提供便利，是指为犯罪分子提供隐藏处所、交通工具、通信设备、身份证明或协助其串供、隐匿、毁灭、伪造篡改证据等以使其逃避法律追究的行为。

本罪主体是特殊主体，必须是国家机关工作人员中负有查禁犯罪活动职责的人员，非国家工作人员不能构成本罪。行为人虽然具有国家工作人员的身份，但是不具有查禁犯罪活动职责的，也不属于本罪犯罪主体的范围。该案中张某星作为郑州市第二看守所巡视民警，有义务抓获、看管好犯罪分子，是具有查禁犯罪活动的国家机关工作人员。

本罪主观方面是直接故意，即明知他人有犯罪行为应当依法查禁，而向其通风报信、提供便利。行为人具有使犯罪分子逃避处罚的目的，若行为人在无意或不知情情况下为犯罪分子提供了便利则不构成本罪，而犯罪分子是否因此得以逃避处罚，并不影响本罪的成立。李某德被羁押，作为巡视民警的张某星理应知道，但仍与肖某、孙某私下商量对策，主观上有使犯罪分子逃避处罚的故意。不论张某星的帮助行为是否使李某德逃避处罚，都可以帮助犯罪分子逃避处罚罪论处。

帮助犯罪分子"逃避处罚"主要是行为人向犯罪分子泄露有关部门查禁犯罪活动的部署、人员、措施、时间、地点等情况，向犯罪分子提供钱物、交通工具、通信设备、隐藏处所等便利条件的，向犯罪分子泄露案情，帮助、示意犯罪分子隐匿、毁灭、伪造证据，或者串供、翻供等其他帮助行为，从而实现以下目的：帮助犯罪分子使其免予定罪；帮助犯罪分子使其免予刑罚处罚或者使其仅受行政处罚；帮助犯罪分子逃避应受的重刑罚，即包括使原本应受重刑罚的犯罪分子仅受到较轻的刑罚处罚；在人民法院判处刑罚后，帮助犯罪分子逃避刑罚执行。但是，如果被帮助的人实际上无罪或原本应当免予处罚,帮助者的行为不成立犯罪。

窝藏罪与帮助犯罪分子逃避处罚罪在主观上都出于直接故意,都具有帮助犯罪分子逃避处罚的目的,客观上都可以是采取提供隐藏处所或财务的手段。窝藏罪是指明知是犯罪的人而为其提供隐藏处所、财务,帮助其逃匿的行为。

但是窝藏罪与帮助犯罪分子逃避处罚罪还是有区别的,主要在于:(1)犯罪主体不同。帮助犯罪分子逃避处罚罪的主体是特殊主体,必须是负有查禁犯罪职责的国家机关工作人员;而窝藏罪的犯罪主体是一般主体。该案中的张某星因为是看守所的巡视民警,是负有查禁犯罪职责的国家机关工作人员,故可构成本罪。(2)客观方面的表现形式不同。窝藏罪表现为行为人为犯罪分子提供处所、财务以帮助其逃匿的行为;帮助犯罪分子逃避处罚罪可以表现为犯罪分子提供隐藏处所、财务的行为,也可以是为犯罪分子通风报信或者提供通信设备、交通工具等其他便利行为。帮助犯罪分子逃避处罚罪是行为人利用职务实施的犯罪,而窝藏罪不以利用职务为构成犯罪的必要条件。张某星是巡视民警,为被羁押的李某德传递调解协议书是很方便的,利用了自己职责的"优点"。

帮助犯罪分子逃避处罚有徇私枉法的性质,但帮助犯罪分子逃避处罚罪与徇私枉法罪有一定的区别。徇私枉法罪是指司法工作人员徇私枉法、徇情枉法,对明知是无罪的人而使他受追诉,对明知是有罪的人而故意包庇不使他受追诉,或者在刑事审判活动中故意违背事实和法律作枉法裁判的行为。二者的主要区别在于:(1)前者的犯罪主体是负有查禁犯罪活动职责的国家机关工作人员,主要是司法工作人员,也包括其他对特定犯罪活动负

有查禁职责的国家机关工作人员；后者的犯罪主体只能是司法工作人员。若张某星是国家机关工作人员但没有查禁犯罪活动的职责，则构成徇私枉法罪。（2）从犯罪成立的时间要求看，本罪既可以发生在刑事诉讼过程中，也可以发生在行政机关追究一般违法行为的过程中。后者只能发生在刑事诉讼的过程中。（3）犯罪主观方面上，本罪对行为是否出于徇私或循情的动机没有明确的要求。后者明确规定行为人必须处于徇私或循情的动机。即徇私枉法罪要求行为人犯罪时主观上是为了个人恩怨。（4）客观方面上，本罪是行为人为了使犯罪分子逃避处罚而为其提供帮助，对象是犯罪分子，结果是使犯罪分子逃避处罚。而后者则是行为人为使犯罪分子逃避处罚或是使无罪的人受到处罚，对象可以是犯罪分子也可以是无辜的人，结果是使犯罪分子逃避处罚也可以是使无罪的人受到处罚。

二十二

为赃车办行驶证，构成滥用职权罪

曾任广东省中山市车管所所长的张某因利用其职务之便为多辆赃车开具行驶证被提起公诉。王某系广东省中山市的一名车辆贩子，通过熟人介绍，成功认识了张某。王某曾多次对张某进行贿赂，共计人民币6万元。2006年6月18日，王某告知张某其手里有2辆收购的赃车，一辆丰田"普拉多"越野车及一辆奔驰ML320，市场价共计130余万元，想要转手卖掉，但由于车是偷来的，希望张某看在朋友的情面上能够借职务之便把这两台车"洗白"。根据2001年10月1日实施的《机动车登记办法》，办理机动车号牌和行驶证必须提供机动车所有人的身份证明以及《机动车登记证书》。张某有所疑虑，称若是车主找到此车自己会很麻烦，王某向张某保证两车均系外省车辆，请张某打消顾虑。张某听后表示同意，王某当即表示事成之后给予张某10万元报酬。一个月后，张某顺利把两辆黑车洗白，王某也顺利把车以110万元左右的价格转手，并给予张某10万元报酬。该案中，作为中山市车管所所长的张某利用职务之便为赃车"洗白"的行为，依《刑法》第397条之规定，构成滥用职权罪，依《刑法》第 385 条之规定,构成受贿罪。

依据我国《刑法》第 397 条之规定,滥用职权罪是指国家机关工作人员超越职权,违法决定、处理其无权决定、处理的事项,或者违反规定处理公务,致使公共财产、国家和人民利益遭受重大损失的行为。犯滥用职权罪的,"处 3 年以下有期徒刑或者拘役;情节特别严重的,处 3 年以上 7 年以下有期徒刑。本法另有规定的,依照规定。"国家机关工作人员徇私舞弊犯滥用职权罪的,"处 5 年以下有期徒刑或者拘役;情节特别严重的,处 5 年以上 10 年以下有期徒刑。本法另有规定的,依照规定。"该案中,张某的行为明显超出了其职权范围,属于违法办事,并且造成了严重后果。

本罪的犯罪主体为国家机关工作人员,是指在各级人大及其常委会、各级人民政府、各级人民法院和人民检察院中依法从事公务的人员。该案中,身为中山市车管所所长的张某符合本罪的主体要件。由于张某故意逾越职权,给国家、集体和人民利益造成了严重损害,危害了国家机关的正常管理活动。

认定滥用职权罪,首先行为人必须有滥用职权的行为,如果行为人没有滥用职权,完全是在具体的职权范围内处理事项,则不能认定为滥用职权罪。其次要求行为造成了重大损失,对于没有造成重大损失的滥用职权行为,不能认定为滥用职权罪。2007 年 5 月 9 日公布、5 月 11 日起施行的《最高人民法院、最高人民检察院关于办理与盗窃、抢劫、诈骗、抢夺机动车相关刑事案件具体应用法律若干问题的解释》中关于车管所等国家机关工作人员的犯罪问题的第 3 条第 3 款,规定了车管所等国家机关工作人员滥用职权或者玩忽职守犯罪"情节特别严重"的认定和处罚标准。规定车管所等国家机关工作人员"明知是盗窃、抢劫、诈骗、抢夺的机动车而办理登记手续的"，属于《刑法》第397条第1款的"情节特别严重"，处3年以上7年以下有期徒刑。这是车管所等国家机关工作人员与盗抢机动车的犯罪分子没有通谋情况下的定罪处罚。如果事前与盗抢机动车的犯罪分子通谋的，按照盗抢犯罪的共犯论处。该案中，张某明知王某提供的是盗窃车辆，依然为其办理了相应的合法证件，并且财产数额较大，应适用《刑法》第397条第1款。

滥用职权罪与玩忽职守罪的区别表现在以下方面：从行为性质上来说，玩忽职守罪是指国家机关工作人员严重不负责任，不履行或不正确地履行自己的工作职责，致使公共财产、国家和人民利益遭受重大损失的行为。玩忽职守罪强调的是对职守的"玩忽"。这种"玩忽"行为，主要表现为两种情形：①不履行职责，即行为人严重不负责任，对法定职责义务，不作为；②不认真履行职责，即行为人严重不负责任，对法定职责义务，马虎草率、敷衍了事。滥用职权罪则强调的是对职权的"滥用"。这种"滥用"主要表现为两种情形：一是超越职权的滥用，即行为人超越法定权力范围，违法决定无权决定的事项、擅自处理无权处理的事务；二是违反法定办事程序行使职权，随心所欲地违法处理公务。从行为方式上来说，玩忽职守罪主要表现为以不作为的方式对待工作。严重不负责任，该为而不为，放弃职守、擅离岗位、不履行职责。或在履行职责中不认真、马虎草率、敷衍塞责。而滥用职权罪主要表现为以作为的方式超越法定职权，决定、处理无权处理的事项，或者违法行使职权随心所欲处理公务，这就是说，滥用职权罪的行为方式主要表现为作为。特殊情况下，滥用职权罪也可由不作为构成，如滥用权力拒不履行法定职责，造成国家和人民利益重大损失。除此之外还有一个重要的区别就是玩忽职守罪主要由过失构成。玩忽职守罪强调的过失，是指国家机关工作人员由于疏忽大意或过于自信，对自己的玩忽职守行为可能导致的危害后果应当预见而没有预见，或者已经预见而轻信可以避免，以致造成重大损害结果。而滥用职权罪主要是由故意构成，既可以是直接故意，也可以是间接故意。该案中，张某身为国家机关工作人员，而且清楚地知道王某委托自己办证的车为赃车，却依然利用自己职务之便违法为其办理了合法证件，严重侵害了国家及他人的利益。既有对职权的滥用行为，又有作为的事实，符合滥用职权罪的认定要求。

　　滥用职权滥用的是国家的公权力，用国家的公权力来损害国家和人民的利益的行为若不制止就会造成极其严重的后果，严重影响党和政府机关的形象，损害党和政府在群众心中的威信，并且造成群众对法律的淡漠，不利于我国法治社会的建设。张某身为国家机关的工作人员，漠视法律的威信，明知自己的行为会造成严重的法律后果，依然抱着侥幸的心理实施了违法犯罪行为，严重损害了国家机关在群众心中的形象，让其接受法律的制裁是对法制最好的尊重！

二十三

服刑人无病装病，狱医开假证明

  2000年末，新疆维吾尔自治区监狱管理局第三监狱狱政科分管保外就医的副科长方某东，在收受服刑犯孟某禄家属的贿赂后，在明知孟某禄不符合保外就医的情况下，请托新疆维吾尔自治区监狱管理局第三监狱副监狱长闫某宇在审核孟某禄保外就医材料时予以关照。在报卷之前方某东将闫某宇约出来，送他2万元现金。因为方某东身份特殊，他是当时自治区司法厅副厅长也就是原监管局局长的女婿，闫某宇考虑到给他办事和他结交，对其前途有利，便答应帮忙。闫某宇在审核孟某禄的卷宗时发现孟某禄的刑期、病情均不符合保外就医的要求，但为兑现其对方某东的承诺，便在审批表办案人意见一栏写了"符合保外就医伤残范围第3条规定（也就是符合高血压Ⅲ期），同意保外就医"，这样写的目的是有利于在监管局审核小组研究时能够顺利通过。虽然当时都是署卫生组的名，实际上就是闫某宇个人审查。个人签署意见之后提交监管局审核小组审核。在监管局审核会上，闫某宇按照高血压Ⅲ期，有生命危险，不受7年刑期限制进行了虚假汇报，使孟某禄的保外就医得以通过。而孟某禄保外就医出狱后，脱离监管，并于 2005 年 6 月在鞍山因聚众斗殴罪被再次判处刑罚。被告人闫某宇犯徇私舞弊暂予监外执行罪，被判处有期徒刑 3 年。

《刑法》第 401 条规定："司法工作人员徇私舞弊，对不符合减刑、假释、暂予监外执行条件的罪犯，予以减刑、假释或者暂予监外执行的，处 3 年以下有期徒刑或者拘役；情节严重的，处 3 年以上 7 年以下有期徒刑。"

关于暂予监外执行，指的是对于被处无期徒刑、有期徒刑或者拘役的罪犯，由于符合法定情形，决定暂不收监或者收监以后又决定改为暂时监外服刑，由司法局负责执行的刑罚执行制度。这一制度的设立体现了中国惩罚罪犯与改造罪犯相结合和人道主义的刑事政策，有利于对罪犯的教育、感化、挽救。故暂予监外执行制度是一项重要的刑罚执行制度。适用暂予监外执行的对象，只能是被判处无期徒刑、有期徒刑或者拘役的罪犯且必须满足：①有严重疾病需要保外就医的；②怀孕或者正在哺乳自己婴儿的妇女；③生活不能自理，适用暂予监外执行不致危害社会这些条件。对具备暂予监外执行条件的罪犯，人民法院判决时，可直接决定。人民法院决定暂予监外执行的，应当制作《暂予监外执行决定书》，载明罪犯基本情况、判决罪名和刑罚、决定暂予监外执行的原因、依据等内容。而对于暂予监外执行的罪犯，由居住地司法局执行，基层组织或者罪犯的原所在单位协助进行监督。若服刑中决定暂予监外执行，原执行机关应当将罪犯服刑改造的情况通报负责监外执行的司法局，以便有针对性地对罪犯进行管理监督；负责执行的司法局应当告知罪犯，在暂予监外执行期间必须接受监督改造并遵守有关的规定。暂予监外执行的情形消失后，罪犯刑期未满的，应当及时收监。

能够实行暂予监外执行的人员是司法工作人员,即徇私舞弊暂予监外执行罪的主体是司法工作人员,而司法工作人员是指在公安机关、国家安全机关、人民检察院、人民法院、监狱劳教和社区矫正部门工作有侦查、检察、审判、监管职责的人员。故案件中闫某宇身为新疆维吾尔自治区监狱管理局第三监狱副监狱长,可以成为犯本罪的主体。

本罪的责任形式是故意,须出于徇私的动机。行为人的犯罪动机可能是多种多样的,有的是为了贪图钱财等不法利益,有的是因碍于亲朋好友情面而徇私舞弊,有的是出于报复或嫉妒心理而徇私舞弊等,动机如何对本罪构成没有影响,可以在量刑时作为因素之一予以考虑。被告人闫某宇已经明确知道孟某禄不符合保外就医的条件,但为了和方某东打好关系,收下其2万,明显徇私舞弊。

关于本罪侵犯的客体,须是国家司法机关的正常活动。徇私舞弊暂予监外执行行为使国家法律、法令的顺利实施受到严重干扰,损害了国家司法机关的威信;尤其是司法工作人员徇私舞弊行为必然会严重损害国家和人民利益或者侵犯公民人身权利、民主权利和其他合法权益,在群众中造成恶劣影响,影响国家机关的正常活动。被告人闫某宇使孟某禄获得保外就医出狱脱离监管,不久,在鞍山犯下聚众斗殴罪。其损害了国家司法机关的威信,侵犯了其他公民的权利和权益。

关于徇私舞弊暂予监外执行罪的立案标准,涉嫌下列情形之一的,应予立案:①刑罚执行机关的工作人员对不符合减刑、假释、暂予监外执行条件的罪犯,捏造事实,伪造材料,违法报请减刑、假释、暂予监外执行的;②人民法院和监狱管理机关以及公安机关的工作人员为徇私情、私利,违法裁定、决定减刑、假释、暂予监外执行的;③不具有报请、裁定或决定减刑、假释、暂予监外执行权的司法机关工作人员利用职务上的便利,徇私情、私利,伪造有关材料,导致符合减刑、假释、暂予监外执行条件的罪犯被减刑、假释、暂予监外执行的;④其他违法减刑、假释、暂予监外执行的行为。并不是所有的帮助没资格罪犯获得暂予监外执行的行为都构成本罪,如果行为人主观上不是明知,而是由于其业务知识、经验不足,或者是调查研究不够充分,工作作风不够深入,思想方法简单片面造成认识偏颇而发生的错误行为,即使实施将不符合条件的罪犯予以暂予监外执行的行为,一般也不构成犯罪。但是情节严重或者造成重大后果而构成其他犯罪的,应以其他相应犯罪论处。如不正确地履行自己的工作职责,致使公共财产、国家和人民利益遭受重大损失的行为,将构成玩忽职守罪。

而该案被告人不属于经验不足,其能明确认识自己的行为故被告人闫某宇犯徇私舞弊暂予监外执行罪毋庸置疑。

伴随徇私舞弊暂与监外执行罪,犯罪主体通常还犯受贿罪。受贿突显了徇私舞弊暂予监外执行罪故意的责任形式,徇私的动机。犯罪主体大多数为了财产等利益,帮助罪犯获得暂与监外执行。另一部分因为亲人,友人相托,放不下那个面子,帮助亲人,友人获得暂予监外执行。

相比于减刑和假释两者,暂予监外执行程序较宽松,有较大漏洞。如该案中从审核到批报到最后批准,都由闫某宇一人完成。可以看出,暂予监外执行程序由监狱内部审核,缺乏外部监督,导致渎职行为容易发生。故仍需完善程序,减少制度漏洞。

二十四

服刑入狱中的离奇发明专利

2014年12月9日,原足协副主席、国家体育总局足球运动管理中心主任某勇,因在狱中服刑期间发明4项专利等原因获得监狱方面表扬,并裁定减去其1年有期徒刑。根据国家知识产权局中国专利查询系统,南某的4项专利分别为:足球射门练习装置、一种便携式球门、移动终端支撑架、台式电脑显示器组合体。4项发明分别于2012年12月和2013年12月分两次提出申请。

原浙江省奉化市卫生局党委书记、局长梁某兴自2008年因受贿罪被判入狱后,截至2014年11月,6年左右的时间之内,共有11项发明获得国家专利认证。其专利包括一种眼部按摩器、防PM2.5的一次性鼻套、药片计数器等。2011年,梁某兴因在狱中表现良好,获得减刑1年零3个月。除南某、梁某兴之外,有姓名可查的官员、名人通过在监狱进行发明创造并成功申请专利的例子屡见不鲜。

根据《刑法》第78条的规定可知,有发明创造或者重大技术革新的属于重大立功表现之一,应当对服刑人减刑。南某、梁

某兴在服刑期间，通过重大发明创造专利，从而获得了减刑的机会。但是，如果南某、梁某兴的重大发明创造不是自己的劳动成果，而是通过其监狱外的亲戚、朋友花高价从别处买来，必定会由监狱机关的工作人员经手，申请专利也必会由监狱长执行，那么此处服刑人的虚假发明获得了减刑，其监狱机关的工作人员就会触犯徇私舞弊减刑罪。

根据《刑法》第401条规定，司法工作人员徇私舞弊，对不符合减刑条件的罪犯，予以减刑的，处3年以下有期徒刑或者拘役；情节严重的，处3年以上7年以下有期徒刑。从规定中我们可以知道，徇私舞弊减刑罪是指司法工作人员徇私舞弊，对不符合减刑的犯罪分子予以减刑的行为，徇私舞弊罪的主体为司法工作人员。刑法中司法工作人员是指有侦查、检察、审判、监管职责的工作人员。而徇私舞弊减刑罪的主体主要为负有审判职责和监管职责的工作人员。负有审判职责的人员包括最高人民法院、地方各级人民法院和军事法院等专门人民法院中担任刑事、民事、行政等各类案件审判工作的人员，包括院长、庭长、审判委员会委员、审判员、书记员，比如说负责裁定减刑的审判人员。负有监管职责的人员包括各级公安机关、国家安全机关以及司法行政机关监狱劳教和社区矫正部门中担任监管犯罪嫌疑人、被告人、罪犯和劳教人员职责的工作人员，比如说监狱的监狱长。徇私舞弊减刑罪的责任形式是故意，这里的故意是指明知不符合法定条件而予以减刑的主观心理状态。也即案例中所说的监狱机关的负责人员明明知道南某、梁某兴的专利发明是买来的，不符合减刑的条件，但是其依然为徇情私利，申请违法裁定、决定减刑。从条文中我们可以看到本罪的处罚规定，犯本罪的，处3年以下有期徒刑或者拘役；情节严重的，处3年以上7年以下有期

第四章 渎职类犯罪

徒刑。此处的情节严重一般是指违法对严重的罪犯减刑或者是被违法减刑的罪犯继续犯罪，属于刑罚加重的情节。比如说犯罪人王某被徇私舞弊减刑出狱后，因与另一人有矛盾发生冲突，把对方的眼睛打瞎了，此时的王某触犯了故意伤害罪，而对其徇私舞弊减刑有关的司法工作人员应当处3年以上7年以下有期徒刑。

徇私舞弊减刑罪是针对不符合减刑条件的罪犯，予以减刑。符合减刑条件与否应当根据法律予以确认。徇私舞弊表现为徇私情，行为人采取虚构事实、隐瞒真相、伪造条件等手段，将不符合法定条件的罪犯予以减刑。徇私舞弊行为，根据《最高人民检察院关于渎职侵权犯罪案件立案标准的规定》，具有下列情形之一的，应予立案：①刑罚执行机关的工作人员对不符合减刑、假释、暂予监外执行条件的罪犯，捏造事实，伪造材料，违法报请减刑、假释、暂予监外执行的；②审判人员对不符合减刑、假释、暂予监外执行条件的罪犯，徇私舞弊，违法裁定减刑、假释或者违法决定暂予监外执行的；③监狱管理机关、公安机关的工作人员对不符合暂予监外执行条件的罪犯，徇私舞弊，违法批准暂予监外执行；④不具有报请、裁定、决定或者批准减刑、假释、暂予监外执行权的司法工作人员利用职务上的便利，伪造有关材料，导致不符合减刑、假释、暂予监外执行条件的罪犯被减刑、假释、暂予监外执行的；⑤其他徇私舞弊减刑、假释、暂予监外执行应予追究刑事责任的情形。如果南某、梁某兴的重大发明是买来的，裁定其减刑的行为人符合《最高人民检察院关于渎职侵权犯罪案件立案标准的规定》的第3种情况，应对行为人的行为以徇私舞弊减刑罪予以立案。

重大立功的减刑条件只能适用于真正从事发明创造，积极服务社会的服刑人。没有从事发明工作,通过交易而获得的发明是不符合减刑条件的。监狱的监管人员对于服刑人是否真正从事发明工作是最清楚不过的。所以服刑人购买的发明专利如果可以获得减刑,那么监狱的监管人员肯定罪责难逃。

二十五

伪造庭审笔录，构成枉法裁判

  犯罪嫌疑人古某系某县人民法院基层法庭的一名庭长，2007年5月在作为审判长承办一起人身损害赔偿民事诉讼案件中，古某收受该案原告刘某送的好处费3 000元，在未开庭审理及其他合议庭组成人员、书记员、原被告双方均未参加的情况下（该案适用的普通程序），古某伪造了一份庭审笔录，伪造了审判员、人民陪审员、书记员的名单，伪造了原被告双方的签名并在伪造的签名上面按上自己的手印，之后古某即起草了一份民事判决书（判决由被告赔偿原告医药费误工费共计16 000余元），古某在未经该院领导批准及签发的情况下，趁办公室管理人员疏忽之际擅自加盖了该院公章，然后将该判决书向原被告双方作了宣判。

  古某的这种行为构成了伪造庭审笔录枉法裁判罪。而所谓的枉法裁判罪，是指司法工作人员在民事、行政审判活动中故意违背事实和法律作枉法裁判，情节严重的行为。这里的违背事实和法律是不忠于事实真相和不遵守法律规定。

  根据《民事诉讼法》第147条的规定，书记员应当将法庭审理的活动记入笔录，由审判人员和书记员签名。法庭笔录应当当庭宣读，也可以告知当事人和其他诉讼参与人当庭或者在5日内阅读。当事人和其他诉讼参与人认为对自己的陈述记录有遗漏或者有差错的有权申请补正。如果不予补正，应当将申请记录在案。法庭笔录由当事人和其他诉讼参与人签名或者盖章，拒绝签名盖章的记明情况附卷。庭审笔录反映的是案件审理的整个过程，是法院依法作出裁决的重要依据，也是日后进行审判监督的重要材料，其重要作用和意义显而易见。因此，庭审笔录应当客观、真实、及时、准确地反映庭审的全部活动。

古某在未开庭审理及其他法律规定人员未参与的情况下，作出的庭审笔录，根据上述可知属于伪造了庭审笔录及其他材料，进而构成枉法裁判。

枉法裁判罪的主体为特殊主体，即仅限与司法工作人员。实际能构成本罪的主要是那些从事民事、行政审判工作的审判人员，因为只有他们才能利用职权而枉法裁判，具体包括各级人民法院院长、副院长、审判委员会委员、庭长（如古某就是某县基层法院的庭长）副庭长、审判员及助理审判员等。

我们定这种罪的原因是因为本罪所侵害的是国家审判机关的正常活动。

本罪在主观方面必须出于故意即明知自己的行为违背了事实和法律但仍决意为之（如古某就是出于故意明知自己的行为有违自己的职业范围及法律规定仍然为之，就构成枉法裁判罪）。过失不能够成立本罪。如果由于过失致使国家和人民利益及公共财产遭受重大损失，构成犯罪的，应定玩忽职守罪。

本罪在客观方面表现在民事、行政审判活动中违背事实和法律作枉法裁判，情节严重的行为。违背事实和法律作枉法裁判的行为具体方式多种多样，像古某伪造了完整的庭审笔录，还违反诉讼程序，压制或剥夺当事人的诉讼权利；有的是故意伪造收集证据材料；有的是引诱、贿买甚至胁迫他人提供伪证；有的是篡改、毁灭证据材料；有的是故意歪曲理解法律甚至是无视法律规定等。枉法裁判罪必须发生在民事行政审判中，凡依据《民事诉讼法》进行的审判，均为民事审判。枉法裁判的行为必须达到情节严重才能构成本罪。虽有枉法裁判的行为但尚未达到情节严重，仅属违法违纪行为，应以行政手段处理。

2006年7月26日最高人民检察院发布施行的《关于人民检察院直接受理立案侦查案件立案标准的规定》作出了明确的规定，涉嫌下列情形之一的，应予定案：①枉法裁判，致使当事人或者其近亲属自杀、自残造成重伤、死亡，或者精神失常；②枉法裁判，造成个人财产直接经济损失10万元以上，或者直接经济损失不满10万元，但间接经济损失50万元以上的；③枉法裁判，造成法人或者其他组织财产直接经济损失20万元以上或者直接经济损失不满20万元，但间接经济损失100万元以上的；④伪造、变造有关材料、证据，制造假案枉法裁判的；⑤串通当事人制造伪证，毁灭证据或者篡改庭审笔录而枉法裁判的；⑥徇私情、私利，明知是伪造、变造的证据予以采信，或者故意对应当采信的证据不予采信，或者故意违反法定程序，或故意错误适用法律而枉法裁判的；以及其他情节严重的情形。

古某的行为符合伪造、变造有关材料、证据，制造假案和篡改庭审笔录，故意违反法定程序而达到枉法裁判罪的立案标准，符合枉法裁判的犯罪构成。由《刑法》第399条第2款可知，情节严重的，处5年以下有期徒刑或者拘役；情节特别严重的，处5年以上10年以下有期徒刑。这里的情节特别严重，一般是指犯罪动机手段十分恶劣，因枉法裁判而使国家、企业、公民的合法权益受到巨大的损失等情况。而古某不仅犯了本罪,还收受原告的贿赂,属于定罪中的情节严重应当处 5 年以下的有期徒刑。

  由以上分析,我们可以知道司法工作人员利用职权之便行枉法之事的行为,在社会上造成不良影响。因此国家应当严查司法工作人员枉法裁判的行为,切实落实监督机关对司法工作人员的监督工作,还社会一个公平公正的司法环境。

二十六

服刑人离奇出国，原是局长私放

朱某，男，长沙市国家安全局天心分局原局长。2012年10月29日，朱某凭借在长沙市国家安全局领取的空白调查证明材料介绍信，及其本人以长沙市国家安全局天心区分局的名义出具的要求将罪犯汪某提出侦审的公函，私自到湖南省监狱管理局办理了将汪某提回重审6个月的手续，当天将汪某提出星城监狱，予以释放。2013年4月，朱某又为汪某办理延长提回重审期限6个月的手续。汪某释放后潜逃至印度尼西亚至今未归。2013年6月20日，星城地区人民检察院对朱某以涉嫌私放在押人员罪立案侦查。

私放在押人员罪，是指国家司法工作人员，利用职务上的便利私自将在押的犯罪嫌疑人、被告人或者罪犯非法释放的行为，本罪的对象，是被关押的犯罪嫌疑人、被告人和罪犯，包括已决犯和未决犯，司法实践活动中对私放在押人员罪的认定具体从以下几个方面认定：

首先，行为人身份，私放在押人员罪的行为人只能是国家机关工作人员，主要是负有监管职责的司法工作人员。其中包括在看守所、拘留所、少年犯管教所、拘役所、劳改队、监狱工作的管教人员和看守人员，以及执行逮捕和押解罪犯的人员。而该案朱某是国家安全机关分局局长，符合行为人的身份要求。

其次，行为人的目的，私放在押人员罪的行为人应当有故意目的，即明知是犯罪嫌疑人、被告人、罪犯，而故意将其非法释放，犯罪的出发点是多种多样的，有的是由于贪赃受贿，有的是出于包庇同伙，有的是徇亲私情等，犯罪出发点不影响本罪的成立。该案朱某在明知对方是罪犯的前提下而予以私放符合目的要求。还有侵犯的利益，私放在押人员罪要求侵犯国家监管机关的监管制度，即看守所、拘留所、少年犯管教所、拘役所、劳改队、监狱等监管机关的监管制度，监管机关关押罪犯的目的，是为了惩罚和改造他们，使他们成为自食其力的新人，消除其继续犯罪的条件，私放罪犯，使其逃脱关押，不仅使其有继续犯罪的可能，而且破坏监管机关的监管制度，该案符合要求。

最后是事实行为，私放在押人员罪表现为利用职务便利私自将被关押的犯罪嫌疑人、被告人、罪犯非法释放的行为，包括作为和不作为。具体行为方式有的是滥用职权，篡改刑期，使犯罪嫌疑人、被告人、罪犯"合法"逃避关押；有的虽未篡改刑期，但假借事由，将刑期未满的犯罪嫌疑人、被告人、罪犯擅自作为刑满释放；有的则把依法逮捕的罪犯有意当作错捕释放；也有的利用提审、押解罪犯的机会私放犯罪嫌疑人、被告人、罪犯而谎称罪犯脱逃；或者为罪犯逃离关押场所创造条件等。该案朱某利用自己公安局长的身份私自私放罪犯符合要求。

该案中被告人朱某身为国家安全机关的工作人员，滥用职权，私自向监狱管理部门出具有关公函和证明材料从而将罪犯从监狱提出来，且不依法将该罪犯羁押于安全机关所属的看守所而是将罪犯释放，其行为符合私放在押人员罪的犯罪要求，应以私放在押人员罪定罪处罚，根据《刑法》400条第1款规定：司法工作人员私放在押的犯罪嫌疑人、被告人或者罪犯的，处5年以下有期徒刑或者拘役；情节严重的，处5年以上10年以下有期徒刑；情节特别严重的，处10年以上有期徒刑，该案被告人朱某在担任长沙市国家安全局天心区分局局长期间，利用职务之便，私自将1名罪犯释放，雨花区人民法院决定适用《刑法》第400条第1款之规定进行判处，被告人朱某犯私放押人员罪，判处有期徒刑1年3个月。

非司法工作人员帮助在押人员脱逃的，应以脱逃罪的共犯论处；司法工作人员虽帮助在押人员脱逃，但没有利用职务便利的，也应以脱逃罪的共犯论处。司法工作人员主动私放在押人员的，被释放在押人员不成立脱逃罪，也不成立私放在押人员罪的共犯。在押人员脱逃时，司法工作人员故意不制止、不追捕的，以及在押人员与司法工作人员相勾结，导致在押人员脱离监管的，在押人员成立脱逃罪，司法工作人员同时触犯私放在押人员罪与脱逃罪的共犯，从一重罪论处。

私放罪犯，使其逃脱关押，是一种性质十分严重的渎职犯罪。我国《刑法》规定此种犯罪是为了维护刑事强制措施和行刑的严肃性，保障刑事诉讼的顺利和刑事判决的执行，增强公众对司法公正的认同感。

二十七

土地零转让背后的猫腻

2000年9月,湖北省某搪瓷工业总公司因经营管理不善等原因,申请破产还债。经区政府协调,搪瓷工业总公司破产清算组与张湾村委会达成协议,由张湾村委会以90万元买断依法征用的5 419.3平方米土地,并安置企业下岗职工。其间,世茂房地产张某,通过原张湾村支部书记袁某,多次宴请时任区国土资源局副局长的罗某福,欲以90万元购买该宗土地使用权搞商业开发。2003年8月,某地产评估咨询公司受张湾村委会的委托对土地进行了评估,估价师杨某等人作出了每平方米256.5元,总地价139万元的评估报告。袁某要求杨某按90万元评估,但杨某不从。袁某给分管地价工作的被告人罗某福打电话后,杨某根据被告人罗某福的指示,按袁某的要求将评估价格修改为每平方米167.7元,总地价90万元。2003年9月,区国土资源局委托区土地收购储备供应中心以90万元挂牌交易,世茂房地产以80万元购得该宗土地使用权,造成国有资产流失价额49万元。2006年11月,法院以非法低价出让国有土地使用权罪,依法判处被告人罗某福有期徒刑3年,缓刑3年。

第四章 渎职类犯罪

我国《刑法》第410条规定,"国家机关工作人员徇私舞弊,违反土地管理法规,滥用职权,非法批准征收、征用、占用土地,或者非法低价出让国有土地使用权,情节严重的,处3年以下有期徒刑或者拘役;致使国家或者集体利益遭受特别重大损失的,处3年以上7年以下有期徒刑。"

罗某福贱卖国家土地的行为,构成非法低价出让国有土地使用权罪。非法低价出让国有土地使用权罪,是指国家机关工作人员徇私舞弊,违反土地管理法规,滥用职权,非法低价出让国有土地使用权,情节严重的行为。

非法低价出让国有土地使用权罪属于渎职类犯罪,本罪的犯罪主体只能是国家机关工作人员。即任何国家机关工作人员,只要违法低价出让国有土地使用权,情节达到了严重的程度,即可构成本罪。而非国家机关工作人员不能构成本罪。罗某福非法低价出让土地使用权的行为,侵犯了国家对国有土地使用管理的正常活动,造成了国有财产的损失。我国《土地管理法》《土地管理法实施条例》《城镇国有土地使用权出让和转让暂行条例》等法律、法规,对出让国有土地使用权的批准权限、程序和要求等都做了明确具体的规定,而罗某福贱卖土地的行为违背了法律规定,构成犯罪。

非法低价出让国有土地使用权罪在主观方面必须出于故意,并且具有徇私的目的。即明知自己违反土地管理法规,低价出让国有土地使用权,但为了徇私仍决意为之。反之,过失则不能构成本罪。国家机关工作人员对工作严重不负责任,玩忽职守,过失低价出让国有土地的,即使构成犯罪,也不是本罪,而是玩忽职守罪。虽然出于故意,但不是为了徇私,也不能构成此罪,即使构成犯罪,则应是滥用职权罪。非法低价出让国有土地使用权表现为违反土地管理法规，徇私舞弊、滥用职权，非法低价出让国有土地使用权，且情节严重。违反土地管理法规，其表现有越权审批出让或者出让给不符合条件的单位与个人等行为。所谓土地使用权，是指对土地的占有、使用、收益的权利。低价出让，是指以低于国有土地使用权最低价的价格出让国有土地使用权。贱卖土地的行为必须达到情节严重才能构成非法低价出让国有土地使用权罪。虽有非法低价出让行为，但情节尚不属于严重的，也不能以本罪论处。犯非法低价出让国有土地使用权罪的，情节严重的，处3年以下有期徒刑或者拘役，致使国家或集体利益遭受特别重大损失的，处3年以上7年以下有期徒刑。

构成本罪需要达到情节严重的行为，而情节严重的标准是：①出让国有土地使用权面积在2公顷（30亩）以上，并且出让价额低于国家规定的最低价额标准的60%的；②造成国有土地资产流失价额在30万元以上的。行为人有以上行为之一的，即为情节严重。该案中区国土资源局副局长罗某福贱卖土地，数量达到了2公顷以上，且价格低于了国家规定的最低价额标准的60%，符合情节严重，应当以非法低价出让国有土地使用权定罪。

但罗某福的行为并没有致使国家和集体利益遭受特别重大损失。致使国家和集体利益遭受特别重大损失的表现是：①非法低价出让国有土地使用权面积在60亩以上，并且出让价额低于国家规定的最低价额标准的40%的；②造成国有土地资产流失价额在50万元以上的。符合上述行为之一的即为"致使国家和集体利益遭受特别重大损失"，而该案中低价出让国有土地使用权面积既没有达到60亩以上，国有土地资产流失价额也没有达到50万元以上。因此，罗某福的行为只达到了情节严重的行为，被判有期徒刑 3 年，缓刑 3 年。

　　土地是一种非常珍贵且不可再生的资源。贱卖土地，就是侵犯了国家对国有土地使用、管理的正常活动。所以应当对国家机关工作人员加强监督力度，以保护国有土地资源，避免国有资产的大量损失。

二十八

革命遗址遭强拆是谁之过

2012年9月7日,浙江大学城市规划系教授周某多和杭州文史学者陈某,联名向杭州市政府发了一封《就上城区历史建筑大面积拆毁的恶性毁古事件,要求杭州市人民政府予以严厉查处并立即原址原状修复古建筑》的公开信。被专家学者斥为强拆毁古历史建筑一事,开始浮出水面。上城区有不少历史建筑,被专家学者认为是辛亥革命纪念地。

陈某说,这些被毁的历史建筑全都围绕在"建兰中学改扩建工程"工地的周围,这些历史建筑也早已经被杭州市规划局划给了这家私立中学。陈某怀疑,拆历史建筑,就是为了给中学改扩建让路。

11月17日,杭州市人大召开了专题会议。针对由于建兰中学改扩建而导致周边多处历史建筑遭到破坏的现状,杭州市人大要求本着"品质至上、细节为王"的原则,全部按照最高标准对这一带的历史建筑进行修缮。如果一定要拆,也必须经过严格的科学论证。

作为辛亥革命浙江首义之地,打响了光复杭州的首战的革命遗址，如今却要为私立中学扩建让道，真是令人痛心。那么革命遗址遭强拆是谁之过呢，谁要为此买单呢？杭州市城乡建设委员会和杭州文物保护管理所及其工作人员因严重违反了我国《刑法》第419条规定，法院对其主管人员和其他直接责任人员判处3年以下有期徒刑或者拘役。

我国《刑法》第419条规定，"国家机关工作人员严重不负责任，造成珍贵文物损毁或者流失，后果严重的，处3年以下有期徒刑或者拘役。"构成失职造成珍贵文物损毁、流失罪必须具备以下条件：①本罪的主体是国家机关工作人员，即负有管理、保护文物职责的国家机关工作人员，本条所称"国家机关工作人员"是指负有管理、保护文物职责的国家机关工作人员。②本罪在主观方面是过失。③本罪在客观方面表现为国家机关工作人员对自己经手管理、运输、使用的珍贵文物，不认真管理和保管。④只有后果严重才构成本罪，即造成损毁的文物价值昂贵、损毁的文物数量大、面积广，以及造成文物流失情况严重。我国自2008年起施行的《历史文化名城名镇名村保护条例》规定，对具有一定保护价值，能够反映历史风貌和地方特色，未公布为文物保护单位，也未登记为不可移动文物的建筑物、构筑物作为"历史建筑"予以保护。规划、房产、文物等行政主管部门和其他有关行政主管部门及其工作人员在革命遗址保护利用管理中不履行职责，违反该条例规定行使职权，或者玩忽职守、滥用职权、徇私舞弊的，由所在单位或上级主管机关依法给予行政处分；构成犯罪的，依法追究刑事责任。

在该案中，列入杭州市历史建筑保护名单的四处民居，包括辛亥革命打响第一枪的首义之地，被纳入一所中学改建扩建规划内并遭遇强拆，毁损严重。在此次事件中，杭州文物保护管理所没有认真履行保护辖区内文物单位的职责，没有采取任何措施保护该革命遗址，玩忽职守，造成了革命遗址惨遭破坏的严重后果。另外，各级人民政府制定城乡建设规划时，首先要由城乡建设规划部门会同文化行政管理部门商定对本行政区域内各级文物保护单位的保护措施，纳入规划。未经文化行政管理部门同意的工程建设，有关部门不得批准征地和建设项目。而杭州市城乡建设委员会在对建兰中学改扩建工程项目的审批过程中，并没有事先与杭州文化管理所联系，也没有排查周围是否有文物保护单位，该项目是否会对文物保护单位造成损毁，没有认真履行审批职责，造成建兰中学周围的辛亥革命遗址遭到损毁，造成了严重后果。杭州市城乡建设委员会和杭州文物保护管理所及其工作人员严重违反了我国《刑法》和《历史文化名城名镇名村保护条例》的相关规定，不履行职责，玩忽职守，造成与历史重大事件、革命运动相关的文物毁损的数量大、面积广，已构成"严重后果"，应当追究其刑事责任。

2014年2月25日，习近平总书记在首都北京考察工作时强调："历史文化是城市的灵魂，要像爱惜自己的生命一样保护好城市历史文化遗产。"重要的革命遗址、遗迹，是革命先辈们留给后人的宝贵财富，是历史的见证，是中共党史的见证，是人民共和国的见证，是不可再生的红色资源，一旦损毁，将不复存在。加强对革命遗址和纪念设施的保护、开发和利用，促进红色旅游事业科学发展，是一项利国利民的政治工程、文化工程和经济工程。只有文物保护、民政、规划建设、党史、旅游等部门要密切配合，结合实际，合理规划，科学实施，充分发挥革命遗址在革命传统和爱国主义教育方面的重要作用，才能更好地保护革命遗址，不让革命遗址遭强拆事件再次发生！

二十九

动检失职，导致"洋感冒"泛滥

西平县人民检察院以起诉书指控被告人屈某涉嫌动植物检疫失职罪，于2013年7月24日向西平县人民法院提起公诉。2012年12月20日，西平县芦庙乡顺合村委郑某山为遂平县白某收生猪，动检所派检疫员屈某对白某收购的生猪进行检疫。当天下午，收猪的人用车拉着猪，拿着乡村防疫员开出的未使用瘦肉精承诺书，到动检所让屈某检验检疫。屈某看完承诺书后，就让收猪的人直接把猪送到郑某山的收猪台，郑某山收完猪之后，屈某直接开了检疫证明。猪装了两车，一车装94头运往重庆。2012年12月22日下午，食用这批猪肉的大部分重庆市民都出现了眩晕、呕吐、腹泻、吞吐困难等症状。经有关部门对剩下的生猪肉样本检测发现：这些生猪肉样本中含有口蹄疫病毒，也就是说，白某从西平县运输到重庆的生猪中有传染性的口蹄疫康复猪。按照检疫程序，对出售的生猪要到厂到户进行实地检疫，屈某没有到户进行检疫就直接开了检疫证明，造成了严重的后果，被法院依法逮捕。

根据我国《刑法》第413条规定："动植物检疫机关的检疫

人员徇私舞弊，伪造检疫结果的，处 5 年以下有期徒刑或者拘役；造成严重后果的，处 5 年以上 10 年以下有期徒刑。前款所列人员严重不负责任，对应当检疫的检疫物不检疫，或者延误检疫出证、错误出证，致使国家利益遭受重大损失的，处 3 年以下有期徒刑或者拘役。"屈某对白某收购的生猪没有严格履行法定检疫程序，他作为国家检疫部门从事动植物检疫工作的人员，严重不负责任，导致国家和社会利益遭受了重大损失。屈某应为而不为的行为主观上是过失，符合动植物检疫失职罪的犯罪构成要件，所以屈某的行为构成动植物检疫失职罪。

  动植物检疫失职罪，是指应当检疫的动植物检疫机关检疫人员严重不负责任，对应当检疫的检疫物不检疫，或者延误检疫出证、错误出证，致使国家利益遭受重大损失的行为。动植物检疫失职罪的犯罪主体是动植物检疫机关的检疫人员，即在国务院设立的动植物检疫机关中，从事进出境动植物检疫工作的人员以及国家动植物检疫机关在对外开放的口岸和进出境动植物检疫业务集中的地点设立的口岸动植物检疫机关中具体实施进出境动植物检疫工作的人员。本罪侵犯的客体是国家动植物检疫管理制度。本罪在主观方面表现为过失，即行为人对自己的工作严重不负责任、玩忽职守，引起国家利益遭受重大损失这一结果是出于过失。本罪在客观方面表现为行为人严重不负责任，对应当检疫的检疫物不检疫，或者延误检疫出证、错误出证，致使国家利益遭受重大损失。所谓"严重不负责任"是指行为人敬业精神不高，责任心不强，工作马虎不认真，不履行或者不认真履行应尽的检疫职责的行为。所谓"对应当检疫的检疫物不检疫"，是指检疫人员放弃职责，对依法应当检疫出证的物品没有检疫出证，是一种职务上的不作为。构成动植物检疫失职罪，不要求必须造成严重后果，造成严重后果是动植物检疫失职的加重情节。失职行为使国家动植物检疫法律、法规的顺利实施受到严重干扰，损害了国家动植物检疫机关的威信，影响国家动植物检疫机关的正常活动。

根据司法实践，动植物检疫失职罪客观方面还要求检疫失职行为给国家利益造成重大损失。根据《最高人民检察院关于渎职侵权犯罪案件立案标准的规定》关于动植物检疫失职案的认定，"具有下列情形之一的应予立案：1. 导致疫情发生，造成人员重伤或死亡的；2. 导致重大疫情发生、传播或流行的；3. 造成个人财产直接经济损失 15 万元以上，或者直接经济损失不满 15 万元，但间接经济损失 75 万元以上的；4. 造成公共财产或者法人、其他组织财产直接经济损失 30 万以上，或者直接经济损失不满 30 万元，但间接经济损失 150 万元以上的；5. 不检疫或者延误检疫出证、错误出证引起国际经济贸易纠纷，严重影响国家对外经贸关系，或者严重损害国家声誉的；6. 其他致使国家利益遭受重大损失的情形。"具体到该案中，屈某严重不负责任的行为导致了重庆市疫情的发生，其行为符合前述规定："1. 导致疫情发生，造成人员重伤或死亡的"，因此应对其立案并依法论处。

动植物检疫失职罪和动植物检疫徇私舞弊罪的联系和区别在于：动植物检疫失职罪是指应当检疫的动植物检疫机关检疫人员严重不负责任，对应当检疫的检疫物不检疫，或者延误检疫出证，错误出证，致使国家利益遭受重大损失的行为。动植物检疫徇私舞弊罪是指动植物检疫机关人员徇私舞弊，伪造检疫结果的行为。它们的共同之处在于：犯罪主体都是动植物检疫机关的检疫人员，都是特殊主体，其客体是都严重侵犯了公共利益，二者都是结果犯,即必须造成一定的实害结果才构成犯罪。动植物检疫失职和动植物检疫徇私舞弊罪的主要区别在于动植物检疫失职罪是过失犯罪,动植物检疫徇私舞弊是故意犯罪,即"明知"不可为而为之,因此主观方面不同。

动植物检疫是为了防止动植物传染性疾病、寄生虫病和危险性疾病、虫、杂草以及其他有害生物直接或间接地传播至人体内,而对动植物及其产品、装载动植物及其产品和其他检疫物的装载容器、包装物、其他来自于动植物疫区的运输工具等进行的,以预防疫情和疫情发生危险为目的的检查。在经济贸易和人员文化交流日趋全球化的今天,动植物检疫对于保护农、林、牧、渔业生产和生态安全以及人体健康,对于促进贸易的发展和人员交流具有十分重要和深远的意义。

三十
充当"护假者",该当何罪

近年来,随着市场经济的深入发展,法律法规的不断健全,商品质量得到了极大的提高。但是一些不法分子为追求利润,置法律于不顾,制售伪劣商品,严重干扰了正常的生产和经营秩序,危害人民群众的生命和财产安全。对制售伪劣商品行为,我国《刑法》第140条至150条规定了9种罪名,使一批制假售假者得到了应有的惩处。通过剖析制售伪劣商品的案件,我们发现,有不少国家机关工作人员充当了制假售假者的"保护伞",这对制售伪劣商品行为起到了推波助澜的作用,因此要把打假与反腐结合起来,严厉查处"护假者",假冒伪劣才能越打越少。

2012年5月底,河南省质检局工作人员张某接到举报电话,反映郑州三厂电线有质量问题,要求调查处理。张某与郑州三厂联系后,于2012年6月6日上午,带队和郑州三厂打假工作人员芮某一起到工地检查电线质量问题。到达现场后,芮某当场识别该工程室内电线均为假冒伪劣产品,并出具了鉴定书。张某又对该工程3个标段所使用的60227ICE01 - BV10、BV4、BV2.5型号电线进行了调查取样,并于次日送至市质量技术监督检验测

试中心检测，检测结果显示上述产品均为不合格产品。其间，工程总监理王某向张某行贿2万元，请求在处理时给予照顾。张某收受贿赂后，故意隐匿检测报告，授意王某调换检测样本，由王某用合格电线委托圣奥公司另行检测。在取得合格检测报告后，张某对发现的制售伪劣电线犯罪行为放任不查，不履行法律规定的追究职责，致使廉租房数百住户安全存在隐患。

《刑法》第414条规定："对生产、销售伪劣商品犯罪行为负有追究责任的国家机关工作人员，徇私舞弊，不履行法律规定的追究职责，情节严重的，处5年以下有期徒刑或者拘役。"放纵制售伪劣商品犯罪行为罪的主体是指负有法律规定的查处生产、销售伪劣商品的违法犯罪行为义务的国家工作人员，包括各级政府中主管查禁生产、销售伪劣商品的人员，有查禁职责的公、检、法机关中的司法人员，以及行业主管部门中的人员。本罪在客观方面表现为徇私舞弊，对生产、销售伪劣商品犯罪行为不履行法律规定的追究责任，情节严重的行为，构成本罪表现为不作为。放纵制售伪劣商品犯罪行为罪的情节严重行为，一般是指多次不追究生产、销售伪劣商品犯罪的企事业单位或者个人；或者对多个有生产、销售伪劣商品犯罪行为的单位或个人不予追究；或者不追究性质严重的生产、销售伪劣商品的企事业单位或者个人；或者因不追究行为造成严重后果或恶劣的影响。张某作为国家机关工作人员，在履行职务过程中收受贿赂后徇私舞弊，对制售伪劣商品犯罪行为故意放纵，致使廉租房数百住户的安全存在隐患，不但构成放纵制售伪劣商品犯罪行为罪且属于情节严重的行为。

放纵制售伪劣商品犯罪行为罪的立案标准包括：①放纵生产、销售假药或者有毒、有害食品犯罪行为的；②放纵生产、销售伪劣农药、兽药、化肥、种子犯罪行为的；③放纵依法可能判处3年有期徒刑以上刑罚的生产、销售伪劣商品犯罪行为的；④对生产、销售伪劣商品犯罪行为不履行追究职责，致使生产、销售伪劣商品犯罪行为得以继续的；⑤3次以上不履行追究职责，或者对3个以上有生产、销售伪劣商品犯罪行为的单位或者个人不履行追究职责的；⑥其他情节严重的情形。张某的行为符合第④项的立案标准。张某作为国家工作人员在放纵王某生产伪劣商品的情况下，还收取了王某的2万元。张某的行为不仅构成放纵制售伪劣商品犯罪行为罪，还构成受贿罪，系一人犯数罪，应当数罪并罚。法院最终判决张某犯放纵制售伪劣商品犯罪行为罪判处有期徒刑2年；犯受贿罪判处有期徒刑1年，数罪并罚，决定执行有期徒刑2年零6个月。

放纵制售伪劣商品犯罪行为罪的设立与完善对于加强产品质量的监督管理，保护消费者的合法权益，维护社会经济秩序有十分重要的意义。然而有些国家工作人员徇私舞弊，不履行法定职责，严重妨害国家对产品质量的监督管理，国家应严查这些放纵制售伪劣商品的国家工作人员，确保市场经济平稳发展。

三十一

"瘦身钢筋"背后的监管渎职

河南三杰投资集团有限公司于2011年始在南阳市区仲景路与信臣路交叉口西北角投资建设"三杰盛世苑"项目,该项目共计13栋楼,该项目楼盘质量监督工作由南阳市建设工程质量监督检验站高新区分站监督一科负责,责任人是科长张某、监督员祝某、张某甲。被告人张某、祝某、张某甲(另案处理)在对该项目的监督过程中,未正确履行监督职责,当发现11号楼建设中有钢筋外加工行为时,虽下达了整改通知书,但在施工方和监理方上报了整改回复后,只审查了回复,并未到现场复查。张某、祝某等人在对12、15号楼例行检查过程中敷衍了事,不深入实地检查,未查出其大量使用直径6、8、10号拉伸的钢筋的情况,致该项目12、15号楼大量使用"瘦身钢筋",工程存在重大安全隐患,最终造成数额巨大的经济损失。钢筋好比建筑的筋骨,骨骼结不结实关系到建筑健康不健康,安全不安全。也正是因为科长张某与监督员等人在监督检查过程中没有切入检查,导致了"瘦身钢筋"的流入,以致铸成大错,这一行为不仅触犯了玩忽职守罪,同时也触犯了工程重大安全事故罪,属于想象

第四章 渎职类犯罪

竞合犯，应择一重罪处罚。法院以涉嫌工程重大安全事故罪将张某、祝某、张某甲等3人判处2年有期徒刑。

我国《刑法》第397条第1款规定："国家机关工作人员滥用职权或者玩忽职守，致使公共财产、国家和人民利益遭受重大损失的，处3年以下有期徒刑或者拘役；情节特别严重的，处3年以上7年以下有期徒刑。本法另有规定的，依照规定。"第2款规定："国家机关工作人员徇私舞弊，犯前款罪的，处5年以下有期徒刑或者拘役；情节特别严重的，处5年以上10年以下有期徒刑。本法另有规定的，依照规定。"

根据2005年12月29日最高人民检察院发布施行的《最高人民检察院关于渎职侵权犯罪案件立案标准的规定》，涉嫌下列情形之一的，应予以立案："1.造成死亡1人以上，或者重伤3人以上，或者重伤2人、轻伤4人以上，或者重伤1人、轻伤7人以上，或者轻伤10人以上的；2.导致20人以上严重中毒的；3.造成个人财产直接经济损失15万元以上，或者直接经济损失不满15万元，但间接经济损失75万元以上的；4.造成公共财产或者法人、其他组织财产直接经济损失30万元以上，或者直接经济损失不满30万元，但间接经济损失150万元以上的；5.虽未达到3、4两项数额标准，但3、4两项合计直接经济损失30万元以上，或者合计直接经济损失不满30万元，但合计间接经济损失150万元以上的；6.造成公司、企业等单位停业、停产1年以上，或者破产的；7.海关、外汇管理部门的工作人员严重不负责任，造成100万美元以上外汇被骗购或者逃汇1000万美元以上的；8.严重损害国家声誉，或者造成恶劣社会影响的；9.其他致使公共财产、国家和人民利益遭受重大损失的情形。"在上述南阳市瘦身钢筋案中，给国家和人民造成了巨大损失，

— 373 —

符合该规定第4以及第8和第9项，达到了立案标准。

玩忽职守罪的犯罪主体是国家机关工作人员，即国家权力机关、行政机关、司法机关、军队、政党中从事公务的人员。但在依照法律、法规行使国家行政管理职权的组织中从事公务的人员，或者在受国家机关委托代表国家机关行使职权的组织中从事公务的人员，或者未列入国家机关人员编制但在国家机关中从事公务的人员，在代表国家机关行使职权时，有渎职行为，构成犯罪的，依照刑法关于渎职罪的规定定罪量刑。所以南阳市建设工程质量监督检验站高新区分站监督一科责任人科长张某、监督员祝某、张某甲属于国家机关工作人员，且在代表国家机关行使职权时渎职，故构成玩忽职守罪。

玩忽职守包括作为和不作为。玩忽职守是指国家机关工作人员不正确履行职责义务的行为。上述案例中的科长及监督员，即为不履行。不履行是指行为人应当履行且有条件、有能力履行职责，但违背职责没有履行，其中包括擅离职守的行为；不正确履行，是指在履行职责的过程中，违反职责规定，马虎草率，粗心大意。上述案件中科长及监督员本该查出"瘦身"钢筋，但只是下令整改，并未关注整改的结果，这是严重不负责任的行为。

玩忽职守罪要求使公共财产、国家和人民利益造成重大损失的结果。重大损失是指给国家和人民造成的重大物质性损失和非物质性损失。物质性损失一般是指人身伤亡和公私财物的重大损失，是确认玩忽职守犯罪行为的重要依据；非物质性损失是指严重损害国家机关的正常活动和声誉等。玩忽职守行为与造成的重大损失结果之间，必须具有刑法上的因果关系，这是确定刑事责任的客观基础。南阳市建设工程质量监督检验站高新区分站监督一科责任人科长张某、监督员祝某、张某甲，没有正确履行职责义务，造成了重大损失。从案例中我们可以清楚地看到张某、祝某等人的行为与"瘦身钢筋案"具有因果关系，行为人主观上是一种监督过失，主要表现为应当监督直接责任者却没有实施监督行为，导致了结果发生。

玩忽职守，玩忽的是国家机关工作人员，受害的却是无辜的人民群众，他们的存在不仅没有为人民谋幸福，反而使人民群众受害其中。这样的人是需要法律来制裁的，同时各行各业都要重视渎职行为，以避免此类事件再次发生。

三十二

城管渎职，井盖吃人

2015年4月27日，深圳龙岗区愉龙路，桑某踩上一个污水管检查井后身子突然下沉。坠井前，她将手中1岁7个月的女儿托出，丈夫杨某下井施救，却因吸入沼气晕倒。有目击者称，涉事井盖被踩后发生翻转。桑某被救出时已无生命迹象，而杨某仍躺在医院重症监护室。经调查，该路井盖由城管①王某负责，王某应对该井盖负维护责任，但王某不正确履行自己的职责，致使井盖翻转，令桑某死亡、杨某重伤。法院根据《刑法》第397条判王某犯玩忽职守罪，判处1年有期徒刑。

根据《刑法》第397条规定，玩忽职守罪是指国家机关工作人员玩忽职守，致使公共财产、国家和人民利益遭受重大损失的行为。犯本罪的，处3年以下有期徒刑或者拘役；情节特别严重的，处3年以上7年以下有期徒刑。本法另有规定的，依照规定。

首先，玩忽职守罪的主体是国家机关工作人员，即在国家各

---

① 城管是城市管理行政执法局的简称，是我国城市管理中心负责综合行政执法的部门。

第四章 渎职类犯罪

级立法机关、行政机关、司法机关、军事机关中从事公务的人员,不包括在国有公司、企业中从事公务的人员;在依照法律、法规规定行使国家行政管理职权的组织中从事公务的人员;在受国家机关委托代表国家机关行使职权的组织中从事公务的人员;虽未列入国家机关人员编制,但在国家机关中从事公务的人员,在代表国家机关行使职权时,有渎职行为构成犯罪的,依照国家关于渎职的规定定罪量刑。吃人的井盖直接负责人员是城管王某,城管人员"是政府授权招聘的提供岗位并赋予一定公务职责的人员"。依据《刑法》第93条,国家工作人员"是指国家机关中从事公务的人员",城管当然是国家机关,而其所进行的"市场整治"当然也属于公务。根据玩忽职守罪的主体规定:"虽未列入国家机关人员编制但在国家机关中从事公务的人员,在代表国家机关行使职权时,有渎职行为构成犯罪的,依照国家关于渎职的规定定罪量刑。"所以,王某是国家机关工作人员,适用玩忽职守罪。

其次,玩忽职守罪是有玩忽职守的行为。玩忽职守是指严重不负责任,不履行职责或者不正确履行职责的行为。不履行,是指行为人应当履行且有条件、有能力履行职责,但违背职责没有履行,其中包括擅离职守的行为;不正确履行,是指在履行职责的过程中,违反职责规定,马虎草率、粗心大意。"贯彻实施国家及本市有关城市管理方面的法律、法规及规章,治理和维护城市管理秩序,负责本市市政设施、城市公用、城市节水和停车场管理中的专业性行政执法工作"是城管的主要职能。而井盖吃人就是城管王某不正确履行自己的职责所造成的后果。

再次,玩忽职守罪必须致使公共财产、国家和人民利益遭受重大损失。根据《最高人民检察院关于渎职侵权犯罪案件立案标准的规定》玩忽职守，具有下列以下情形之一的，应予追诉：（1）造成死亡1人以上，或者重伤3人以上，或者轻伤9人以上，或者重伤2人、轻伤3人以上，或者重伤1人、轻伤6人以上的；（2）导致20人以上严重中毒的；（3）造成个人财产直接经济损失15万元以上，或者直接经济损失不满15万元，但间接经济损失15万元以上；（4）造成公共财产或者法人、其他组织财产直接经济损失30万元以上，或者直接经济损失不满30万元，但间接经济损失150万元以上的……（9）其他致使公共财产、国家和人民利益遭受重大损失的情形。在井盖吃人中，城管王某的行为，致使桑某一人死亡，杨某一人重伤，构成了"致使公共财产、国家和人民利益遭受重大损失"。

最后，玩忽职守罪的责任形式为过失。在许多场合，行为人主观上是一种监督过失，主要表现为应当监督直接责任者却没有实施监督行为，导致了结果发生；或者应当确立完备的安全体制、管理体制，却没有确立这种体制，导致了结果的发生。而在井盖吃人事件中，承担监督责任或者应当健全体制的人就是王某，王某的所为符合玩忽职守罪的责任形式要件。如果责任形式为故意，则为滥用职权罪。滥用职权罪是指国家机关工作人员故意逾越职权，违反法律决定，处理其无权决定、处理的事项，或者违反规定处理公务，致使公共财产、国家和人民利益遭受重大损失的行为。我们姑且可以这样认为，故意实施的违背职权的行为，是滥用职权罪；过失实施的违背职责的行为，是玩忽职守罪。至于行为人是出于故意还是过失，则应通过违背职责的行为内容进行判断。例如，粗心大意履行职责的行为，不可能构成故意的滥用职权罪；反之，假借行使职权实施违法、不当行为的，应当认定为滥用职权罪。

刑法规定玩忽职守罪，旨在保护国家机关公务（各级国家机关执行国家职能、贯彻国家的法律、法规与政策的活动）的合法、公正、有效执行以及国民对此的信赖。城管渎职是破坏国家对经济活动、社会事务依法有效管理的行为，造成的经济损失是不可估量的，同时伴随着重大的人员伤亡，例如井盖吃人，直接危害公民的人身权。伴随着愈加严重的社会危害性，各行各业要重视城管渎职，莫让"井盖吃人"事件再次发生。

后 记

平顶山学院文化创意与传播创新团队为"媒体与职务犯罪的防范体系构建研究"项目建立了专门的项目小组,由平顶山学院新闻与传播学院、平顶山市人民检察院和平顶山学院政法学院三部门联合组成,项目主持人秦方奇教授为项目小组组长,检察院叶景东检察官为副组长。

当前,虽然我国的反腐工作已经取得了一定的成绩,但是,反腐败斗争形势依然严峻复杂,党风廉政建设和反腐败斗争永远在路上。特别是一些具有多样性、隐蔽性、复杂性的新型职务犯罪行为,案件小却危害大、数量多,是反腐倡廉工作中不容忽视的重要内容。项目组立足于职务犯罪的惩治和预防,由平顶山学院政法学院的专业教师队伍及平顶山市人民检察院预防职业犯罪中心进行归纳和整理,分析当前预防职务犯罪的严峻形势,强调预防职务犯罪的重要性和必要性。

我们以当前我国《刑法》规定的三大类职务犯罪类型共计58个相关罪名为对象,从中选择拟定99个具有典型性、现实性的话题,大量收集、整理真实案例原型,对每个话题进行生动的案例解读和法律阐释,并照应题目对提出的问题进行总结和解答,为职务犯罪预防工作建言献策。作为一本预防职务犯罪的通俗读物,希望能为公务人员职务廉洁行为提供很好的指引,也为

后 记

广大社会公众监督公权力提供一定的依据。

本书付梓，是在知识产权出版社本书责任编辑的不断督促和修正下完成的。同时，平顶山市科技局、平顶山学院廉政文化研究中心、平顶山市人民检察院叶景东检察官和平顶山学院新闻与传播学院秦方奇教授都提供了大力的支持，在此一并表示感谢。

作者

2016年3月16日于平西湖畔